Fritz Elsas

EIN DEMOKRAT IM WIDERSTAND

Zeugnisse eines Liberalen
in der Weimarer Republik

Hrsg. von Manfred Schmid

Bleicher Verlag

Die Deutsche Bibliothek – CIP-Einheitsaufnahme

Elsas, Fritz:
Ein Demokrat im Widerstand ; Zeugnisse eines Liberalen
in der Weimarer Republik / Fritz Elsas. Hrsg. und mit einem
Vorw. von Manfred Schmid.
– 1. Aufl. – Gerlingen : Bleicher, 1999
   (Zeugen der Zeit)
   ISBN 3-88350-664-8

© 1999 Bleicher Verlag GmbH, Gerlingen
Alle Rechte vorbehalten
Umschlag: Atelier Reichert, Stuttgart
Herstellung: Maisch + Queck, Gerlingen
ISBN 3-88350-664-8

Inhalt

Editorische Notiz 7

Manfred Schmid:
Fritz Elsas 1890-1945 – Eine biografische Skizze 11

Bildteil 61

Fritz Elsas:
Autobiografische Fragmente (1908-1920) 75

Aus dem Tagebuch von 1933 / Dokumente 299

Editorische Notiz

Am 20. Juli 1944 fand der bekannteste und spektakulärste Versuch statt, Adolf Hitler und das nationalsozialistische Gewaltregime zu beseitigen – ein mißglückter Bombenanschlag. Nach diesem gescheiterten Attentat übte eine groß angelegte Verhaftungs- und Verfolgungswelle grausame Rache an Mittätern und Mitwissern. Etwa 180 bis 200 Personen wurden im Zusammenhang mit dem 20. Juli hingerichtet. Unter diesen Opfern befand sich auch der in Stuttgart geborene Fritz Elsas, der ohne Gerichtsverfahren Anfang Januar 1945 im KZ Sachsenhausen ermordet wurde.

Sein Lebenslauf spiegelt zum einen eine bemerkenswerte kommunalpolitische Karriere vom Kaiserreich bis zum Dritten Reich wider, zum anderen auch ein typisch deutsch-jüdisches Schicksal in jener Epoche. Wie Fritz Elsas als Zeitzeuge jene Jahre zum Teil miterlebte und mitgestaltete, davon legen seine leider Fragment gebliebenen Erinnerungen Zeugnis ab. Ein Teil daraus wurde erstmals 1990 unter dem Titel »Auf dem Stuttgarter Rathaus« (siehe Literaturhinweise) veröffentlicht. Die hier vorliegende Edition ergänzt diese Publikation mit der Veröffentlichung der bisher ungedruckten Studienerinnerungen.

Fritz Elsas besuchte zwischen 1908 und 1913 die Universitäten in München, Berlin und Tübingen als Student der Staatswissenschaften. Seine akademischen Lehrer wie zum Beispiel Brentano, Oppenheimer, Schmoller oder Sombart waren Gelehrte von Rang, die zu den profiliertesten Vertretern ihres Fachs gehörten und noch gehören. So sind seine Erinnerungen eine wichtige, wie auch reizvolle Quelle zur Wissenschafts- und Bildungsgeschichte jener Jahre kurz vor dem Ausbruch des Ersten Weltkriegs. Eine Fülle interessanter und kluger sozialgeschichtlicher Beobachtungen geben dazu seiner Darstellung noch einen besonderen Reiz.

Fritz Elsas hat mit der Abfassung seiner Erinnerungen im Jahre 1940 begonnen und bis in die Jahre 1942/43 daran gearbeitet. Dieser Zeitraum ergibt sich aus Textstellen in den Erinnerungen. Der Originaltitel lautet »Erinnerungen aus meinem Leben«. Der Textumfang des gesamten Manuskripts beträgt ca. 1200 Seiten und umfaßt die Jahre 1908 bis 1922. Der erste Teil behandelt die Studienzeit in München, Berlin und Tübingen in den Jahren 1908 bis 1913. Der zweite Teil umfaßt den beruflichen Werdegang bis zum Jahre 1922. Da das Manuskript mitten im Satz abbricht, ist anzunehmen, daß noch weitere Seiten vorhanden gewesen sein müssen, die aber verlorengegangen sind. So läßt sich leider nicht mehr feststellen, ob das Manuskript über das Jahr 1922 hinausreichte, und ob Elsas plante, seine Erinnerungen bis zum Jahre 1933 fortzusetzen.

Bei der Niederschrift der Erinnerungen standen Fritz Elsas zum Teil Studienbücher, Vorlesungsaufschriebe, persönliche Papiere, Tagebuchaufzeichnungen aus den Jahren 1917 bis 1922 sowie zahlreiche Briefe an ihn und von ihm zur Verfügung. Davon hat sich bis heute nur ein Teil erhalten. Das Original der Erinnerungen wurde von Elsas auf schlechtem Papier mit einer alten Schreibmaschine geschrieben und teilweise mit handschriftlichen Anmerkungen und Korrekturen versehen. Da der Zustand des Originals sehr schlecht ist und sich zu Kopierzwecken nicht eignet, wurde es von dem 1998 verstorbenen Sohn Peter Elsas auf Computer erfaßt und in eine lesbare Form gebracht. Das Original wurde stilistisch nicht verändert, nur die Rechtschreibung und die Zeichensetzung verbessert. Dieses »neue Manuskript« umfaßt 823 Seiten zu durchschnittlich je 52 Zeilen. Diese Abschrift des Originals bildete die Vorlage für die Edition. Sie wurde behutsam formal bearbeitet, offensichtliche Schreibfehler (vor allem bei Namen) stillschweigend korrigiert; Auslassungen im Text wurden mit ... gekennzeichnet.

Die erhaltenen Tagebücher, die erstmals für die biographische Skizze verwertet wurden, umfassen den Zeitraum von 1917 bis 1933, allerdings nicht lückenlos. Sie sind in 22 schwarzen Notizheften niedergeschrieben und Bestandteil des Nachlasses, der sich in Privatbesitz befindet.

Für mündliche Auskünfte möchte ich mich ganz herzlich bei Peter Elsas, der das Erscheinen des Buches leider nicht mehr erleben durfte, und seiner Frau Lilli bedanken.

Manfred Schmid, im Juni 1999

Manfred Schmid:
Fritz Elsas 1890-1945 – Eine biographische Skizze

Am 1. Februar 1915 begann der 25jährige Staatswissenschaftler Fritz Elsas, Sohn eines bekannten jüdischen Unternehmers aus Cannstatt, seinen Dienst bei der Stadt Stuttgart. Fast genau 30 Jahre später sollte der vom wissenschaftlichen Hilfsarbeiter zum Bürgermeister a.D. avancierte ehemalige Stuttgarter Kommunalbeamte dem Henkersbeil des Nationalsozialismus zum Opfer fallen, ermordet in einem KZ als Gegner des Dritten Reichs. Sein genaues Todesdatum wurde zwar amtlich nirgends festgehalten, aber sicher ist, daß er den 18. Januar 1945 nicht überlebt hat. An diesem Tag nämlich machte der »Deutsche Reichsanzeiger« die Einziehung des gesamten Nachlasses des »Juden Fritz Israel Elsas« zugunsten des Deutschen Reichs bekannt. Damit wurde der tragische und zugleich brutale Schlußstrich unter das Leben eines verdienten und bemerkenswerten Stuttgarter Bürgers gezogen, der nicht nur im Kommunaldienst Vorbildliches geleistet, sondern auch als aufrechter Demokrat, Politiker und Staatsbürger seine Spuren hinterlassen hat.

Der Lebensweg von Fritz Elsas begann am 11. Juli 1890 in Cannstatt, das damals – wenn auch im Schatten von Stuttgart – als Oberamtsstadt ein bedeutendes und selbstbewußtes Eigenleben führte. Seine Eltern, obwohl noch nicht lange ortsansässig, gehörten zu den angesehensten Familien in der Kur- und Bäderstadt.[1] Die früh verstorbene Mutter, Bertha Elsas, war die Tochter von Salomon Lindauer, der in Cannstatt eine erfolgreiche Korsettfabrik aufgebaut hatte.[2] Der Vater, Julius Elsas, war Mitinhaber einer großen Mechanischen Buntweberei.[3] In einer kurz vor seinem Tod verfaßten Lebensbeschreibung über seinen Vater rühmt Fritz Elsas den offenen, liberalen und sozialen Geist in seinem Elternhaus, der ihn von früh auf prägte. So war Julius Elsas Mitglied der Deutschen Volkspartei, der Partei der Gebrüder Haußmann. Mitgliedschaften in nationalistischen Vereinigungen, wie z.B. Kolonial- oder Flottenverein, lehnte er aus innerer Überzeugung entschieden ab. Sein Weg führte ihn in die Deutsche Friedensgesellschaft, die in Stuttgart in der Person des Stadtpfarrers Otto Umfrid einen profilierten Vertreter hatte.[4] Es war unter den damals herrschenden gesellschaftlichen Verhältnissen für einen Mann mit der Position eines erfolgreichen Unternehmers ein Zeichen persönlichen Mutes, sich offen für eine Minderheitenbewegung einzusetzen. Aber auch als Unternehmer beschritt Julius Elsas neue und fortschrittliche Wege. So gewährte er seinen Arbeitern und Angestellten bezahlten Urlaub und richtete eine eigene Krankenkasse und Fabrikbücherei ein, immer das Wohlergehen seiner Mitarbeiter im Auge. Als Anerkennung für sein soziales Engagement verlieh ihm der Arbeiterbildungsverein Cannstatt die Ehrenmitgliedschaft. Für Fritz Elsas blieb das Wirken und Denken, die soziale Gesinnung des Vaters, zeitlebens Richtschnur und Vorbild.

Fritz Elsas besuchte in Cannstatt zuerst die Grundschule, die damals noch Elementarschule hieß, und anschließend das humanistische Gymnasium, das er im Juli 1908 unter Befreiung vom mündlichen Examen erfolgreich abschloß.

Wissenschaftlicher Hilfsarbeiter

Nach dem Abitur führte sein Weg von Cannstatt nach München, wo er sich am 17. Oktober 1908 an der Universität als Student der Rechts- und Staatswissenschaften einschrieb. Die weiteren Stationen seines akademischen Studiums waren Berlin und Tübingen. Dort promovierte er im Februar 1912 zum Dr. rer. pol. Mit dem Doktorexamen in der Tasche setzte er seine Studien nochmals in Tübingen und Berlin fort, um sich auf eine Laufbahn als Universitätslehrer vorzubereiten. Dieses Vorhaben wurde durch den Ausbruch des Ersten Weltkriegs jäh beendet.

Obwohl Elsas nicht zu denen gehörte, die sich von der nationalen Kriegshysterie anstecken ließen, hielt er es für seine selbstverständliche Pflicht, sich als Kriegsfreiwilliger zu melden. Allerdings ohne Erfolg. Aufgrund seiner Kurzsichtigkeit wurde er mehrmals abgewiesen. So bemühte er sich, anderweitig einen Dienst fürs Vaterland zu leisten. Nach verschiedenen Versuchen wurde er noch im August 1914 bei der Handelskammer Stuttgart eingestellt, bevor er am 1. Februar 1915 als »wissenschaftlicher Hilfsarbeiter mit dem fortlaufenden Tagegeld von 10 M« in den Dienst der Stadt Stuttgart trat. So begann Elsas als Leiter des Mehlhauptamtes seine kommunale Karriere bei der Stadt Stuttgart.

Auf seiner neuen Stelle bei der Stadt Stuttgart konnte Elsas all seine Fähigkeiten und Talente ausschöpfen und anwenden. Man kann sogar behaupten, daß dieses neue Aufgabengebiet geradezu auf ihn zugeschnitten war. Wie er sich als junger, 25jähriger Berufsanfänger in kürzester Zeit in eine so schwierige Verwaltungsmaterie einarbeitete, verdient in der Tat Bewunderung. Denn in dem Maße, in dem der Krieg länger und länger dauerte, wurde die Lebensmittelversorgung immer mehr reglementiert und zentralisiert. Damit gewann auch seine Dienststelle, die schon bald zu einem »Städtischen Lebensmittelamt« aufgewertet worden war, an Bedeutung. Bei Kriegsende war Elsas Leiter von acht Abteilungen und über 200 Mitarbeitern. Daneben war er noch Geschäftsführer der Nahrungsmittelversorgung Stuttgart, stellvertretender Leiter der städtischen Preisprüfstelle zur Überwachung des Einzelhandels sowie nebenamtlicher Leiter für Verbrauchsregelung und Handelsfragen bei der Reichsverteilungsstelle.

Was Elsas bis Kriegsende geleistet hat, kommt deutlich zur Sprache in seinem Zeugnis beim Ausscheiden aus dem Dienst der Stadt Stuttgart: »Er hat sich in dieser schwierigen, sachlich wie politisch ausgesetzten Stellung [als Leiter des Lebensmittelamtes] aufs Beste bewährt und insbesondere durch seine erfolgreiche Betätigung bei der Gründung und Leitung gemischtwirtschaftlicher Organisationen für den Aufkauf und großhändlerischen Vertrieb der wichtigsten Lebensmittel mit weitausschauendem Blick, großer Entschlußfreudigkeit und Beweglichkeit und nie versagender Tatkraft für die Stadt und ihre Bevölkerung überaus Wertvolles geleistet und weit darüber hinaus Vorbildliches geschaffen. Dabei kam ihm seine organisatorische Begabung, sein ausgeprägter Sinn für die geschäftliche Seite dieser Wirtschaftsfragen, seine außerordentliche Arbeitskraft und seine ungewöhnliche Fähigkeit der Menschenbehandlung aufs wirksamste zustatten ...«[5]

Auch Reinhold Maier konnte in einem Zeitungsartikel seinen Parteifreund Fritz Elsas nicht genug loben: »So hat er die Lebensmittelversorgung Stuttgarts in einer Weise organisiert, daß sie für die hiesige Bevölkerung unter Berücksichtigung der Kriegsverhältnisse gleichmäßig und pünktlich arbeitete und in Fachkreisen als eine der besten in ganz Deutschland galt.«[6]

Reisen nach Berlin

Zwischen all den beruflichen Veränderungen traf Elsas auch im privaten Bereich eine wichtige Entscheidung. Am 20. Dezember 1914 hielt er in Gehrock und Zylinder bei seinem zukünftigen Schwiegervater, dem Cannstatter Fabrikdirektor Gottlob Scholl, um die Hand seiner Tochter Marie an.[7] Am Weihnachtsabend wurde im Kreise beider Familien die offizielle Verlobung gefeiert.

Ein halbes Jahr später, am 19. Juni 1915, fand die Heirat statt. Die standesamtliche Trauung wurde auf dem alten Rathaus in Cannstatt abgehalten, die kirchliche Feier in der kleinen, erst zwei Jahre zuvor erbauten, evangelischen Heilandskirche in Stuttgart-Berg. Obwohl Elsas in einem liberalen jüdischen Elternhaus aufgewachsen war, hatte er sich während des Studiums entschlossen, zum evangelischen Glauben überzutreten, vielleicht auch beeinflußt von seiner Stiefmutter, die aus einem christlichen Elternhaus stammte. Trauzeugen bei der Heirat waren der Vater von Fritz Elsas und der Bruder der Braut, Fritz Scholl. Getraut wurden sie von dem Cannstatter Stadtpfarrer August Kübler, der auch eine Rede über den von den beiden Brautleuten gewählten Trauungstext hielt, eine Stelle aus dem alten Testament, nämlich Ruth 1, Vers 16 und 17:

»Ruth antwortete: Rede mir nicht ein, daß ich dich verlassen sollte und von dir umkehren. Wo du hin gehst, da will ich auch hin gehen; wo du bleibst, da bleibe ich auch. Dein Volk ist mein Volk, und dein Gott ist mein Gott.
Wo du stirbst, da sterbe ich auch, da will ich auch begraben werden. Der Herr tue mir dies und das, der Tod muß mich und dich scheiden.«

Damals konnte keiner ahnen, daß diese Worte wie eine Vorahnung ihres künftigen gemeinsamen Schicksals klangen.

Die Hochzeitsreise führte das neuvermählte Paar nach Baden-Baden für ein paar unbeschwerte Tage, trotz der Kriegszeit. Nach der Rückkehr bezogen sie die erste gemeinsame Wohnung. 1916, 1918 und 1920 wurden die Kinder Marianne, Hanne und Peter geboren.[8]

Mit zunehmender Kriegsdauer nahm die Arbeit für Elsas an Umfang immer mehr zu. So mußte er zum Beispiel durch die stärker werdende Zentralisation der Kriegswirtschaft in Berlin immer häufiger für mehrere Tage zu Verhandlungen in die Reichshauptstadt fahren. »Solche Reisen ... waren keineswegs ein Vergnügen, denn die Strapazen in den meist ungeheizten Zügen zu fahren, sich unterwegs nur mit dem mitgenommenen Essen zu begnügen und in Berlin meist auch noch hungern zu müssen, waren wirklich kein Genuß, um den man etwa beneidet werden sollte«, schrieb er später in seinen Erinnerungen.[9] Während seiner Abwesenheit blieb natürlich die Arbeit auf seinem Schreibtisch im Stuttgarter Rathaus liegen, allerdings nicht sehr lange.

Unter den hervorstechendsten Eigenschaften von Fritz Elsas muß, neben seiner außerordentlichen Begabung und seiner fachlichen Qualifikation, vor allem seine »außerordentliche Arbeitskraft« hervorgehoben werden. So ist es in der Tat erstaunlich, was Elsas Tag für Tag, Woche für Woche geleistet hat. Neben seiner eigentlichen Arbeit, die ihn schon weit über das übliche Maß beanspruchte, gelang es ihm, wissenschaftlich zu arbeiten, politische Gespräche zu führen, Vorträge zu besuchen und auch selber zu halten und dennoch Zeit zu haben für seine Mitarbeiter, für Bittsteller auf dem Amt, für seine Familie. Kurz, nichts war ihm zuviel. Es ist deshalb nicht verwunderlich, Passagen in seinen Erinnerungen zu lesen wie z.B.: »Jede Arbeit selbst zu tun, wenn es notwendig ist, nie müde sein, und alles wichtig und ernst zu nehmen, ohne dabei zu übersehen, daß Wesentliches und

Unwesentliches zu unterscheiden sind, das sind die Punkte, die ich mir immer wieder als Richtschnur vorhielt«. Oder Passagen wie: »Ich habe auch Sonntags immer jeden Dienst gemacht, der wirklich notwendig war und bin jahrelang jeden Sonntag vormittag aufs Amt und aufs Rathaus gegangen. Ich habe meine Post durchgesehen, Rückstände aufgearbeitet oder größere Dinge diktiert.«[10]

Eintritt in die DDP

Neben seiner starken beruflichen Belastung widmete sich Elsas in seiner knappen Freizeit während der Kriegsjahre immer wieder geschichtlichen und politischen Studien, um sich eine eigene, unabhängige, wohl fundierte Meinung zu bilden. So fand er auch rückblickend in seinen Erinnerungen klare und deutliche Worte über den Ersten Weltkrieg: »Alle heroische Lobpreisung hat mich über die Sinnlosigkeit dieses Massenmordes nie hinwegtäuschen können. Wenn es nach dem Verlust des Krieges in Deutschland Männer gegeben hätte, die die wirklichen Verantwortlichen zur Rechenschaft gezogen hätten, dann hätten die Urheber dieser einzigartigen Sinnlosigkeit auf die Anklagebank gehört. Nie hat die Nation ein sinnloseres Opfer vergeblich gebracht.«[11]

Nach Kriegsende stellte Fritz Elsas in zweierlei Hinsicht neue Weichen. So schloß er sich der neugegründeten Deutschen Demokratischen Partei (DDP) an, der Partei, die in der Folgezeit neben der SPD am entschiedensten für die Weimarer Republik eintrat und sie verteidigte. Persönlichkeiten wie zum Beispiel Conrad Haußmann, Theodor Heuss, Reinhold Maier oder Friedrich Payer zählten damit zu seinen unmittelbaren Parteifreunden in Württemberg.[12] Diese Entscheidung war für ihn nur folgerichtig. Bereits vor dem Krieg, während seines Studiums in München, hatte er sich dem »Nationalverein für das liberale Deutschland« angeschlossen.[13] Dieser Verein, 1907 in München gegründet, verstand sich als Keimzelle für die Erneuerung und zur Sammlung des Liberalismus. Die treibende Kraft dieser Bewegung, vor allem süddeutscher Liberaler, war der Münchener Privatdozent Wilhelm Ohr, bei dem Elsas auch privat verkehrte.

Innerhalb der DDP konnte sich Elsas rasch profilieren und zählte dank seiner intellektuellen Brillanz zu den führenden wie auch maßgeblichen demokratischen Politikern in Stuttgart und Württemberg.

Bereits im Dezember 1918 hatte ihn seine Partei in die Kommission zur Ausarbeitung einer neuen Verfassung für Württemberg berufen. Im April 1919 war er maßgeblich am Entwurf des Programms der DDP für die Gemeinderatswahl beteiligt. Bereits 1920 wurde er von seiner Partei gefragt, ob er eine Wahl als Landesvorsitzender annehmen würde. Elsas lehnte dieses Angebot sofort ab, da er zu wenig »Parteimann« sei und sich auch eine gewisse Unabhängigkeit von Parteidoktrinen bewahren wollte. Trotzdem war er für die DDP hinter und vor den Kulissen stark engagiert. So hielt er z.B. einen Vortragskurs über »Probleme der Arbeit« für Parteimitglieder.

Nachdem er kurz nach Kriegsende die mehrmalige Aufforderung der SPD, sich für den Landtag aufstellen zu lassen, abgelehnt hatte, konnte er sich einem entsprechenden Ansinnen seiner Partei schlecht verweigern.

1924 wurde er als Landtagskandidat auf Platz 2 der Liste für Groß-Stuttgart hinter dem damaligen Staatspräsidenten Johannes Hieber plaziert und auch gewählt.[14] Im Wahlkampf war Elsas bei zahlreichen Veranstaltungen der DDP in und auch außerhalb Stuttgarts aufgetreten und hatte außerdem die

Wahlkampfaufrufe und Flugblätter verfaßt. Er war so etwas wie der Motor der Parteiarbeit in jenem Wahljahr 1924, da er ständig zwischen Rathaus und Parteizentrale hin und her pendelte. Zudem waren des öfteren Parteifreunde auch privat als Gäste in seinem Haus, wie z.B. Peter Bruckmann, Reinhold Maier oder Eberhard Wildermuth.[15] So lautet der Eintrag in seinem Tagebuch am 19. Februar 1924 wie folgt: »Abends wurde bei mir bis morgens 6 Uhr ... habhafte Politik gemacht und auch habhafter Wein getrunken. Bruckmann erwies sich wieder als völlig unverwüstlich.« Mit Theodor Heuss bestand in jener Zeit enger brieflicher Kontakt über verschiedene Parteiinterna.

Brillanter Redner

Obwohl er nur zwei Jahre lang, bis zu seinem Weggang aus Stuttgart im Oktober 1926, sein Abgeordnetenmandat ausüben konnte, konnte er sich rasch profilieren. Bereits nach den ersten Reden hatte er seinen glänzenden Ruf etabliert und viel Anerkennung gewonnen, auch beim politischen Gegner. Das Presseorgan der SPD, die »Schwäbische Tagwacht«, lobte ihn folgendermaßen: »Sonst stand der Tag im Zeichen zweier neuer Leute. Der eine war Dr. Elsas, von der Demokratie. Ohne Zweifel ein Gewinn für den Halbmondsaal. Er wußte republikanische Oppositionspolitik zu machen von seinem bürgerlich-demokratischen Standpunkt aus. Die Politik Bazilles analysierte er schlechtweg glänzend und brachte dem Staatspräsidenten so manche wohlangebrachte Rüge, wenn auch diskret, so doch ziemlich schmerzhaft bei.«[16]
Auch das Organ der bürgerlich-konservativen Parteien, die

»Württemberger Zeitung«, rühmte sein Auftreten: »Den Höhepunkt der Samstagsitzung brachte die nach Form und Inhalt hervorragende Rede des zweiten demokratischen Sprechers Dr. Elsas, der dem Staatspräsidenten Bazille scharf zu Leibe ging, aber durch die witzige Art seiner Angriffe auch die Regierungsparteien wenigstens als Lacher auf seiner Seite hatte ... Der Eindruck dieser Rede war so tiefgehend, daß der Staatspräsident sofortige Erwiderung für nötig hielt.«[17]

Die Auftritte von Elsas im Landtag waren und blieben aufgrund seiner glänzenden rhetorischen Begabung eindrucksvoll und gewichtig. Seine Debattenbeiträge waren sowohl der Form als auch dem Inhalt nach den meisten anderen Rednern überlegen. So verließ z.B. der Staatspräsident Bazille gelegentlich den Sitzungssaal, sobald sich Elsas zu Wort gemeldet hatte. Seine Partei wußte, was sie an ihm hatte, und schickte ihn öfters ans Rednerpult, um auch in heiklen Situationen Stellung zu nehmen. So ehrenvoll und anerkennend diese »Berufung« nach außen auch erscheinen mag, vor allem für einen Parlamentsneuling, so war doch Elsas klug genug, sich keine Illusionen über seine Parteifreunde zu machen: »Der Zweck ist natürlich mithin der, mich politisch auf der Rechten ›verdächtig‹ zu machen, damit nur ja kein anderer ›Ministerchancen‹ bekommt.« (Tagebucheintrag vom 4.1.1925)

Elsas bekam bald zu spüren, daß er sich in der Partei mit seinem scharfen Intellekt, mit seinem undogmatischen Denken und seinem selbständigen Urteil manche zu Feinden machte. Nüchtern vertraute er am 17. März 1925 seinem Tagebuch an: »Nun, die Zahl der gegen mich eingestellten ›Parteifreunde‹ in Stuttgart ist jedenfalls nicht gering – Hieber, Goeser, Haußmann, Frau Goeser – auch Hopf. Allmählich eine hübsche Clique beieinander. Aber gerade darum meine unbedingte Absicht, mir die innere Freiheit zu bewahren.«[18]

Obwohl er nur zwei Jahre lang, bis zu seinem Weggang

aus Stuttgart im September 1926, sein Abgeordnetenmandat ausüben konnte, hat er doch in dieser kurzen Zeit seines Wirkens den Verhandlungen im Landtag seinen Stempel aufgedrückt. Der Parteifreund Reinhold Maier, mit dem Elsas auch privat verkehrte, resümierte zutreffend in einem anonymen Artikel dessen parlamentarische Tätigkeit: »Er hat sich hier trotz seiner Jugend bald zu einem der führenden Redner emporgeschwungen. Namentlich auf den Gebieten der Sozialpolitik und Wirtschaftspolitik war er unbestritten führender Fachmann und hatte, wenn er sprach, das Ohr aller Parteien. Seine Stoffbeherrschung und seine rednerische Gewandtheit gab ihm die Sicherheit des Überlegenseins. Und gar manches Mal hat er mit Humor oder bitterem Sarkasmus seine Gegner behandelt, ohne jedoch durch unnötige Schärfe und persönliche Polemik irgendwie zu verletzen. Gerade im Landtag wird man seine Mitwirkung schmerzlich vermissen.«[19]

Überzeugter Demokrat

Während seiner Zeit als Landtagsabgeordneter äußerte sich Elsas wiederholt auch publizistisch, vor allem im »Stuttgarter Neuen Tagblatt«, das der DDP nahestand, zu politischen Tagesthemen. Bei der Reichspräsidentenwahl im Jahre 1925 sprach er sich klar und deutlich gegen Hindenburg aus und für den gemeinsamen Kandidaten von DDP, Zentrum und SPD, Wilhelm Marx, auch gegen vereinzelten Widerstand in seiner Partei: »Hindenburg würde gegen sich selbst unehrlich handeln, wenn er – der sich allezeit als der getreue Diener seines kaiserlichen Herrn bezeichnet hat – heute etwa erklären würde, er sei Republikaner. Niemand wird ihm daraus einen Vorwurf machen, daß er das nicht ist. Aber, daß der erste

Beamte einer Republik nicht im Herzen Monarchist sein kann, ist eine Selbstverständlichkeit ... Wer für eine Festigung der staatspolitischen Verhältnisse in Deutschland, für eine Wiedereinordnung in den Kreis der Völker der Welt, für eine innere Befriedigung und soziale Gestaltung der Verhältnisse eintritt, wird sich dem Block der Parteien anschließen, die ihren Blick nach vorwärts richten und in Wilhelm Marx den geeignetsten Nachfolger für Friedrich Ebert erblicken.«[20]
Wie ein Leitmotiv zieht sich in seinen Artikeln sein klares Bekenntnis zur republikanischen Verfassung und sein Appell, an dieser Staatsform festzuhalten, durch.

Nicht nur in politischer Hinsicht bedeutete das Kriegsende 1918 für Elsas so etwas wie eine Zäsur. Auch in beruflicher Hinsicht taten sich für ihn neue Perspektiven auf. Der damalige Innenminister Lindemann wollte ihn unbedingt als Mitarbeiter in seinem Amt haben. Bereits zuvor war das Arbeitsministerium mit einem Stellenangebot an ihn herangetreten. Daraufhin reichte er am 28. Februar 1919 sein Abschiedsgesuch bei der Stadt Stuttgart ein. Doch Oberbürgermeister Lautenschlager ließ einen so bewährten Beamten wie Elsas nicht einfach ziehen. Ganz überraschend bot er ihm eine neue Stelle als städtischer Rechtsrat an, eine Stelle, die extra für ihn geschaffen worden war, um seinen Weggang zu verhindern. Am 16. April 1919, nur wenige Wochen nach seinem Abschiedsgesuch, konnte Elsas bereits in seine neue Stelle überwechseln. Laut Weisung von Lautenschlager wurden ihm folgende Tätigkeitsbereiche zugewiesen: Handelswesen, Gewerbewesen, Pressewesen, Verkehrswesen, Referat über das statistische Amt, allgemeine wirtschaftliche Fragen sowie die Lebensmittelversorgung bis zur Wiederbesetzung der Stelle.

Auch sein neues Aufgabengebiet packte er mit der ihm eigenen Energie an und bewährte sich glänzend. Was er machte und sagte, hatte Hand und Fuß und besaß Gewicht bei den verschiedenen Interessengruppen, mit denen er täglich durch sein Amt in Berührung kam. Auch im Gemeinderat, als vortragender Referent, war er eine unbestrittene Autorität: »Wenn Dr. Elsas seine stets auf eingehender Kenntnis der Materie beruhenden, knapp formulierten und dabei doch das Thema erschöpfend behandelnden, mit zwingender Logik aufgebauten Ausführungen beendigt hatte, so war meistens nicht mehr viel zu den Anträgen auszuführen. Diese seine absolute Sachlichkeit und die Gewissenhaftigkeit, mit der er alles, was zu seinem Tätigkeitsgebiet gehörte, behandelte, sicherten ihm bei allen Parteien des Gemeinderats ein Vertrauen, wie es in einem Stadtparlament ein Beamter der städtischen Verwaltung in führender Stellung nur selten genießen wird.«[21]

Antisemitische Töne

Dank seines großen Ansehens, das er sich in Stuttgart erworben hatte, war Elsas auch als ernsthafter Kandidat für die Oberbürgermeisterwahl im April 1921 im Gespräch. Seine Partei, die DDP, wollte ihn auf jeden Fall gegen Lautenschlager aufstellen. Nach verschiedenen Sondierungen und politischen Hintergrundgesprächen hatte sie den Eindruck gewonnen, daß sich Elsas einer breiten Unterstützung sicher sein konnte. Allein Elsas zögerte aus zweierlei Gründen. Zum einen wollte er nicht als einziger ernsthafter Bewerber gegen Lautenschlager antreten, und zum anderen wußte er nur zu gut, daß es gegen ihn, das heißt gegen seine Abstammung, in gewissen Kreisen große Vorbehalte gab. So mußte Wilhelm Bazille, der Führer der rechtsstehenden Württembergischen

Bürgerpartei, zwar eingestehen, daß Elsas zweifellos sehr tüchtig sei, um aber im gleichen Atemzug zu betonen: »...aber an seinem Namen nehmen wir Anstoß.«[22] Damit war für Elsas natürlich die Entscheidung gefallen, eine Kandidatur nicht ernsthaft in Erwägung zu ziehen. Diese Entscheidung teilte er auch seiner Partei in einem Schreiben mit, das gegen seine Absicht als offener Brief in der Presse veröffentlicht wurde. Mit dem Rückzug von Elsas war auch der Weg für Lautenschlager geebnet. Ohne einen richtigen Gegenkandidaten wurde Lautenschlager im April 1921 mit großer Mehrheit für weitere zehn Jahre wiedergewählt.[23] Allerdings lag die Wahlbeteiligung nur bei knapp über 40 Prozent.

Im Zusammenhang mit der gescheiterten Oberbürgermeisterkandidatur bekam Elsas zum ersten Mal direkt zu spüren, was es damals hieß, jüdischer Herkunft zu sein. Elsas hat zwar seine Wurzeln nie verleugnet, aber auch nie extra betont. So muß es für ihn, wie für so viele andere auch, bitter gewesen sein, trotz Befähigung, Leistung und Tüchtigkeit immer mit einem von außen aufgesetzten Makel behaftet zu sein. Elsas mußte wohl damals gespürt haben, daß er diesem so typisch deutschen Schicksal nie entrinnen konnte. Auch drei Jahre später, während des Wahlkampfs für den Landtag, wurde er wieder an seine Herkunft erinnert, wenn er folgende Episode in seinem Tagebuch vermerkt: »Scheef[24] erzählt mir heute, daß er einen anonymen Brief erhalten habe, in dem einer seinen Austritt aus der Partei wegen mir mit antisemitischen Gründen begründet. Ich habe bis jetzt – kann ja in der Wahl noch kommen – nichts davon gemerkt; daß selbstverständlich auch in der Partei ein starker Antisemitismus besteht, ist ja ganz klar – ich schätze, daß 90 Prozent Antisemiten sind, nur unterscheiden sie sich von den Völkischen, daß sie entweder zu klug oder zu feig für ein offenes Bekenntnis sind ...« (27.4.1924).

Karriere in Berlin

Kurze Zeit nach der Oberbürgermeisterwahl fand im Juni 1921 in Stuttgart die erste Hauptversammlung des Deutschen Städtetags nach dem Krieg statt. Seitens der Stadtverwaltung war Fritz Elsas mit der Organisation dieser für die Landeshauptstadt so bedeutenden Tagung betraut. Mit gewohnter Souveränität löste Elsas die Aufgabe. Der reibungslose und erfolgreiche Verlauf der Tagung bedeutete für ihn auch, daß er weit über Stuttgart hinaus die Aufmerksamkeit auf seine Person und seine Fähigkeiten gezogen hatte. So ist es nicht verwunderlich, daß er mehrmals während seiner Tätigkeit bei der Stadt Stuttgart und auch später in Berlin Angebote erhielt, bei Reichsbehörden, bei anderen Kommunen oder bei Interessensverbänden leitende Funktionen zu übernehmen.

Lautenschlager war sich wohl im klaren darüber, daß er einen Mann wie Elsas auf Dauer nicht halten konnte, auch wenn er versuchte, ihn nach seinen Möglichkeiten zu fördern. So konnte er erreichen, daß ihm 1925 die wichtige Stelle als Leiter des Personalamts übertragen wurde. Die Wahl von Elsas war im Gemeinderat im Prinzip unumstritten. Nur die SPD zeigte sich bei der Abstimmung beleidigt, weil sie ihren eigenen Kandidaten nicht durchbringen konnte: »So wurde ich mit den Stimmen der Bürgerlichen (37) bei 22 Stimmenthaltungen gewählt. Gehaltlich ist es eine kleine Besserstellung. Daß ausgerechnet der einzige republikanische Beamte nicht die Stimmen der Sozialdemokraten erhält ... ist bezeichnend.« (Tagebucheintrag vom 11.12.1924)

Der Ruf von Elsas als tüchtigem, fähigem, ja brillantem Kommunalbeamten war damals natürlich schon weit über Stuttgart hinausgedrungen. Bereits 1922 wurde er z.B. in den Verwaltungsrat des neu errichteten Reichsamts für Arbeitsvermittlung in Berlin berufen. Verschiedene Kontakte zu kommunalen Interessensverbänden und auch zu Persönlichkeiten aus der kommunalen Verwaltung ergaben sich wie von selbst. Ebenso machte er sich einen Namen aufgrund seiner umfangreichen publizistischen Tätigkeit in Fachzeitschriften. Sein umfangreiches Schriftenverzeichnis, das bis ins Jahr 1933 reicht, enthält über 270 Nummern. Es reicht von kommunal-, sozial-, wirtschaftspolitischen oder wirtschaftshistorischen Themen bis hin zu Zeitungsartikeln und Kommentaren zum aktuellen Tagesgeschehen. So finden sich seine Beiträge in den entsprechenden Fachorganen, wie z.B. in der »Zeitschrift für Kommunalwirtschaft« oder im »Archiv für Sozialwissenschaften und Sozialpolitik« bis hin zu wichtigen, politisch liberalen Tageszeitungen wie »Stuttgarter Neues Tagblatt«, »Der Beobachter« oder »Vossische Zeitung«.

Es nimmt deshalb nicht wunder, daß Elsas 1926 eine ehrenvolle Berufung nach Berlin erhielt, die er auch annahm: Er wurde fast einstimmig zum Vizepräsidenten und geschäftsführenden Vorstandsmitglied des Deutschen und des Preußischen Städtetages gewählt. Diese Wahl mußte allerdings hinter den Kulissen vorbereitet werden. Der kurz zuvor berufene Präsident Oskar Mulert, also der unmittelbare Vorgesetzte von Elsas, wollte dessen Ernennung verhindern.[25] Der damalige Oberbürgermeister von Nürnberg, Hermann Luppe, hat darüber später in seinen Memoiren berichtet: »Es gelang mir, Rechtsrat Elsas aus Stuttgart, einen alten Demokraten von hervorragender Befähigung und reicher kommunaler Erfahrung, durchzusetzen, obwohl Mulert ihn als Juden ablehnen wollte, der doch selbst eine Jüdin zur Frau hatte (!) und nachdem Lautenschlager – Stuttgart erklärt hatte, daß danach in Stuttgart noch niemand gefragt habe.«[26]

Obwohl Elsas offiziell erst am 17. September 1926 gewählt wurde, und zwar mit Wirkung vom 1. November, verließ er Stuttgart bereits am 1. November, allerdings zunächst ohne seine Familie, um sich in den »umfassenden Dienstbetrieb« einzuarbeiten. Gleich in den ersten Wochen mußte er an zahlreichen Sitzungen teilnehmen und übernahm dann nach und nach für den Städtetag eine Reihe weiterer zusätzlicher Posten, so unter anderem im Verwaltungsrat der Preußischen Landespfandbriefanstalt, im Aufsichtsrat der Wohnstätten-Hypothekenbank und der Kommunalen Treuhand-Revisionsbank oder im Vorstand des Reichsarbeitgeberverbandes. Auch auf gesellschaftlicher Ebene wurde er in den ersten Wochen seiner Tätigkeit in Berlin gefordert: »Abends große Gesellschaft bei Mulert. Ich besorgte mir im letzten Augenblick noch einen Smoking.« (Tagebucheintrag vom 10.9.1926)

Auch in seiner neuen Stelle beim Städtetag konnte Elsas seine Fähigkeiten voll entfalten, wie sich später der damalige Oberbürgermeister von Königsberg, Hans Lohmeyer, erinnerte: »In dieser Tätigkeit hat er sich ganz außerordentlich bewährt: Fleißig und tüchtig, zeichnete er sich vor allem auch dadurch aus, daß er es zumeist vorzüglich verstand, widerstreitende Meinungen für den gesunden Kompromiß zu gewinnen. Durch sein frohes und heiteres Wesen gelang es ihm, sich überall Freunde zu machen.«[27]

Freundschaften

Berlin, die Reichshauptstadt, war für Elsas natürlich kein unbekanntes Pflaster. Seit seiner Studienzeit war er wiederholt dienstlich dort gewesen, vor allem bei verschiedenen Reichsbehörden, und hatte dementsprechend etliche persönliche Kontakte. Neue kamen jetzt hinzu. Durch seine Tätigkeit beim Städtetag kam er in kürzester Zeit in Verbindung mit zahlreichen Staatssekretären, auch Ministern oder sonstigen wichtigen Beamten von kommunalen und staatlichen Verbänden oder Reichsämtern und natürlich mit fast allen Oberbürgermeistern der damaligen Zeit, wie z.B. Konrad Adenauer[28] aus Köln. Über ihn schreibt Elsas in seinem Tagebuch: »Unterhaltung mit Adenauer ... Ich gab zurückhaltend Auskunft, da ich mir über seine Art noch nicht ganz klar bin. In der Tat habe ich kaum einen Menschen kennengelernt, der so undurchdringlich war (aalglatt) ...« (27.9.1929)

Aus manchen Begegnungen entwickelten sich auch über das Dienstliche hinausgehende Verbindungen, ja sogar Freundschaften. So schreibt Elsas in seinen Erinnerungen über den ehemaligen Reichswirtschaftsminister Eduard Hamm: »Seit meiner eigenen Übersiedlung nach Berlin stand ich mit ihm in engem beruflichem Verkehr, der sich bald zu einer auch durch berufliche Meinungsverschiedenheiten nie getrübten, persönlichen Freundschaft entwickelt hat. Immer bemüht, sich gleichmäßig über alle wirtschaftlichen, nationalen und internationalen Fragen zu unterrichten, war er charakterlich das Vorbild eines ausgezeichneten Mannes, der unabhängig von Tagesströmungen seine Meinung sagte und vertrat und der in menschlichen Beziehungen ein nie versagender Freund war. Seine Bekanntschaft und Freundschaft mit ihm war mir eine wertvolle Bereicherung, die zu erfahren ich glücklich bin.«[29]

Eine persönliche Beziehung entwickelte sich ebenso zu dem damaligen Oberbürgermeister von Leipzig, Karl Goerdeler, der auch zu den privaten Gästen im Hause Elsas gehörte.[30] Er beschreibt ihn in seinem Tagebuch wie folgt: »Goerdeler ist trotz seiner deutschnationalen Einstellung ein prachtvoller Mann, dem ich viel Sympathie und Freundschaft entgegenbringe« (28.10.1929). Beide konnten damals noch nicht ahnen, daß ihre Beziehung Jahre später einmal eine schicksalshafte Bedeutung gewinnen sollte. Andere Namen, die Elsas immer wieder im Tagebuch erwähnt und die zu seinem engeren Freundes- und Bekanntenkreis gehörten, waren Theodor Heuss, Johannes Popitz, Hans Staudinger, Eberhard Wildermuth und Arthur Zarden.[31]

Unzufriedenheit mit seinem Vorgesetzen

Auf die Dauer von zwölf Jahren war der Arbeitsvertrag von Elsas mit dem Städtetag abgeschlossen worden. Aber bereits nach viereinhalb Jahren gab er seine Tätigkeit dort auf, um sich einer neuen beruflichen Herausforderung zu stellen. Mit ausschlaggebend für seinen freiwilligen Weggang waren sicherlich Gründe, die in der Person seines direkten Vorgesetzten Oskar Mulert lagen. Schon ein Jahr nach seinem Dienstantritt vertraute er seinem Tagebuch an: »Mulert stört dauernd den Geschäftsgang, läßt wichtigste Briefe liegen, informiert mich über besonders wichtige Dinge nicht ..., liest selbst alles Unwichtige, braucht zu den einfachsten Protokollen sechs Wochen und länger und bringt weder eine durchdachte Idee noch sonst etwas Produktives mit!« (12.11.1927)
Wiederum ein Jahr später erneuert er seine Kritik und Unzufriedenheit: »Die Zusammenarbeit mit Mulert ist ungewöhnlich schwierig. Nicht wegen der Masse der Arbeit ..., sondern weil er in seiner persönlichen Eitelkeit dermaßen empfindlich ist, daß man diesen Faktor innerhalb und außerhalb des Hauses in Rechnung stellen muß und er von einer geordneten Geschäftsführung ... keine Ahnung hat ...

Hoffentlich kommt er niemals in eine Stellung, in der er Verantwortung tragen muß. Beides liegt ihm nicht. Er ist ein fabelhafter Blender.« (Tagebucheintrag vom 8.11.1928) Als

Elsas kurze Zeit später seine Unzufriedenheit Mulert mitteilte, war dieser »sprach- und fassungslos«.

Trotz des gestörten, wenn nicht sogar zerrütteten Verhältnisses zu seinem Vorgesetzten widmete Elsas uneingeschränkt seine ganze Arbeitskraft dem Städtetag und wartete auf die Chance für eine berufliche Veränderung, von der er sich eine neue Perspektive erhoffte. Ein Angebot der Stadt Hamburg lehnte er im Dezember 1929 in »diplomatischer Form« ab. Einer anderen Stellenofferte für den kommunalen Dienst konnte er sich ein Jahr später allerdings kaum entziehen.

Auf dem Berliner Rathaus

Als zu Beginn des Jahre 1931 im Berliner Rathaus eine Umorganisation und Neubesetzung an der Spitze notwendig geworden war, mußte unter anderem der wichtige Posten eines zweiten Bürgermeisters besetzt werden. Da die Deutsche Staatspartei (DStP), wie die DDP seit 1930 hieß, bei der Besetzung das Vorschlagsrecht besaß, nominierte sie ihr ehemaliges Parteimitglied Fritz Elsas. Seit 1. November 1926, also mit offiziellem Dienstantritt beim Städtetag, gehörte er nämlich nicht mehr der damaligen DDP an, nahm aber als Gast immer wieder an Parteiveranstaltungen teil und blieb in Kontakt mit seinen ehemaligen Parteifreunden. Mit den meisten Stimmen wurde Elsas am 14. April 1931 in der Berliner Stadtverordnetenversammlung in sein neues Amt gewählt. Die Stelle war Teil eines »Wahlpakets«, das hinter den Kulissen geschnürt worden war, um die Wahl des bisherigen, parteilosen Danziger Senatspräsidenten Heinrich Sahm zum neuen Oberbürgermeister von Berlin mehrheitsfähig zu machen. Die anderen neu gewählten Mitglieder des

Berliner Magistrats waren die SPD-Kandidaten Friedrich C. A. Lange als weiteren Bürgermeister sowie Bruno Asch als Stadtkämmerer. Da die Wahlen umgehend vom preußischen Staatsministerium bestätigt worden waren, konnte Elsas bereits am 21. April seine neue Tätigkeit aufnehmen. Bis zu seiner Entlassung durch die Nationalsozialisten leitete er das Wirtschaftsdezernat und das Dezernat für die städtischen Unternehmen und Gesellschaften. Dazu bekleidete er noch mehrere Aufsichtsratsposten in städtischen Versorgungs- und Dienstleistungsbetrieben.[32]

»Der Staat seid Ihr«

Elsas' Austritt aus der DDP 1926 hatte natürlich keineswegs bedeutet, daß er sich damit auch aus dem gesellschaftlich-politischen Leben im Ganzen zurückzog und passiv verhielt. Im Gegenteil. So nahm er immer wieder zu kommunalpolitischen Fragen und Problemen in verschiedenen Presseorganen öffentlich Stellung. Sein im September 1931 erschienener Aufsatz »Die Notlage der Gemeinden« diente als Vorlage für ein kommunalpolitisches Programm der Deutschen Staatspartei, das auf einem Parteitag im Herbst 1931 beschlossen wurde. Seiner eigenen Überzeugung entsprechend, bemühte er sich auch, aufgrund der politischen Auflösungserscheinungen und Krisen so etwas wie staatsbürgerliche Überzeugungsarbeit zu leisten. Zusammen mit gleichgesinnten Republikanern versuchte er sich 1931 als Herausgeber einer Wochenschrift mit dem programmatischen Titel »Der Staat seid Ihr«. Leider war die Existenz nur von kurzer Dauer. Sie erschien im Jahr ihrer Gründung nur in 23 Ausgaben. Über Anfang und Ende und über die Resonanz der Zeitschrift ist so gut wie nichts bekannt. Einer der Mitherausgeber, Ernst Jäckh, schreibt in seinen Erinnerungen, daß die Presse die Zeitschrift bei ihrem Erscheinen als »die Zeitschrift der dreizehn Prominenten« begrüßt habe.[33] Zum Herausgeberkreis gehörten auch die beiden damals berühmten Schriftsteller Ricarda Huch und Thomas Mann. Während Ricarda Huch die Zeitschrift in ihren Briefen nicht erwähnt, findet sie bei Thomas Mann Niederschlag in seiner Korrespondenz. So bittet er in einem Brief vom 18. Januar 1931 den Mitherausgeber Gustav Radbruch, bei der Redaktion anzufragen, ob das Erscheinen der ersten Nummer mit dem von ihm zugesagten Aufsatz um 14 Tage hinausgeschoben werden könnte, da er bisher durch Krankheit (Darminfektion) an der Niederschrift gehindert worden sei.[34] Der Aufsatz von Thomas Mann erschien dann in den ersten vier Nummern unter dem Titel »Die Wiedergeburt der Anständigkeit«. In Heft acht veröffentlichte Fritz Elsas einen Beitrag über »Arbeitslosigkeit«.

Als weiteres Sprachrohr diente Elsas auch die »Vossische Zeitung«, in der er 1932 anonym eindringliche Appelle zur Aktivierung der politischen Mitte, das heißt jenseits der radikalen Parteien auf dem linken und rechten Spektrum, veröffentlichte. In fast beschwörenden Worten redet er in einem Artikel mit der Überschrift »Aus der Abwehr zum Angriff« seinen Lesern ins Gewissen: »Das ewige Nein, der große Haß, der wilde Kampf sind nur kurze Zeit brauchbare Wegführer – die Liebe fehlt. Der verzweifelte Ausbruch ins Land der Romantik ist kein Aufbau. Der Staat will Menschen, die ihn in Liebe bejahen. Gegen den Zwang des befehlenden Führers stellt sich die Freiheit des einzelnen, selbstverantwortlichen Menschen. Dem Ungeist der Gewalt wirft sich der Geist der Freiheit entgegen. Er muß aus der Abwehr zum Angriff schreiten. Freiheit und Selbstverantwortlichkeit des einzelnen gegen diktatorischen Zwang, Geist der Freiheit gegen Gewalt sind die Formeln, sind mehr als die Formeln, die in diesen Tagen den Sinn der deutschen Geschichte bestimmen. Seid ihr, Bürger, wie eure Gegner sagen, wirklich ganz überaltert, geschwächt, verfallen, der Ohnmacht preisgegeben? ... Noch könnt ihr handeln! Noch könnt ihr aus der Abwehr zum Angriff schreiten ...«[35] Aber es war schon zu spät. Der Zerfall der politischen Kultur war zu diesem Zeitpunkt, im Mai 1932, als der Artikel erschienen war, schon zu weit fortgeschritten.

Um Schlimmeres zu verhindern, war Elsas bei der Reichspräsidentenwahl im März und April 1932 für Hindenburg, also für jenen Kandidaten, den er bei der ersten Wahl im Jahre 1925 in einem Zeitungsartikel noch bekämpft hatte, eingetreten. Das zeigt deutlich, wie brüchig und instabil die Weimarer Republik bereits geworden war. Elsas war mit seiner Entscheidung natürlich nicht allein. Um nämlich Hitler auf der einen und den Kommunisten Ernst Thälmann auf der anderen Seite zu verhindern, wurde Hindenburg von einem überparteilichen Parteiausschuß aus SPD, Zentrum, Deutsche Staatspartei und Deutsche Volkspartei (DVP) unterstützt. So befand sich Elsas bei seinem Engagement für den 85jährigen Ex-Feldmarschall in »bester« Gesellschaft. Tatsächlich wurde Hindenburg dann auch gewählt, aber erst im zweiten Wahlgang.

Als Jude aus dem Amt entfernt

Mit der Wiederwahl von Hindenburg ließ sich der Siegeszug der NSDAP und Hitlers letztendlich nicht verhindern, nur aufschieben. Der Untergang der Weimarer Republik war nicht mehr aufzuhalten. Für Elsas muß es wie eine bittere

Ironie anmuten, daß es ausgerechnet Hindenburg war, der dann am 30. Januar 1933 Hitler zum Reichskanzler ernannte und somit sein Schicksal besiegelte, das mit der Entfernung aus dem Amt als Bürgermeister endete.

Nach den Kommunalwahlen in Berlin am 12. März 1933 war der NSDAP-Fraktionsvorsitzende in der Stadtverordnetenversammlung, Dr. Julius Lippert, zum Staatskommissar ernannt und beauftragt worden, die »Verwaltung der Stadt Berlin im Sinne der Revolution gleichzuschalten.«[36] Bereits zuvor hatte Lippert erklärt: »Unser Ziel ist, die gesamte Berliner Stadtverwaltung mit dem Geiste unserer Bewegung zu durchtränken.«[37] Unter diesen Voraussetzungen war natürlich für einen Juden und überzeugten Demokraten wie Elsas kein Platz mehr im Rathaus. Um seiner drohenden Amtsenthebung zuvorzukommen, hatte er jedoch am 14. März 1933 von sich aus um seine Beurlaubung nachgesucht. Die Begründung für diesen überraschenden Schritt hat Elsas handschriftlich auf dem Durchschlag seines Gesuchs festgehalten: »Vor Absendung dieses Briefes habe ich eine Aussprache mit dem Herrn Oberbürgermeister gehabt. Ich habe ihm zunächst meine Bedenken gegen das Vorgehen geäußert, da es mir zweckmäßig erschien, die Initiative der anderen Seite zu überlassen. Er legte aber besonderen Wert auf diese Form, da er darin eine freundlichere Art des Ausscheidens sieht als in der zwangsweisen Beurlaubung. Er vertrat die Auffassung, daß auch irgendwelche vermögens-, pensions- oder beamtenrechtliche Nachteile damit nicht verbunden sein könnten ...«[38] Oberbürgermeister Sahm bestätigte noch am gleichen Tag seine Beurlaubung.

Der nächste Verwaltungsakt bestand darin, daß Elsas am 6. Juli 1933 vom Staatskommissar »in Ausführung des Gesetzes zur Wiederherstellung des Berufsbeamtentums vom 7.4.1933« einen Fragebogen zugeschickt bekam, samt erläuternden

Beilagen.[39] Daraus konnte er entnehmen, daß unter Berufung auf das Gesetz vom 7. April seine Entlassung nach § 4 (Beamte, die nach ihrer bisherigen politischen Betätigung nicht die Gewähr dafür bieten, daß sie jederzeit rückhaltlos für den nationalen Staat eintreten, können aus dem Dienst entlassen werden) oder seine Versetzung in den Ruhestand nach § 3 (Beamte, die nicht arischer Abstammung sind, sind in den Ruhestand ... zu versetzen) bevorstand. Elsas konnte sich innerhalb von drei Tagen zu seiner endgültigen Amtsentfernung äußern, was er auch tat.

In seiner Stellungnahme vom 9. Juli 1933 wies er vor allem darauf hin, daß er seit dem 1. November 1926 parteilos war und durch seine Wahl zum Bürgermeister auf Vorschlag der Deutschen Staatspartei keinerlei parteipolitische Bindungen eingegangen sei. Zwei Monate später wußte er, welche Entscheidung gegen ihn gefallen war. Mit Schreiben vom 12. September 1933 teilte ihm der Preußische Minister des Inneren lapidar in einem Satz mit, daß er auf Grund des »Gesetzes zur Wiederherstellung des Berufsbeamtentums« nach § 3, das heißt wegen seiner Abstammung, in den Ruhestand versetzt worden sei. Damit war die erfolgreiche und anerkannte kommunale Tätigkeit von Fritz Elsas im Alter von 43 Jahren endgültig beendet.

Tätigkeit als Devisenberater

Nach seinem unfreiwilligen Ausscheiden aus dem Amt kehrte Elsas nicht in seine Vaterstadt Stuttgart zurück, sondern versuchte in Berlin in anderer Weise Fuß zu fassen. Hier, in der Reichshauptstadt, hatte er einen guten Ruf, seine Beziehungen und Bekanntschaften und genoß in manchen Kreisen großes Ansehen. Sicher wäre es für ihn möglich gewesen, ins Ausland zu gehen, zum Beispiel zu Verwandten nach Amerika oder in die Schweiz, aber für ihn blieb Deutschland seine Heimat. Auch konkrete berufliche Angebote von außerhalb lehnte er ab, so eine Beraterstelle beim türkischen Wirtschaftsministerium in Ankara oder eine Dozentenstelle in Chicago.

Bereits wenige Wochen nach seiner Beurlaubung streckte er seine Fühler aus, um Chancen für eine neue berufliche Verwendungsmöglichkeit zu sondieren. Bereits im April 1933 hatte er mit Danny Heinemann, dem Leiter des belgischen Energiekonzerns Sofina, Kontakt aufgenommen. Eine Anstellung zerschlug sich jedoch, wohingegen sein alter Münchener Studienkollege und Berliner Bekannte Hans Staudinger dort als Unternehmensberater unterkam.[40] Dafür war die Vermittlung eines anderen Bekannten im Spätherbst 1933 erfolgreicher. Edmund Stinnes, der älteste Sohn des Industriellen Hugo Stinnes, verschaffte ihm eine Stelle im Büro eines Herrn Dr. Hans Schöne, der sich als Devisen-Sachverständiger selbständig gemacht hatte.[41] Dort arbeitete Elsas ab 1. Dezember 1933, allerdings wohl nicht sehr lange. Im Laufe des Jahres 1934 eröffnete er nämlich sein eigenes Büro als Devisen- und Wirtschaftsberater, in bester und zentraler Lage. Durch seine Beziehungen war es ihm gelungen, am Pariser Platz 7, direkt neben dem Brandenburger Tor, im Palais des Malers Max Liebermann, Räume anzumieten.[42]

Das Büro befand sich im ersten Stock und war sehr elegant mit alten Möbeln des Vormieters, des schwedischen Industriellen Ivar Kreuger, eingerichtet.[43] Auf der gleichen Etage befanden sich in Bürogemeinschaft noch eine Treuhand-Gesellschaft und zwei Grundstücksmakler. Elsas hatte eine Sekretärin, ein junges Mädchen von 22 Jahren, Margarete Schleber, bei sich angestellt, die sich noch im hohen Alter gerne an ihre Zusammenarbeit mit ihrem Chef erinnerte: »So begann in kürzester Zeit eine äußerst harmonische Zusammenarbeit mit diesem sympathischen, superintelligenten, obendrein höchst humorvollen Dr. Elsas, der auch eine außergewöhnliche Einfühlungsgabe besaß, was sich bei Beurteilung von Klienten zeigte, über die er sehr offen in manchen Fällen mit mir sprach. In solchen Momenten zeigte sich dann so sehr das Menschliche, was ich ganz besonders an ihm schätzte ... Warum Dr. Elsas vielen anderen dazu verholfen hatte, legitim, wenn auch unter schwersten Verlusten (Reichsfluchtsteuer), das Land zu verlassen und selbst bis zum bitteren Ende hiergeblieben war, ist mir immer ein Rätsel gewesen. Er liebte wohl sein Heimatland sehr und nahm, zumindest anfangs, dieses teuflische System nicht ernst genug...«[44]

Elsas' Haupttätigkeit bestand darin, Juden zu beraten, die emigrieren wollten oder mußten. Die Auswanderung war in den ersten Jahren des nationalsozialistischen Regimes durchaus möglich, ja zum Teil vom Staat sogar erwünscht.[45] Allerdings war sie mit großen Hindernissen verbunden. So wurde zunächst jeder vermögende, später überhaupt jeder ausreisewillige jüdische Mitbürger gezwungen, 25 Prozent seines Vermögens als Reichsfluchtsteuer abzuliefern. Die Kosten für die Reise mußten in Devisen bezahlt werden. Seit 1935 war der Umtausch in Devisen so gut wie verboten. Bei der komplizierten Materie hing also sehr viel vom Geschick des einzelnen Devisenberaters ab.

Einer der Klienten, die Elsas' Dienste in Anspruch nahmen, war der Göttinger Professor Victor Moritz Goldschmidt, der Begründer der modernen Geochemie.[46] Als er 1935 wegen des wachsenden Antisemitismus wieder in sein Heimatland Norwegen zurückkehrte, war Elsas an der Transaktion seines Vermögens beteiligt. Bereits zuvor hatte er ihn in finanziellen Angelegenheiten beraten. Den Kontakt hatte wahrscheinlich Paul Rosbaud vermittelt, der mit Goldschmidt befreundet war. Rosbaud, eine schillernde Persönlichkeit, arbeitete für den Berliner Wissenschaftsverlag Springer und kannte zahlreiche bedeutende Wissenschaftler des In- und Auslands persönlich. Seine Kenntnisse und Beziehungen benutzte er, um England und die englische Abwehr bis 1945 über die Atompläne der Nazis zu informieren. Wie Elsas war er auch ein begeisterter Briefmarkensammler.[47]

Bis Juli 1937 konnte Elsas ungehindert arbeiten. Dann erschienen eines Tages zwei Gestapobeamte bei ihm, die alle Schränke und Schubladen durchwühlten und die Akten durchstöberten, um nach einem angeblichen Devisenvergehen zu suchen. Obwohl nichts gegen ihn gefunden werden konnte, wurde er verhaftet und mußte die nächsten Monate im Untersuchungsgefängnis Moabit verbringen. Als er mangels Beweisen wieder freigelassen wurde, war er ein »ziemlich gebrochener Mann«, wie sich seine Sekretärin erinnert. Für seine Haftentlassung mußte er eine große Geldsumme als Kaution bezahlen, die er nur aufbringen konnte, indem er seine umfangreiche Briefmarkensammlung verkaufte.[48]

Zur Arbeitslosigkeit verurteilt

Wie lange Elsas nach seiner Freilassung Ende 1937 noch sein Büro am Pariser Platz 7 betreiben konnte, läßt sich nicht mehr genau feststellen. Wahrscheinlich verlegte er es spätestens in der zweiten Jahreshälfte 1938 in sein Wohnhaus in Berlin-Dahlem. Aus verschiedenen Gründen war dieser Schritt notwendig geworden. Durch die lange Haftzeit hatte er sicherlich manchen seiner Klienten verloren. Auch die Zahl der vermögenden Juden, die 1938 noch ausreisen konnten und wollten, nahm rapide ab und damit auch seine Einkünfte, die er brauchte, um so ein zentral gelegenes Büro zu unterhalten. Des weiteren war im Sommer 1938 seine Sekretärin ausgeschieden, weil sie heiratete. Ein anderer wichtiger Grund war aber auch das ungeklärte Eigentumsverhältnis des Palais des 1935 verstorbenen Malers Max Liebermann.[49] Seine Witwe, die nach dessen Tod aus der großen Wohnung im zweiten Stock ausgezogen war, hatte im Februar 1938 das ganze Palais ihrer Tochter Käthe Riezler als Eigentum übertragen. Diese schenkte das ganze Anwesen in einem notariellen Vertrag ihrem nichtjüdischen Ehemann Dr. Kurt Riezler, um es auf diese Weise in »arisches« Eigentum zu überführen. Doch dieser Versuch hatte keinen Erfolg, da die Nazi-Behörden dem Vertrag die Genehmigung verweigerten, so daß eine Eigentumsumschreibung im Grundbuch nicht erfolgen konnte. Für die Familie Liebermann war das Haus damit praktisch verloren. Das Eigentumsrecht von Käthe Riezler, die Ende 1938 nach Amerika emigriert war, bestand nur noch auf dem Papier. Damit war natürlich die Lage für Elsas als Mieter in dem Haus unhaltbar geworden. Seit dem 6. Dezember 1938 hätte er das Büro außerdem nicht mehr betreten können. Nach dem Reichspogrom in der Nacht vom 9./10. November 1938 wurden unter dem vorher erwähnten Datum große Teile der Wilhelmstraße und der Straße Unter den Linden, das heißt die Umgebung des Pariser Platzes, mit einem »Judenbann« belegt.

Spätestens mit Ausbruch des Zweiten Weltkrieges mußte Elsas wohl jegliche berufliche Tätigkeit einstellen. Das geht aus einem Schreiben von ihm an den damaligen Staatssekretär im Reichsarbeitsministerium Friedrich Syrup[50] hervor, einem alten Bekannten, mit dem er vor 1933 öfters dienstlichen Kontakt hatte. Mit Datum vom 23. September 1939 schreibt ihm Elsas unter anderem folgendes: »Seit meinem Ausscheiden aus dem Amt habe ich nicht ein Mal in einer persönlichen Sache mich mit Ihnen in Verbindung gesetzt. Aber jetzt, wo ich arbeitslos herumsitze, darf ich mich an Sie wenden, da Sie mich lange und gut genug kennen, um mich richtig zu verstehen ... Ich bitte mich nicht so zu verstehen, als ob ich mich jemandem aufdrängen will, der mich aus grundsätzlichen Erwägungen ablehnt. Aber es sollte doch in solchen Zeiten, wie wir sie durchleben und wie sie die Nation durchlebt, Möglichkeiten geben, aus diesem furchtbaren Druck des Nichtstuns herauszukommen und eine Verwertung seiner persönlichen Kenntnisse zu erreichen ...«[51]

Daß dieser Vorstoß von Elsas erfolgreich war, muß unter den damaligen politischen Umständen bezweifelt werden. Ein von seiner Frau nach 1945 verfaßter Lebenslauf bestätigt diese Vermutung eindeutig. So schreibt Marie Elsas, daß ihr Mann damals seine freiberufliche Tätigkeit einstellen mußte und sich in der folgenden Zeit mit historischen Studien beschäftigte, seine Sprachkenntnisse in Spanisch und Italienisch vertiefte und viel im heimischen Garten arbeitete, bis zu seiner Verhaftung am 10. August 1944.

Im Widerstand

Während all der Jahre, in denen Elsas als Wirtschaftsberater mitten in Berlin arbeitete, führte er so etwas wie eine Doppelexistenz, von der seine Familie wohl nicht immer in alle Einzelheiten eingeweiht war. Seit 1934 war er Mitglied eines liberalen Widerstandskreises um den Berliner Landgerichtsrat Ernst Strassmann und den Hamburger Kaufmann Hans Robinsohn, zwei früheren DDP-Politikern.[52] Dieser Kreis war im Mai 1934 gegründet worden und hatte nach und nach ein Netz von zirka 60 Vertrauenspersonen über das ganze Reich verteilt. Elsas gehörte zu den frühen Mitstreitern und zum Führungskreis der Widerstandsgruppe, die schwerpunktmäßig vor allem in Berlin und Norddeutschland aktiv war.

Von ihrem Selbstverständnis und ihrer politischen Zielsetzung her hatte sich die Gruppe drei wesentliche Ziele gesetzt:

1 Sie wollte »eine demokratische Auffangorganisation bilden, die im Falle des Zusammenbruchs des NS-Regimes antreten sollte, um den politischen Leerraum zwischen NSDAP und KPD auszufüllen«.
2 Sie ging von »der Notwendigkeit der geistigen Überwindung des Nationalsozialismus noch vor seinem Sturz aus ... In langjähriger Arbeit sollten die illegalen Mitarbeiter auf das demokratische Nach-Hitler-Deutschland hin geschult werden«.
3 Sie hielt es für richtig, »eine kleine, hoch motivierte und hoch qualifizierte Elite zu sammeln, die in der Lage sein würde, zur gegebenen Zeit ihren Einfluß zu potenzieren«[53]

Für die Gruppe ging es also nicht um eine direkte, aktive Beseitigung des NS-Regimes - das sollte klar Aufgabe der militärischen Opposition sein –, als vielmehr darum, die Voraussetzungen einer politisch notwendigen Neuordnung auf rechtsstaatlicher Grundlage für die Zeit nach Hitler zu schaffen. Im Vergleich mit den politischen Vorstellungen anderer Widerstandsgruppen vertrat die Robinsohn-Strassmann-Gruppe eine »liberaldemokratische Gegenkonzeption« und ging von einem »realistischen, modernen, städtisch-industriell geprägten Gesellschaftsbild [aus], wenngleich sie für eine Übergangszeit zu erheblichen autoritären Zugeständnissen bereit war«[54]

Inwieweit Elsas an den konzeptionellen Überlegungen im

einzelnen beteiligt war, läßt sich nicht mehr feststellen. Auf jeden Fall entwickelte er sich aufgrund seiner zahlreichen früheren beruflichen Kontakte und Bekanntschaften zu einem wichtigen Bindeglied zwischen den Widerstandskreisen um Karl Goerdeler einerseits und dem Gewerkschafter Wilhelm Leuschner und anderen Linksgruppen andererseits. Elsas hatte auch Verbindung zum Solf-Kreis, einem losen gesellschaftlichen Zirkel, der sich in Berlin um die Witwe des ehemaligen deutschen Botschafters in Tokio, Wilhelm Solf, gebildet hatte.[55] Die Teilnehmer dieses Kreises beschränkten sich im wesentlichen auf regimefeindliche Gespräche bei ihren Treffen. Als der Solf-Kreis aufgrund einer Denunziation Anfang 1944 durch die Gestapo ausgehoben wurde, war Elsas noch nicht betroffen.

Es mag erstaunen, daß Elsas bis zu seiner endgültigen Verhaftung als – wenn auch konvertierter – »Rassejude« (nach nationalsozialistischem Sprachgebrauch) relativ unbehelligt blieb. Wahrscheinlich schützte ihn seine Heirat mit einer Arierin, durch die er eine »privilegierte Mischehe« führte. Dieser Schutz war aber bei der brutalen und konsequenten Judenpolitik der Nationalsozialisten nicht absolut und garantiert. Daher ist es um so erstaunlicher und mutiger, daß er sich so vorbehaltlos dem Widerstand anschloß, obwohl er sich der Gefahren und des Risikos bewußt war. Und in der Tat ist Elsas der einzige »liberale Blutzeuge« der Robinsohn-Strassmann-Gruppe.

Verhaftung

Mit Ausbruch des Zweiten Weltkriegs intensivierten sich vor allem die Kontakte zu Karl Goerdeler. Mit ihm traf er sich wiederholt zu Besprechungen in seinem Haus in Berlin-Dahlem. So auch am 6. November 1939, kurz nach Kriegsausbruch. Bei dieser Zusammenkunft war aber noch ein dritter Gast zugegen, Generaloberst Walter von Reichenau. Der hohe Offizier weihte seine ahnungslosen und überraschten Gesprächspartner in Hitlers Plan ein, den bevorstehenden Angriff an der Westfront über Holland und Belgien zu führen. Da nach seiner Einschätzung eine solche Offensive völliger Wahnsinn, sei, drängte er die beiden Zivilisten Elsas und Goerdeler, über ihre Widerstandskreise die Holländer von Hitlers Absichten zu informieren. Tatsächlich gelang es Elsas, Botschaften über seine Verbindungsleute in Kopenhagen und Stockholm sowie in der Schweiz nach London gelangen zu lassen.[56]

Auch während des Krieges arbeitete Elsas mit Goerdeler eng zusammen. Auf dessen Wunsch hin verfaßte er Vorschläge und Gutachten über wirtschaftliche und arbeitsrechtliche Fragen einer zukünftigen Regierung nach einem Umsturz. Auch arbeitete er eine Proklamation aus, mit der Goerdeler nach einer erfolgreichen Beseitigung Hitlers an die Öffentlichkeit treten wollte. Nach einem gelungenen Umsturz wäre Elsas als Leiter der Reichskanzlei vorgesehen gewesen.

So war es nur natürlich, daß Goerdeler nach dem gescheiterten Attentat auf Hitler vom 20. Juli 1944 auf seiner Flucht bei Elsas auftauchte, um Unterschlupf zu finden. Dieser nahm ihn selbstverständlich auf und ließ ihn am 27. Juli in seinem Haus übernachten.[57] Während dieses Aufenthalts gab es in derselben Nacht Luftalarm wegen eines alliierten Bombenangriffs. Da die Familie Elsas den besten Luftschutzkeller in der Umgebung hatte, kamen alle Nachbarn dort zusammen. Goerdeler blieb zwar in der Wohnung oben, ging aber während des Angriffs auf und ab, sodaß seine Schritte unten im Keller gehört werden konnten. Infolgedessen ist anzunehmen, daß damals bereits Verdacht geschöpft wurde. In den nächsten Tagen tauchte Goerdeler nochmals bei Elsas auf. Beim zweiten Besuch blieb der flüchtende Goerdeler zwar nicht über Nacht, ging aber wohl, wie beim ersten Mal, mit Elsas im Garten spazieren. Dabei wurde er wahrscheinlich von einem Nachbarn oder Passanten nachträglich identifiziert, nachdem am 1. August ein Steckbrief von ihm veröffentlicht worden war. Damit war auch das Schicksal von Elsas besiegelt. Am 9. August erschienen drei Gestapo-Beamte bei ihm und führten eine Hausdurchsuchung durch. Am nächsten Tag, zwei Tage vor Goerdeler, wurde er verhaftet und in das Zellengefängnis Moabit in der Lehrter Straße 3 eingeliefert. Seine Familie sollte ihn nie wieder sehen.

Haft und Folter

Die meisten Personen, die im Zusammenhang mit dem Attentat auf Hitler inhaftiert worden waren, wurden in dem Gefängnis in der Lehrter Straße 3 untergebracht. Zunächst war nur ein Flügel dort für die Gefangenen vorgesehen. Als aber die Zahl der Verhafteten immer mehr anwuchs, wurde noch ein weiterer Flügel für die Gestapo zur Verfügung gestellt. Seit Anfang Oktober standen somit etwa 240 Einzelzellen zur Verfügung. Elsas war in einer Zelle am Ende des Ganges im Erdgeschoß untergebracht. Nach den Erinnerungen eines Mithäftlings wurde er in Sonderhaft gehalten.[58] Das hinderte die Gefängnisleitung aber nicht daran, ihn, als besondere Demütigung, zum »Hilfskalfaktor« zu bestimmen. Deren tägliche Arbeit bestand hauptsächlich in der Beseitigung der Zellenkübel, in der Essensverteilung und dem Putzen der Gänge und Treppen.

Zu den Verhören wurde Elsas wohl wie die anderen Gefangenen auch in die Gestapo-Zentrale, Prinz-Albrecht-Str. 8, gebracht. Darüber gibt es allerdings keine Protokolle. Auch im Eingangsbuch des Gefängnisses, das ab 7. Oktober 1944 erhalten ist, fehlt sein Name.[59] Es scheint, daß die Gestapo seine letzten Lebensmonate fast radikal ausgelöscht hat. Das letzte Lebenszeichen aus der Haft war ein am 31. Oktober 1944 heimlich geschriebener Brief an seine Familie:

Fritz Julius Elsas   Berlin, 31.10.1944
Zelle Nr. 273   Untersuchungsgefängnis
                                       Lehrterstraße

An
Frau
Marie Elsas
Berlin-Dahlem
Patschkauer Weg 41

Liebe Frau! Liebe Nana! Leider bin ich seit dem 10. August ohne jegliche Nachricht über Dich, liebe Marie, und über die Kinder. Ich bin darüber in großer Sorge. Ich bitte Euch inständig, mir so bald als möglich eine Nachricht zukommen zu lassen. Was machen Nana und Hanne? Wie geht es Peter? Wie Ihr seht, muß ich noch immer links schreiben, es geht mir jedoch besser. Die Schmerzen haben nachgelassen, auch sind die Eiterherde auf dem rechten Handrücken und dem Handballen in Rückbildung. Schlecht und schmerzhaft ist der Zeigefinger, der noch immer an zwei Stellen eitert. Aber es sieht so aus, wie wenn der Tiefstand überwunden wäre. Da ich seit Wegfall der sehr argen Schmerzen wieder besser schlafe, habe ich mich schon etwas erholt. Für die Wäsche vom 24. herzlichen Dank, ich kann mir leider mit der linken Hand nichts herauswaschen, bin ganz auf Euch angewiesen. Bitte keine losen Kragen, keine Kravatten. Der Mantel von Peter paßt mir, er muß also nicht unbedingt umgetauscht werden, wenn es zu schwierig und zeitraubend ist, meinen zu bringen. Ihr werdet genug zu tun haben, bis Ihr mit allem fertig werdet. Was macht der Garten? Habt Ihr Kohlen? Hier ist seit 23. geheizt. Wie geht es Hans? Ist eine Änderung im Befund eingetreten? Herzliche Grüße an ihn und an seinen Chef, an ihn könnt Ihr Euch jederzeit wenden. Was machen Echen, Ed und Zimmerle? Kommt Ihr mit den Zahlungen, Steuern usw. zurecht? Was machen die Stuttgarter? Hat Lothar etwas von sich hören lassen? Beim Schreiben merkt man erst, was man alles wissen möchte, doch fällt es mir schwer, die Gedanken zu konzentrieren. Bei jedem Alarm denke ich doppelt an Euch – aber was nützt das, wenn man nachher nichts erfährt. Die Sorge bleibt die gleiche, und der Gedanke, genügend Schicksalsgenossen zu haben, die in der gleichen Lage sind, bleibt einem ein schwacher Trost. Im übrigen muß ich von Erinnerung und Gedanken leben und zehren. Euch, Dir vor allem, liebe Frau, wünsche ich Kraft und Gesundheit, mit dem Alltag fertig zu werden. Aber irgend welche neuen und unbekannten Ansprüche stellt die Zeit wohl ständig an immer neue Menschen. Hölderlins Briefe an Diotima zeigen, wie im Leiden und im Leid der Mensch trotz allem an Kraft und Stärke zu gewinnen vermag. Auch leidende Liebe ist ein solcher Kraftquell. Ich habe keinen Briefbogen und keinen Umschlag mehr, aber hoffentlich bekommt Ihr trotz aller Mängel dieses Lebenszeichen. Euch alles Gute wünschend, bin ich in Liebe

              Euer Fritz.
Grüße an alle, besonders an Hans."[60]

Dieser Brief war von einem SS-Mann aus dem Gefängnis herausgeschmuggelt und in den Briefkasten des Hauses in Berlin-Dahlem geworfen worden. Seine Adressaten erreichte er erst viel später, da Frau Elsas und die älteste Tochter Marianne seit Anfang September in Sippenhaft genommen worden waren. Nach dem Einwurf wurde er von Ernst Ludwig Heuss, dem Sohn von Theodor Heuss und zukünftigen Schwiegersohn der Familie, gefunden und aufbewahrt.

Dieses wohl letzte schriftliche Zeugnis von Elsas ist ein bewegendes Dokument menschlicher Größe, aber auch ein Dokument des Schmerzes. So zeigt der Brief, daß Elsas in der Haft oder bei den Verhören gefoltert worden sein muß, um Geständnisse aus ihm herauszupressen. Aber, »er hat in den Verhören niemand belastet, seinen Mitgefangenen Trost gespendet«, wie ein Mithäftling kurz nach Kriegsende schrieb.[61]

Tod durch Erschießen

Fritz Elsas blieb bis Ende Dezember 1944 in der Lehrter Str. 3 in Haft. Dann wurde er mit einer Gruppe von etwa 40 Häftlingen in das KZ Sachsenhausen überführt. Ein Prozeß gegen ihn hat also nie stattgefunden. Im KZ kam er zunächst in eine Einzelzelle und wurde nach einigen Tagen auf Block 1, den Diplomatenblock, verlegt. Dort war er dem Blockältesten Arthur Reichsritter von Lankisch-Hoernitz zugeteilt. Dieser hat in einem späteren Brief an die jüngste Tochter Hanne über die letzten Tage ihres Vaters berichtet: »Herr Dr. Elsas und ein zweiter Leidensgefährte (aus Leipzig) kamen zu mir auf Block 1, und ich nahm sie vorschriftsmäßig in den Stand auf ... Ich besorgte ihm und seinem Begleiter ... vorerst etwas zu Essen ... Ich veranlaßte auch sofort ..., daß den beiden

Neuzugängen warme Decken und vor allem Kleider ausgegeben wurden, denn es war damals sehr kalt. (Die Kleider stammten von vergasten Juden, weil es zu dieser Zeit im Lager keine Drillhäftlingskleider mehr gab.)... In der Lagerschreibstube wurde uns vom Lagerältesten bei der Zuteilung dieser Neuzugänge allerdings gesagt, daß diese am kommenden Tage nicht zur Arbeit eingeteilt werden dürfen, und zwar auf Befehl des Lagerkommandos, sondern daß diese Häftlinge zur Verfügung der politischen Abteilung bleiben ... Tatsächlich wurden meines Wissens am 3.1.1945 die Zugehörigen der Gruppe morgens ans Tor gerufen und wie ich abends von Dr. Elsas erfuhr, zum Reichssicherheitshauptamt nach Berlin gebracht, wo sie verhört wurden... Unbarmherzig nahm das verruchte Nazischicksal seinen Lauf, und am kommenden Tag wurden alle Zugehörigen der Gruppe morgens wieder ans Tor gerufen, wo sie Aufstellung nehmen mußten. Nach dem Abmarsch der verschiedenen Arbeitskolonnen zu ihren Arbeitsplätzen erschien Rapportführer SS-Hauptscharführer Böhm mit einer Eskorte SS-Männer und führte die Gruppe, in welcher leider auch Dr. Elsas war, zum Industriehof. Wie ich am Abend durch den im Krematorium beschäftigten Häftling Hans Gärtner erfuhr, wurden auch die noch im Bunker gewesenen Häftlinge mit den anderen liquidiert. Dies geschah in solchen Fällen durch Erschießen. Am folgenden Morgen mußte ich auf Weisung des damaligen Lagerschreibers Walter Engelmann vom Bestand meines Blocks Dr. Elsas und seinen Leidensgefährten absetzen, wodurch mir der Tod Ihres Vaters bestätigt wurde. Es war also der 4. Januar 1945.«[62]

Fritz Elsas wurde in der Station »Z«, einer aus mehreren Bauten bestehenden Anlage am Ende des sogenannten Industriehofes innerhalb des KZ Sachsenhausen, getötet. Dort befand sich die »Genickschußanlage« als teuflisches Mordinstrument, die von den SS-Schergen folgendermaßen »bedient« wurde: »Der Todgeweihte mußte den ›Untersuchungsraum‹ betreten, in dem SS-Leute in weißen Kitteln die schauerliche Komödie ärztlicher Untersuchung spielten. Ein SS-Arzt oder –Sanitäter markierte den Leib des Opfers durch Ölfarbe, wenn es künstliche Zähne oder ein künstliches Gebiß aufwies. Völlig entkleidet betrat das Opfer durch einen kurzen Flur den Erschießungsraum. Eine Tafel mit Schriftzeichen, wie sie Augenärzte und Optiker zur Prüfung der Sehschärfe verwenden, und eine Meßlatte zum Ablesen der Körpergröße täuschten das Innere eines Sanitätsraumes vor. In dem Augenblick, da das Opfer sich ausgestreckt vor die Meßlatte stellte, schoß ihm ein SS-Mann ins Genick, der im Nachbarraum mit der Pistole gewartet hatte. Ihr Einstecklauf mit einer besonders kleinkalibrigen Kugel dämpfte die Detonation des Schusses. Schallplatten- und Rundfunkmusik in höchster Lautstärke übertönten sie. Während der Tote von den Häftlingen des Krematorium-Kommandos in die Leichenhalle geschleift werden mußte, wurde der Betonfußboden durch Hebeldruck unter Wasser gesetzt. Ein Druck auf die Taste, im ›Untersuchungszimmer‹ leuchtete eine Lampe auf, das nächste Opfer betrat den Durchgang zum Er-schießungsraum. Für dieses Tötungsverfahren benötigte die SS für jedes Opfer 60 bis 90 Sekunden und nur eine Kugel.«[63]

Da der genaue Zeitpunkt der Hinrichtung von Fritz Elsas nach Kriegsende lange Zeit nicht bekannt war, wurde amtlicherseits als Todesdatum der 18. Januar 1945 festgesetzt. An diesem Tag nämlich machte der »Deutsche Reichsanzeiger« die Einziehung des gesamten Nachlasses des »Juden Fritz Israel Elsas« zugunsten des Deutschen Reiches bekannt.

Bis Kriegsende waren auch die Frau von Fritz Elsas und seine Kinder in Haft. Peter Elsas war bereits im September 1943 in Stuttgart verhaftet worden und kam im Januar 1944 in das KZ Buchenwald. Dort wurde er im April 1945 von amerikanischen Truppen befreit. Frau Elsas und ihre älteste Tochter Marianne wurden seit dem 4. September 1944 im Frauengefängnis Berlin-Moabit festgehalten. Die zweite Tochter, Hanne, konnte zunächst noch untertauchen. »Doch aus Sorge um die kränkliche Mutter fand sie den verzweifelten Mut, bei der Gestapo vorzusprechen. Beim dritten Besuch ... wurde sie dabehalten. Sie kam, selbst schwer krank, in das jüdische Krankenhaus und wurde geschlagen. Dann brachte man sie ins Konzentrationslager Ravensbrück...«[64] Dort hat sie den Krieg glücklicherweise überlebt und konnte nach Berlin zurückkehren. Mit Ernst Ludwig Heuss, dem Sohn von Theodor Heuss, feierte sie nach dem Zusammenbruch die erste Hochzeit im befreiten Berlin, die der damalige Bischof Otto Dibelius einsegnete.[65]

Einer der Hochzeitsgäste, die Journalistin Margret Boveri, hat in ihrem Berliner Tagebuch darüber berichtet: »5. August 1945 ... Um 3 Uhr war ich zur Trauung von Heuss-Elsas hier in der Kirche. Es war, glaub ich, die ergreifendste Hochzeit, die ich je miterlebte ... Als Pfarrer fungierte Dibelius ... Es ist der erste protestantische Pfarrer, der auf mich großen Eindruck machte. Jedes Wort, das er sagt, ist gedacht und gefühlt und gemeint und, wie es sich gehört, hat er dieses neue Beginnen in die ganze Trostlosigkeit unserer Tage gestellt. Daß er mit den Eltern Heuss befreundet ist und den jungen Heuss konfirmiert hat, daß er wohl auch den getöteten Vater Elsas kannte, gab seinen Sätzen eine echte persönliche Wärme, die sonst bei solchen Gelegenheiten so oft fehlt oder durch eine peinlich wirkende, falsche ersetzt wird. Es ist ihm wohl auch gut bekommen, daß er acht Jahre lang nicht predigen durfte. Man spürt das Aufgespeicherte an Intensität im Gegensatz zu dem Ausgeleiertsein so vieler seiner Kollegen. Unter den Gästen war auch Frau v. Solf, die zum Tod verurteilt gewesene, ein Skelett in Schwarz, aber immer noch in Haltung und Lächeln die Dame der großen Welt und des Auswärtigen Amtes.«[66]

Ernst Ludwig Heuss war es übrigens auch, der Frau Elsas, seine zukünftige Schwiegermutter, und Marianne Elsas aus dem Moabiter Gefängnis befreit hatte, bevor die russischen Truppen da waren.

Würdigungen

Stuttgart, die Vaterstadt von Fritz Elsas gedachte ihres verdienten Sohnes und Mitbürgers bereits 1946, indem sie eine Straße nach ihm benannte. Auch die Stadt Berlin folgte später diesem Beispiel. Theodor Heuss, der Freund und politische Weggefährte, hatte schon wenige Monate nach Kriegsende bei einer Feier in Stuttgart an Fritz Elsas mit folgenden Worten erinnert:

»Als ich die Aufforderung annahm, an diesem Vormittag zu sprechen, erbat ich von denen, die zu mir kamen, die Freiheit, heute einiger Freunde gedenken zu dürfen, die mit Stuttgart, die mit unserer württembergischen Heimat besonders zusammenhängen, einiger Freunde, deren Hinscheiden, wäre es in normalen Zeiten vor sich gegangen, um ihrer Leistung willen öffentlich gewürdigt worden wäre; wir holen heute das nach mit dem Empfinden der Tragik ...

Da ist Fritz Elsas. Er hat im letzten Krieg hier in dieser Stadt die Ernährungsdinge geleitet, er war damals Rechtsrat von Stuttgart, er ist dann Leiter des Deutschen Gemeindetags gewesen, der zweite Bürgermeister von Berlin geworden, einer der ersten Kenner und Täter deutscher sozialer und wirtschaftlicher Kommunalpolitik. Durch all die Jahre hat er es abgelehnt, Rufe ins Ausland anzunehmen, weil er in Deutschland seine und seiner Kinder Heimat wußte. Er war ein guter und wagender Freund ...«[67]

Kurz vor seiner Verhaftung, im Juni 1944, hatte Fritz Elsas eine Lebensbeschreibung seines Vaters im Manuskript abgeschlossen. Dort stehen am Schluß Sätze, die auch auf ihn zutreffen, die ihn resümierend charakterisieren: »Treu gegen sich selbst und seine Lebensaufgabe ist er seinen Lebensweg gegangen. In einer nachdenklichen Stunde hat er sich einmal einen Wahlspruch gesucht und in den Worten gefunden:

rechtschaffen, recht schaffen, Recht schaffen.

Er hat nach besten Kräften danach gehandelt.«

Anmerkungen

[1] Zur Familiengeschichte von Fritz Elsas vgl. Adolf Elsas, Skizzen zum Elsasschen Stammhaus und Lina Elsas, Erinnerungen an meinen unvergeßlichen Vater. In: Monika Richarz (Hrsg.), Jüdisches Leben in Deutschland. Selbstzeugnisse zur Sozialgeschichte 1780 – 1781. Stuttgart 1976, S. 302-305; Jacob Toury, Jüdische Textilunternehmer in Baden-Württemberg 1683-1938. Tübingen 1984; Fritz Elsas, Julius Elsas. Das Lebensbild eines schwäbischen Unternehmers. Unveröffentlichtes Manuskript (Kopie im Stadtarchiv Stuttgart).

[2] Elsas, Bertha (1864-1897).

[3] Elsas, Julius (1856-1930).

[4] Otto Umfrid (1857-1920). Vgl. Manfred Schmid, Otto Umfrid – ein vergessener Vorkämpfer für eine Welt ohne Krieg. In: Schwäbische Heimat, Heft 4, 1984, S. 320-322.

[5] Stadtarchiv Stuttgart: Personalakte Fritz Elsas.

[6] »Stuttgarter Neues Tagblatt« vom 19.10.1926. Den Hinweis, daß Reinhold Maier der Verfasser des Artikels war, verdanke ich dem Buch von Klaus-Jürgen Matz, Reinhold Maier (1889-1971). Eine politische Biographie. Düsseldorf 1989, S. 60.
Maier, Reinhold (1889-1971), 1924-1933 Mitglied des Landtags in Württemberg (DDP), 1930-1933 Wirtschaftsminister in Württemberg, 1946-1952 Ministerpräsident von Nord-Württemberg/Nord-Baden, 1952-1953 von Baden-Württemberg.

[7] Elsas, Marie, geb. Scholl (1886-1968); Scholl, Gottlob (1861-1928).

[8] Elsas, Marianne (1916-1966); Elsas, Hanne (1918-1958); Elsas, Peter (1920-1998).

[9] Fritz Elsas, Erinnerungen aus meinem Leben. Unveröffentlichtes Manuskript, S. 226. (Kopie im Stadtarchiv Stuttgart).

[10] Manfred Schmid (Hrsg.), Auf dem Stuttgarter Rathaus. Erinnerungen von Fritz Elsas (1890-1945), Stuttgart 1990, S. 65.

[11] Wie Anm. 10, S. 39.
[12] Haußmann, Conrad (1857-1922), Rechtsanwalt in Stuttgart. 1889-1922 Mitglied im Württembergischen Landtag, 1890-1922 im Reichstag; Heuss, Theodor (1884-1963), u.a. 1924-1928, 1930-1933 Mitglied im Reichstag, 1949-1959 erster Bundespräsident: Payer, Friedrich (1847-1931), 1877-1917, 1919-1920 Mitglied im Reichstag, 1917-1918 stellvertretender Reichskanzler.
[13] Vgl. Werner Link, Der Nationalverein für das liberale Deutschland (1907-1918). In: »Politische Vierteljahresschrift«, 5. Jg., Heft 4, S. 422-444.
[14] Hieber, Johannes (1862-1951), 1910-1932 Mitglied des Landtags, 1919 württembergischer Kultusminister, 1920-1924 Staatspräsident.
[15] Bruckmann, Peter (1865-1937), 1915-1933 Mitglied des Landtags, 1922-1933 Vorsitzender der DDP in Württemberg; Wildermuth, Eberhard (1890-1952), u.a. 1949-1952 Wohnungsbauminister. Vgl. Wilhelm Kohlhaas, Eberhard Wildermuth. Ein aufrechter Bürger. Ein Lebensbild. Bonn 1960.
[16] »Schwäbische Tagwacht« vom 24.10.1924; Bazille, Wilhelm (1874-1934), 1924-1928 württembergischer Staatspräsident. Mitglied der Deutschnationalen Volkspartei (DNVP) / Württembergische Bürgerpartei.
[17] »Württemberger Zeitung« vom 27.10.1924.
[18] Goeser, Karl (1890-1933), 1916-1927 Beamter bei der Stadt Stuttgart; Hopf, Albert (1879-1963), 1918-1933 Parteisekretär der DDP in Württemberg.
[19] Wie Anm. 6.
[20] »Stuttgarter Neues Tagblatt« vom 22.4.1925.
[21] Wie Anm. 6. Vgl. auch »Schwäbische Tagwacht« vom 21.9.1926: »Der Verlust, den die Stadtverwaltung durch die Berufung erleidet, tritt wohl in größerem Maße für die demokratische Landtagsfraktion ein, der Dr. Elsas seit Mai 1924 angehört und wohl als ihr bester Kopf angesprochen werden kann.«
[22] Wie Anm. 10, S. 192.
[23] Lautenschlager, Karl (1868-1952), 1911-1933 Oberbürgermeister der Stadt Stuttgart.
[24] Scheef, Adolf (1874-1944), 1912-1932 Mitglied des Landtags in Württemberg (DDP), 1924-1932 Fraktionsvorsitzender der DDP im Landtag, 1927-1939 Oberbürgermeister der Stadt Tübingen.
[25] Mulert, Oskar (1881-1951), 1926-1933 Geschäftsführender Präsident des Deutschen Städtetags.

[26] Hermann Luppe, Mein Leben. Nürnberg 1977, S. 228.
[27] »Kommunale Korrespondenz«, Nr. 40 vom 27.12.1954, S. 2f.
[28] Adenauer, Konrad (1876-1967), 1917-1933, 1945 Oberbürgermeister der Stadt Köln, 1949-1963 Bundeskanzler.
[29] Wie Anm. 9, S. 221; Hamm, Eduard (1879-1944), u.a. 1923-1925 Reichswirtschaftsminister, 1925-1933 Geschäftsführendes Präsidialmitglied des Deutschen Industrie- und Handelstages. Nach 1933 hatte Hamm Kontakte zu Widerstandskreisen und wurde nach dem Attentat vom 20.7.1944 auf Hitler verhaftet. Durch einen Sprung aus dem Fenster des Gefängnisses in der Lehrter Straße 3, in dem auch Elsas inhaftiert war, beging er am 23.9.1944 Selbstmord.
[30] Goerdeler, Karl (1884-1945), 1922-1930 Oberbürgermeister in Königsberg, 1930-1937 in Leipzig. Goerdeler war der führende Kopf der konservativen Widerstandsbewegung gegen Hitler und nach einem erfolgreichen Umsturz als Reichskanzler vorgesehen. Er wurde am 2.2.1945 in Plötzensee hingerichtet.
[31] Popitz, Johannes (1894-1945), 1933-1944 preußischer Finanzminister. Er gehörte zum Widerstandskreis um Goerdeler und wurde am 2.2.1945 in Plötzensee hingerichtet; Staudinger, Hans (1889-1980) vgl. die Studienerinnerungen; Zarden, Arthur (?-1944), bis 1933 Staatssekretär im Reichsfinanzministerium, als Teilnehmer des Solf-Kreises verhaftet, beging er im Gefängnis Selbstmord.
[32] Zu den Wahlen vgl. Heinrich Sprenger, Heinrich Sahm. Kommunalpolitiker und Staatsmann. Köln/Berlin 1969; Otto Büsch/ Wolfgang Haug, Berlin als Hauptstadt der Weimarer Republik 1919-1933. Berlin/New York 1987; Wolfgang Ribbe (Hrsg.), Geschichte Berlins. Zweiter Band. Von der Märzrevolution bis zur Gegenwart. München 1987.
Sahm, Heinrich (1877-1939), 1920-1930 Präsident des Senats der Freien Stadt Danzig, 1931-1936 Oberbürgermeister von Berlin, 1936-1939 Botschafter in Oslo.
[33] Ernst Jäckh, Weltsaat. Erlebtes und Erstrebtes. Stuttgart 1960, S. 124f.
Zu den »13 Prominenten« gehörten außer Elsas: Dirks, Walter (1901-1991), Redakteur der linkskatholischen »Rhein-Mainischen Volkszeitung«; Dovifat, Emil (1890-1969), seit 1928 Leiter des Deutschen Instituts für Zeitungskunde in Berlin; Jäckh, Ernst (1875-1959), Präsident der 1920 gegründeten Deutschen Hochschule für Politik; Kardoff, Siegfried von (1873-1945), 1928-1932 Vizepräsident des Reichstags; Klepper, Otto (1888-1957), Präsi-

dent der Preußischen Zentralgenossenschaftskasse, zwischen November 1931 und Februar 1933 Finanzminister im Kabinett Brüning; Lohmeyer, Hans (1881-1968), 1919-1933 Oberbürgermeister der Stadt Königsberg; Muth, Karl (1867-1944), 1903-1941 Herausgeber der katholischen Monatszeitschrift »Hochland«; Radbruch, Gustav (1878-1949), 1921/1922, 1923 Reichsjustiz-minister, 1926-1933 Professor in Heidelberg; Schlange-Schöningen, Hans (1886-1960), Mitglied des Reichstages, 1931 vorübergehend Reichsminister im Kabinett Brüning; Staudinger, Hans (1889-1980); Huch, Ricarda (1864-1947); Mann, Thomas (1875-1955).

[34] Hans Bürgin/Hans-Otto Mayer (Hrsg.), Die Briefe Thomas Manns. Regesten und Register. Band 1. Die Briefe von 1889-1933. Frankfurt 1976, S. 612. Der erwähnte Aufsatz ist auch abgedruckt in: Thomas *Mann*, Gesammelte Werke. Band XII. Reden und Aufsätze. Frankfurt 1960, S. 649-677.

[35] »Vossische Zeitung« vom 28.5.1932.

[36] Sprenger (wie Anm. 32), S. 249.

[37] Sprenger (wie Anm. 32), S. 249.

[38] Nachlaß Fritz Elsas.

[39] Nachlaß Fritz Elsas.

[40] Vgl. Hans Staudinger, Wirtschaftspolitik im Weimarer Staat. Lebenserinnerungen eines politischen Beamten im Reich und in Preußen 1889-1934. Bonn 1982, S. XXIV.

[41] Nachlaß Fritz Elsas.

[42] Mündliche Mitteilung von Lilli Elsas, der Schwiegertochter von Fritz Elsas.

[43] Kreuger, Ivar (1880-1932), schwedischer Unternehmer. Nach dem Ersten Weltkrieg hatte er bis 1931 eine weltweite Monopolstellung in der Zündholzherstellung inne.

[44] Nachlaß Fritz Elsas.

[45] Vgl. Jörg Thierfelder, Fritz Elsas. In: Joachim Mehlhausen (Hrsg.), Zeugen des Widerstands. Tübingen 1997, S. 102.

[46] Goldschmidt, Victor Moritz (1888-1947), Mineraloge, 1929-1935 Professor an der Universität Göttingen: vgl. Arnold Kramish, Der Greif. Paul Rosbaud – der Mann, der Hitlers Atompläne scheitern ließ. München 1987, S. 270f.

[47] Rosbaud, Paul (1896-1963); vgl. Arnold Kramish (wie Anm. 46), passim; David Irving, The German Atomic Bomb. The history of nuclear research in Nazi Germany. New York 1967; Marianne Brentzel, Die Machtfrau. Hilde Benjamin 1902-1989, Berlin 1997, passim.

[48] Wie Anm. 42
[49] Zum folgenden vgl. Bernd Schmalhausen, »Ich bin doch nur ein Maler«. Max und Martha Liebermann im Dritten Reich. Hildesheim/Zürich/New York 1994, S. 118, 124.
[50] Syrup, Friedrich (1881-1945), 1927-1932, 1933-1938 Präsident der Reichsanstalt für Arbeitsvermittlung und Arbeitslosenversicherung, 1932/1933 Reichsarbeitsminister, 1938-1945 Staatssekretär im Reichsarbeitsministerium.
[51] Nachlaß Fritz Elsas.
[52] Vgl. Horst R. Sassin, Liberale im Widerstand. Die Robinsohn-Strassmann-Gruppe 1934-1942. Hamburg 1993.
[53] Wie Anm. 52, S. 69ff.
[54] Wie Anm. 52, S. 250f.
[55] Günther Weisenborn (Hrsg.), Der lautlose Widerstand. Bericht über die Widerstandsbewegung des Deutschen Volkes 1933-1945. Hamburg 1962 (=rororo TB 507-508), S. 97; Walter *Wagner*, Der Volksgerichtshof im nationalsozialistischen Staat. Stuttgart 1974, S. 664ff.
[56] Harold C. Deutsch, Verschwörung gegen den Krieg. Der Widerstand in den Jahren 1939-1940. München 1969, S. 78; Klemens von Klemperer, Die verlassenen Verschwörer. Der deutsche Widerstand auf der Suche nach Verbündeten. Berlin 1994, S. 144f.; Horst R. Sassin (wie Anm. 52), S. 207.
[57] »Chicago Daily Tribune« vom 25.7.1945. Die Verfasserin des Artikels »Family Elsas: Tragic Story of Nazi Brutality«, Sigrid Schultz, war vor dem Zweiten Weltkrieg Auslandskorrespondentin in Berlin und mit der Familie Elsas gut bekannt. Wenige Wochen nach Kriegsende kam sie wieder nach Berlin, um für die »Chicago Daily Tribune« zu schreiben.
[58] Vgl. »Die Erinnerungen des Kalfaktors Theo Baensch«. In: Ernst von Harnack, Jahre des Widerstands. Pfullingen 1989, S. 183f.
[59] Vgl. Peter Paret, An Aftermath of the Plot Against Hitler: the Lehrterstrasse Prison in Berlin, 1944-1945. In: »Bulletin of the Institute of Historical Research«. Volume XXXII, 1959, S. 90.
[60] Nachlaß Fritz Elsas.
[61] R. Pechel, Deutscher Widerstand. Erlenbach-Zürich 1947, S. 222.
[62] Nachlaß Fritz Elsas. Zu der Tatsache, daß Elsas ohne Prozeß ermordet wurde vgl. Andrea Wilfert, Fritz Elsas. In: Winfried Meyer (Hrsg.), Verschwörer im KZ. Hans von Dohnanyi und die Häftlinge des 20. Juli 1944 im KZ Sachsenhausen. Berlin 1999: »Da mit der Dreizehnten Verordnung zum Reichsbürgergesetz vom 1.

Juli 1943 die Strafverfolgung von Juden von der Justiz auf die Polizei übergegangen war, von der in der Regel die ›Sonderbehandlung‹ der Betroffenen veranlaßt wurde, fanden keine staatsanwaltschaftlichen Ermittlungen mit dem Ziel eines Verfahrens vor dem Volksgerichtshof gegen Fritz Elsas statt.«

[63] Vgl. Sachsenhausen. Dokumente, Aussagen, Forschungsergebnisse und Erlebnisberichte über das ehemalige Konzentrationslager Sachsenhausen. Berlin (-Ost) 1977, S. 53f.

[64] Harald Poelchau, Die Ordnung der Bedrängten. Autobiographisches und Zeitgeschichtliches seit den zwanziger Jahren. Berlin 1963, S. 70.

[65] Vgl. Zum Gedenken an Ernst Ludwig Heuss (5. August 1910 bis 14. Februar 1967). Ansprache von Dr. Walter Bauer, Fulda, bei der Trauerfeier in Lörrach am 17.2.1967.

[66] Margret Boveri, Tage des Überlebens. Berlin 1945. München 1968, S. 277.
Solf, Hanna (1887-1957), Gastgeberin des gleichnamigen Tee-Kreises. Frau Solf war im gleichen Gefängnis wie Frau Elsas und ihre Tochter Marianne inhaftiert.

[67] Theodor Heuss., An und über Juden. Aus Schriften und Reden (1906-1963) zusammengestellt und herausgegeben von Hans Lamm. Düsseldorf/Wien 1964, S. 97f.

Literaturhinweise

Privatbesitz: Nachlaß Fritz Elsas.
Bundesarchiv Koblenz: NL 221 Theodor Heuss; NL 296 Hans Robinsohn.
Institut für Zeitgeschichte München: Ed 166 Hans Robinsohn (verschiedene Aufzeichnungen und Manuskripte).
Stadtarchiv Stuttgart: Personalakte Fritz Elsas; Fritz Elsas, Erinnerungen aus meinem Leben (Kopie); Fritz Elsas, Verzeichnis der Veröffentlichungen.
Wolfgang Benz, Eine liberale Widerstandsgruppe und ihre Ziele. Hans Robinsohns Denkschrift aus dem Jahre 1939. In: Vierteljahreshefte für Zeitgeschichte, Heft 3, 1981, S. 437-471.
Harold C. Deutsch, Verschwörung gegen den Krieg. Der Widerstand in den Jahren 1939-1940. München 1969.
Peter Hoffmann, Widerstand, Staatsstreich, Attentat. Der Kampf der Opposition gegen Hitler. München ³1979.
Annedore Leber (Hrsg.), Das Gewissen steht auf. Berlin/Frankfurt 1954.
Helmut Stubbe-da-Luz, Fritz Elsas – »Der Staat seid Ihr«. In: das rathaus, Heft 1, 1987, S. 29-33.
Horst R. Sassin, Liberale im Widerstand. Die Robinsohn-Strassmann-Gruppe 1934-1942. Hamburg 1993.
Manfred Schmid (Hrsg.), Auf dem Stuttgarter Rathaus. Erinnerungen von Fritz Elsas (1890-1945). Stuttgart 1990.
»Spiegelbild einer Verschwörung.« Die Opposition gegen Hitler und der Staatsstreich vom 20. Juli 1944 in der SD-Berichterstattung. Geheime Dokumente aus dem ehemaligen Reichssicherheitshauptamt. Herausgegeben von Hans-Adolf Jacobsen. Stuttgart 1984.
Walter Wagner, Der Volksgerichtshof im nationalsozialistischen Staat. Stuttgart 1974.

Bildteil

Bildnachweis:
Alle folgenden Abbildungen stammen aus Privatbesitz.

Fritz Elsas als Gymnasiast, Cannstatt 1907

Fritz Elsas als Dr.rer.pol. 1912

Fritz Elsas und Marie Scholl als Verlobte 1914

Fritz Elsas 1915

Fritz Elsas 1925

Fritz Elsas, um 1925, an seinem Schreibtisch in seiner Wohnung

Fritz Elsas mit seinen Kindern vor ihrem Haus in Berlin 1927

Theodor Heuss (Postkarte vom 31.1.1934 an Fritz Elsas)

Fritz Elsas mit seiner Frau im Garten ihres Hauses in Berlin anläßlich der Silberhochzeit 1940

Fritz Elsas, um 1940

Hochzeitfoto von Hanne Elsas und Ernst Ludwig Heuss. 4.8.1945

Einweihung der Fritz-Elsas-Straße in Berlin durch den damaligen Bundespräsidenten Theodor Heuss am 20.7.1954

Straßenschild in Berlin

Fritz Elsas:
Autobiografische Fragmente (1908-1920)

Inhalt

1 Studium in München 1908–1909
  Professor mit Fußsack – Arbeiterkurse ... 77

2 Studium in Berlin 1909–1911
  Hängebodenschlafraum – Im Reichstag ... 115

3 Studium in Tübingen 1911–1913
  Heiratsfähige Töchter – Professorenfaulheit ... 178

4 Private Studien in Berlin 1913
  Begegnung mit Sombart ... 223

5 Kurzes Intermezzo bei der Kavallerie 1913 ... 230

6 Private Studien in Stuttgart 1913–1914
  Konflikt mit den Eltern – Kriegsausbruch ... 233

7 Beginn der beruflichen Karriere 1914–1915
  Aufsehenerregende Denkschrift – Verlobung ... 243

8 In der Weimarer Republik
  Revolution 1918/19 – Kapp-Putsch 1920 ... 260

1 Studium in München 1908–1909
Professor mit Fußsack – Arbeiterkurse

Am 17. Oktober 1908 erfolgte meine Immatrikulation an der rechtswissenschaftlichen Fakultät der Universität in München. Die Immatrikulation verlief nicht besonders feierlich. Der Rektor, Dr. von Bollinger[1], meines Erachtens ein Mediziner, hielt an die in der Aula versammelten Studenten eine kurze Ansprache, zum Schluß erhielt jeder einen Händedruck und ein Diplom, und damit war man in den Kreis der akademischen Bürger aufgenommen.

Studiengang und Auswahl der Vorlesungen blieben jedem einzelnen überlassen. Hierin wurde ein wesentlicher Teil der akademischen Freiheit erblickt. Nur für die bayerischen Juristen bestand insoweit eine bestimmte Regelung, als diese nach dem dritten Semester ein Zwischenexamen ablegen und zu diesem bestimmte Vorlesungen belegt haben mußten. Ob die Vorlesungen tatsächlich auch gehört waren, das war eine andere Frage. Das Zwischenexamen, das gar nicht so einfach war, gab zum mindesten über die im Examen zutage getretenen Kenntnisse Auskunft und übte so mittelbar einen gewissen Zwang aus, die Vorlesungen und Übungen zu besuchen, war also sicherlich nach dieser Regelung ganz heilsam. Für alle anderen bestand völlige Freiheit.

Ich hatte zwar noch in Stuttgart mit dem jüngeren Bruder meines Vaters, Hugo Elsas[2], das von München angeforderte Vorlesungsverzeichnis durchgesprochen, und er, der schon lange in der Praxis stand, hatte mir manchen Wink erteilt. Auch mein Vetter Karl[3], der bei meiner Ankunft in München schon zwei Semester dort Jura studiert hatte und damals Erstchargierter der Licaria war, gab mir, soweit er dazu imstande war, manchen Rat, mit der Überlegenheit, die ihm die »Erfahrung« seiner zwei Semester gab. Im großen ganzen blieb man aber auf sich selbst angewiesen.

Heilige Tradition war, im ersten Semester römische Rechtsgeschichte zu hören. Ich belegte ein zehnstündiges Kolleg hierüber, verbunden mit einer Darstellung des Systems des römischen Privatrechts bei Hellmann[4], daneben noch eine Übung für Anfänger.

Deutsche Rechtsgeschichte belegte ich bei von Amira[5], Rechtsenzyklopädie bei Gareis[6]. Allgemeine Volkswirtschaftslehre hörte ich bei Lujo Brentano[7], eine Vorlesung über deutsches Wirtschaftsleben von der Mitte des 17. bis zum Beginn des 19. Jahrhunderts bei Rosenlehner[8] und eine Vorlesung über Goethes Faust bei Muncer[9].

Es war etwas ganz Ungewöhnliches, daß ein Student im ersten Semester volkswirtschaftliche Vorlesungen, die an sich im Studienplan des Juristen eine rein zusätzliche Rolle spielten und meist »pro forma« im letzten oder vorletzten Semester vor dem Examen belegt zu werden pflegten, hörte. Aber ich habe diesen Schritt, der mich nach wenigen Semestern vom Privatrecht weg zu den Staatswissenschaften führte, nie bereut.

Dazu kam, daß Lujo Brentano unter den akademischen Lehrern Münchens weitaus an erster Stelle stand. Die Kunst seines Vortrags war in Aufbau und Sprache erstklassig. Seine Vorlesung, die im neuen Auditorium Maximum stattfand, war überfüllt. Der Inhalt seines Kolleges, der sich neben der Darstellung der allgemeinen Volkswirtschaftslehre mit den theoretischen Grundbegriffen befaßte, war immer lebendig, vielfach höchst subjektiv und sicherlich in allen Teilen weit über das Wissen eines ersten Semesters hinausgehend. Aber es war nie langweilig, auch da, wo ich noch nicht alles verstehen konnte.

Brentano wurzelte zutiefst in den Klassikern der englischen Nationalökonomie. Adam Smith[10] und Ricardo[11] waren zweifellos von stärkstem Einfluß auf seine Einstellung, die ihn zum Hauptvertreter der Freihandelslehre in Deutschland machte und ihn in starken Gegensatz zu der in der Ära Buelow[12] betriebenen staatlichen Wirtschaftspolitik führte und hielt. Die englische Gewerkschaftsbewegung erschien ihm in weiten Teilen vorbildlich, wie er vor allem auch die Konsumgenossenschaften und deren Ausbreitung als wichtiges wirtschaftspolitisches Hilfsmittel der Arbeiterbewegung in ihrem sozialen Emanzipationskampf ansah. Seine manchesterliche Grundeinstellung brachte ihn in einen gewissen Gegensatz zu den Kathedersozialisten Schmoller[13] und Wagner[14], gegen deren grundsätzliche Forderung auf Eingreifen des Staates, während bei ihm der wirtschaftsliberale Gedanke der eigenen Initiative und der genossenschaftlichen, sowie gewerkschaftlichen, Selbsthilfe die treibenden Kräfte bildeten. Die schöpferische Persönlichkeit, die aus eigenem Entschluß und aus eigener Erkenntnis zu sozialem und wirtschaftlichen Handeln und Gestalten kam, war ihm alles. Selbst eine starke schöpferische Persönlichkeit, sah er im Unternehmer, der aus eigener Erkenntnis und innerem Gefühl sozial gebunden blieb, den starken Anreger der modernen Wirtschaftsentwicklung. Im genossenschaftlichen Zusammenschluß der Kleinen und Mittleren, sowie in der freien Entfaltung der in der Arbeiterschaft ruhenden Kräfte auf der Grundlage politischer Gleichberechtigung und staatspolitischer Betätigung, sowie in der ständigen Entwicklung der konsumgenossenschaftlichen Kräfte sah er Möglichkeiten zu einer ständig wachsenden Verständigung zwischen Unternehmertum und Arbeiterschaft, die in Koalitionsfreiheit und freiwilligem Schiedsgericht, erst wenn nötig durch den Staat gefördert, sowie in Tarifverträgen die Möglichkeit zur Verbesserung ihrer sozialen Lage besaß. Den Klassenkampfgedanken in der Prägung von Marx und Engels lehnte er ab, soviel er auch Verständnis für die Notwendigkeit der Verbesserung der Lage der Arbeiterschaft aufbrachte.

Die überwiegend staatliche Einstellung Adolph Wagners, die historische Auffassung Schmollers blieb ihm fremd. Ironie und Witz beherrschte er meisterhaft. Bei der Empfehlung von Büchern, die seine Studenten lesen sollten, sprach er einmal von Schmollers Grundriß der Volkswirtschaftslehre: »Da hat mein Kollege Schmoller in Berlin zwei dicke Bände über Volkswirtschaftslehre geschrieben. Meine Herren, haben Sie schon einmal einen Sonnenuntergang gesehen? Das ist etwas Herrliches – aber davon lebt man nicht.« Und im gleichen Vortrag fuhr er fort: »Da hat mein Kollege Fuchs[15] in Tübingen ein Bändchen über Volkswirtschaftslehre geschrieben. Das ist in der Sammlung Göschen erschienen und kostet 80 Pfennige ... und das sagt alles.« Womit er übrigens dem Bändchen bitter unrecht tat. Denn wenn es auch nur 80 Pfennig gekostet hat oder noch kostet, so war es doch eine ganz erstaunliche Leistung. Denn auf knappem Raume eine schöpferische Übersicht über ein so weites Gebiet, dem es so an einer Übereinstimmung der Begriffe fehlte, wie es damals und wohl auch noch heute in der Volkswirtschaftslehre der Fall ist, eine wissenschaftlich durchaus zu bewertende Zusammenfassung zu geben, ist und bleibt eine ansehnliche Leistung, auch wenn man Einzelheiten ablehnt oder eine andere Einstellung zu manchen Problemen hat. Aber Toleranz in diesen Dingen war nicht

Brentanos Stärke. Unbestreitbar aber hat seine glanzvolle Formulierung und sein hinreißender Vortrag mich immer wieder angelockt und die jungen Studenten begeistert.

Mein Kollegheft über den Besuch einer Vorlesung ist fast lückenlos, es ist stenografisch aufgenommen und zu Haus fein säuberlich übertragen. Zum erstenmal hatte ich Nutzen von dem damals in den Schulen nur als freiwilliges Fach ermöglichten Stenografieunterricht, den ich im Gymnasium mitgenommen hatte. Selbstverständlich war es, dem in Württemberg vorherrschenden System entsprechend, das Gabelsbergersche[16], das ich gelernt hatte und bis zum heutigen Tage immer verwende. Ich bin auch immer ein überzeugter Stenograf geblieben und habe es sehr begrüßt, daß in der württembergischen Verwaltung fast jeder Beamte, auch die höheren, dieses System beherrscht haben. Ein »Orthodoxer« bin ich auch auf diesem Gebiet nie gewesen. An dem Streit zwischen den Systemen habe ich mich nie beteiligt; habe jedoch die Schöpfung einer Einheitsstenografie lebhaft begrüßt, da sie mir wirtschaftlich und verwaltungsmäßig ein großer Fortschritt zu sein schien. Es kam mir immer darauf an, daß einer stenografieren konnte, weniger wichtig war mir, welches System er beherrschte.

Als ich viele Jahre später einmal die Frau Schrey[17] und ihre Tochter während eines Aufenthalts am Bodensee im gleichen Gasthaus kennenlernte, habe ich bei den an sich sehr netten Damen eine fast religiös anmutende Verehrung ihres Gatten und Vaters vorgefunden.

Mein Freund Theodor Heuss[18] hat mit Recht auch einmal in einer Reichstagsrede aufgeführt, daß der Streit zwischen den Stenografiesystemen und um die Einheitsstenografie das Wesen eines Religionskrieges zeige, und er fügte witzig hinzu, daß er glaube, der Norden, der überwiegend Stolze-Schrey anhing, sei diesmal katholischer als der mehr verständigungsbereite Süden, der ganz überwiegend Gabelsberger schrieb.

Nach Einführung des Einheitssystems habe ich übrigens nicht umgelernt, da ich mir sagte, für meinen Bedarf sei es wichtiger, ein System gut zu beherrschen als zwei nur mäßig. Im übrigen hat während meiner Berliner Amtszeit auch Sahm[19] Gabelsberger geschrieben, und manche Notiz von ihm an mich und die Antwort darauf erfolgten in dieser Schrift, die auf dem Berliner Rathaus als »Geheimschrift« angesehen werden konnte, da sie von den wenigen dort stenografierenden Beamten nicht gelesen werden konnte. Im übrigen habe ich immer so gut geschrieben, daß – auch wenn ich »Debatteschrift« verwandte – ich meine stenografische Niederschrift immer gut lesen und übertragen konnte.

Daß diese Kunst auch ihre Tücken hat, bewies mir der rührende Versuch meiner Braut, die mich nach unsrer Verlobung mit dem Erlernen der Kurzschrift überraschen wollte und bei dem Kammerstenografen Wissmann in Cannstatt auch heimlich in einen Kurs ging, bis ich sie einmal eines schönen Tages in Tränen aufgelöst fand, weil sie mit ihrer Aufgabe nicht fertig werden konnte. Nun, ich habe sie getröstet, und es blieb beim Versuch.

In die aktive Politik hat Brentano nur durch Schrift und Rede eingegriffen. Dem Parlament hat er meines Wissens nie angehört, obgleich er im Grund ein politischer Mensch war. Es war auch in dieser Generation nicht mehr üblich, daß Hochschullehrer sich ins Parlament wählen ließen. Adolph Wagner machte als konservativer Abgeordneter im preußischen Landtag eine Ausnahme. Aber trotzdem war der unmittelbare Einfluß Brentanos durch seine temperamentvolle Stellungnahme zu Tagesfragen und der mittelbare durch zahllose Schüler, die sich in den verschiedensten Parteien, aber doch vorwiegend auf die bürgerlichen und sozialistischen Linken befanden, stark. Er selbst gehörte wohl zur nationalsozialen Richtung Naumanns[20], mit dem ihn auch persönliche Freundschaft verbunden hat.

In unmittelbare Beziehung bin ich als Student zu Brentano nur einmal getreten, als ich ihm, angeregt durch seine bevölkerungspolitische Vorlesung, schrieb, daß auf diesem Gebiet der Einfluß der Literatur und insbesondere eines Mannes wie Ibsen[21] stark zu beachten sei. Ich wies auf die Gespenster hin, die mich damals aufs stärkste beeindruckt hatten. Es war mein erster Brief an einen wirklichen Geheimen Rat und Ordinarius, und ich war nicht wenig stolz, als ich nach einiger Zeit einen handschriftlichen Brief empfing, der durchaus freundlich war und meine Gedanken bejahte. Daß hier wechselseitige Beziehungen laufen und auch die Literatur ihrerseits wiederum Ausdruck gleichzeitiger sozialer und wirtschaftlicher Strömungen ist, war mir damals wohl noch nicht im ganzen Umfang klar.

War so Brentanos geistvolle, durch seine Beredsamkeit überaus anziehend gestaltete Vorlesung ein Erlebnis, das mir die ganze Schönheit reifster wissenschaftlicher Erziehungsarbeit und Vortragstechnik erschloß, so lernte ich in der an sich nicht sehr bedeutenden Vorlesung Rosenlehners einen Einblick in die mehr detaillierte Forschungsarbeit und sah, daß viel Einzelforschung getrieben werden mußte, bis man wirklich etwas wußte. Wieviel ahnte ich damals noch nicht.

Besonders anregend war eine Vorlesung eines med. Privatdozenten Uffenheimer[22] über soziale Jugendfürsorge, die mit Besichtigungen verbunden war und mir zum erstenmal Einblick in Kinderheime, Horte, Betreuungseinrichtungen, aber auch in das Gefängnis in Stadelheim brachte. Daß ich später einmal selbst mit allen diesen Einrichtungen in berufliche Berührung kommen sollte, konnte ich damals auch noch nicht entfernt ahnen, denn mein Berufsziel, soweit ich überhaupt schon ein klares vor mir sah, war noch immer das des Juristen.

Freilich kamen nach dieser Richtung gerade in dem ersten Münchener Semester schon die Enttäuschungen. Die Vorlesung Hellmanns war sträflich langweilig. Zwar ging ich aus angeborenem Pflichtgefühl fast die ganze Zeit regelmäßig, bis Weihnachten 1908 sogar ganz regelmäßig, hin. Aber es gehörte schon eine Menge Idealismus dazu, dieses Kolleg regelmäßig zu besuchen. Hellmann selbst war wohl ein schwer leidender Mann, der auch seine Vorlesung erst lange nach Semesterbeginn angefangen hatte. Zu Beginn jeder Vorlesung wurde ihm ein Hirsesitzkissen untergelegt, da er ohne dieses nicht sitzen konnte. Man sah ihm auch an, daß es für ihn eine körperliche Anstrengung bedeutete. Seine Art des Vortrags war viel zu gelehrt, um von den jungen Semestern verstanden zu werden. Außerdem erschien es mir schon damals sinnlos, in dieser Ausführlichkeit römisches Recht vorzutragen. Mein Ideal wäre gewesen, daß man mit Fällen des täglichen Rechts begonnen hätte und von diesen ausgehend einen allmählich an die theoretischen Grundfragen herangeführt hätte. Die Belastung mit den Pandekten[23] war viel zu schwer, dazu kam ein unlebendiger Vortrag, alles zusammen wenig geeignet, Freude an der römischen Rechtsgeschichte und an der Rechtstheorie zu entwickeln.

Gareis sah mich bestimmt nur einmal und nicht wieder. Viel bot mir auch Amira nicht, der mit einem gewaltigen Fußsack behängt selbst wie ein Abkömmling Wotans aussah, aber immerhin dank seines unverfälschten bayerischen Dialektes zum mindesten eine dinarische Abart darstellte[24]. Daß ich auch bei ihm nicht immer der Gefahr des Einschlafens entronnen bin, ist mir dadurch in Erinnerung geblieben, daß ich während des Faschings einmal von ihm im Kolleg koramiert wurde[25]. Ich war, wie das in München der genius loci nicht selten gestattete, einmal nach durchtanzter Nacht noch im Smoking unmittelbar vom Bal Paré ins Kolleg gegangen und hatte gerade angefangen, mich von den Tanzstrapazen durch ein friedliches Nickerchen zu erholen. Amira behandelte irgend etwas, was ihm bedeutend interessanter erschien, als mir. Denn plötzlich unterbrach er den rauschenden Rhythmus seiner Rede und sprach an mich hin: »Diese Ausführungen dürften auch den Kommilitonen in der dritten Reihe, der so beruhigend schläft, interessieren!« Heftiges Trampeln weckte mich nicht sofort, sondern erst das liebenswürdige Stupfen eines Nachbarn führte mich in die Wirklichkeit zurück. Das Schauspiel, das ich bot, blieb einmalig, denn ich zog es vor, für den Rest des Faschings nicht mehr in Amiras Kolleg, das rauherweise früh um 8 Uhr oder 8.30 begann, zu erscheinen.

Einem Wunsch meiner Eltern folgend war ich in einer Pension in der Schellingstraße 24 abgestiegen, die von einem Fräulein Haack geleitet wurde. Dort hatte ein Semester vorher eine junge Canstatterin, Fräulein Dinkel, gewohnt und die Bleibe sehr empfohlen. Die Wohnung hatte den Vorteil, daß sie mitten im Studentenviertel lag und die Entfernung weder zur Universität noch zu den großen Sammlungen Münchens, die ich sehr häufig besuchte, weit war. Aber es hat mir auf die Dauer nicht sehr gefallen. Das Essen war mitunter recht mäßig, man mußte ziemlich pünktlich sein, sonst bekam man nichts mehr. Von den Mitbewohnern – es waren ganz überwiegend Damen – ist mir noch ein Privatdozent Bassermann-Jordan in Erinnerung, der irgendwie mit den berühmten Weingutbesitzern in der Pfalz verwandt war. Die sonstigen geheimen Reize einer solchen Münchener Pension habe ich damals noch nicht verstanden, obwohl mir eine junge lebenslustige Malerin aus dem Rheinland –

mit Vornamen Elfriede – mehr weiß ich aber wirklich nicht mehr von ihr, und eine kühle schweizerische Adlige aus Luzern manche Chance, heimlich und offen, geboten haben. Ich suchte mir dann eine eigene Bude, etwas abseits vom üblichen Studentenviertel in der Königinstraße. Da wohnte ich bei einem verheirateten Kammerdiener des Prinzregenten Luitpold, der zwei kleine Kinder hatte. Der Mann hatte nur wenig Dienst, mir schien es so, als ob es nur ein paar Stunden in der Woche wären. Aber eins ist sicher: nie mehr in meinem Leben waren meine Kleider und Schuhe so sorgfältig gepflegt peinlich sauber gehalten. Die Hosen waren stets frisch gebügelt. Im Schrank herrschte stets tadellose Ordnung. Das Zimmer war wie ein Schmuckkästchen. Frühstück nahm ich immer zu Hause. Dann erfolgte, insbesondere im Sommersemester, in der Regel ein Spaziergang im nahen Englischen Garten, den ich manchmal auch zu anderen Tageszeiten mit allen seinen Reizen genoß.

Im übrigen lebte ich als freier Bursch. Mehr als einmal war von der oder jener Verbindung mir ein Besuch gemacht worden und war ich zu Beginn des Semesters zu einer Kneipe eingeladen worden, aber das Verbindungsleben hat mich nie angezogen. Noch vor dem Abitur hatte mir einmal der spätere Rechtsanwalt Strohm in Cannstatt, der damals der Burschenschaft Germania in Tübingen angehörte, gesagt, wie gern er mich auffordern würde, bei ihnen aktiv zu werden, aber es ginge ja wegen meiner Abstammung nicht. Ich erinnere mich noch genau, wie ich ihm antwortete: da brauche er sich keine Sorgen machen, denn wenn ich aktiv werden wollte, dann würde ich es bestimmt nicht in einer Korporation, der er angehörte. Er hatte seine Abfuhr weg, die er mit übrigens nie verziehen hat, auch später nicht, als er manches von mir wollte. Mir erschien der farbentragende Student immer als ein verlorenes Überbleibsel mittelalterlicher Romantik, für das insbesondere in der Großstadt gar kein Raum mehr geblieben war. Was allenfalls in der Kleinstadt noch als gesellschaftlicher Ersatz eine gewisse Berechtigung haben mochte, erschien mir in der Großstadt mit ihrer sozialen Schichtung sinnlos, ja gefährlich und aufreizend. Gewiß bot manche Korporation noch geistige Anregung und geselligen Zusammenhalt. Manchem erschien auch die Zugehörigkeit zu Korps, Burschenschaft oder einer schwarzen, nicht farbentragenden Verbindung die Voraussetzung für eine gesicherte berufliche Laufbahn. In München spielte nach dieser Richtung der akademische Gesangverein, die sogenannten »Kanarienvögel«, die ausschlaggebende Rolle. Er stellte, wie etwa in Tübingen die nichtfarbentragende »Stuttgardia«, die meisten höheren bayerischen Verwaltungsbeamten, vor allem im Bereich der inneren Verwaltung.

Der Zufall führte mich gleich zu Beginn meines Aufenthaltes in einen Vortragsabend der »Freien Studentenschaft«, die damals eben in ihren ersten Anfängen stand und den Versuch machte, durch freiwilligen Zusammenschluß der Nichtinkorporierten diesen innerhalb des Universitätskörpers eine Vertretung zu verschaffen, die bis dahin ausschließlich durch die Korporationen erfolgte. Das sozialwissenschaftliche Thema, das an diesem Abend behandelt wurde, hatte mich mächtig gereizt. Was es war, habe ich vergessen. Aber ich spürte irgendwie, daß unter diesen jungen Menschen, die anwesend waren, etwas Lebendiges, etwas Neues, das abseits von der sonstigen Uninteressiertheit weiter Kreise der Studenten am sozialen Geschehen sich zu entwickeln suchte. Die Diskussion an dem Abend war erstklassig. Ich ging regelmäßig zu diesen Veranstaltungen und lernte dort manche Menschen kennen, zu denen ich bald in nähere Beziehungen trat. Mit diesem Kreis berührte sich, wie sich bald herausstellte, ein Kreis von jungen Studenten, der sich im Nationalverein für das liberale Deutschland zusammenfand. Dies war eine der wenigen Gruppen von Studierenden, die sich zur Besprechung politischer Grundfragen auf liberaler Grundlage unter Leitung des Privatdozenten für Geschichte, Dr. Wilhelm Ohr[26], zusammenfanden.

Ohr war ein jüngerer Historiker, der sich auf Grund seines geschichtlichen Studiums mit der Tätigkeit des deutschen Liberalismus im 19. Jahrhundert intensiv beschäftigt hatte und zur Erkenntnis gelangt war, daß der liberale Gedanke noch eine Zukunft in Deutschland haben werde, wenn es gelänge, aus seiner parteipolitischen Zersplitterung wieder herauszukommen und zu einer zusammenfassenden Gestaltung zu gelangen, bei der ihm eine Verbindung von Persönlichkeit und sozialem Gedanken Voraussetzung erschien. Er war ein temperamentvoller Mann, der, ohne überragend zu sein, mit umfassenden Geschichtskenntnissen ausgestattet, sie in immer neuen Kombinationen und Zusammenstellungen vorzutragen verstand. Dazu kam, daß alles, was er tat und vortrug, von jugendlichem Schwung erfüllt war und er es wirklich verstand, seine Zuhörer zu packen. Er gab, was in München selten war, der Jugend selbst seine eigene Jugend und war nicht mit einer unter den Dozenten so häufig anzutreffenden Langweiligkeit des Vortrages belastet. Dazu kam, daß er ein ausgezeichneter Leiter von Diskussionen war und, selbst Freude am Diskutieren empfindend, eine Diskussion anzuregen, im Gang zu halten und lebendig zu gestalten verstand. Ich trat ihm bald näher und habe manche anregenden Stunden in seinem Haus verbracht, das geleitet durch seine bedeutende Frau Dr. Julie Ohr, eine Ärztin, einfache, aber behagliche Gastlichkeit bot. An diesen Abenden sowie an den Veranstaltungen der sozialwissenschaftlichen Gruppe der Münchener Freien Studentenschaft nahm ich regelmäßig teil und griff auch gelegentlich in die meist sehr lebhaften, vielfach stürmischen Erörterungen ein.

Bei einer solchen Diskussion geriet ich einmal in eine heftige Auseinandersetzung mit einem Mann, der damals in der Münchener Studentenschaft, aber auch schon in der bayerischen Politik, in erheblichem Maße einzugreifen begann: Dr. Fritz Gerlich[27]. Geboren in Stettin, hatte das Studium der Geschichte ihn und seinen im Weltkrieg gefallenen jüngeren Bruder Walter, der Neuphilologie studierte, nach München gebracht. Er war auch nach Abschluß seiner Studien dort hängengeblieben und damals wissenschaftlicher Hilfsarbeiter am königlich-bayerischen Staatsarchiv in München. Gerlich, der damals ungefähr 25 Jahre alt war, war besonders auch an allgemeinen akademischen Bildungsfragen interessiert. Ich war ihm aufgefallen, als ich einer heftigen Diskussionsrede von ihm, die etwas im Ton der Unfehlbarkeit gehalten war und einen armen Kommilitonen gründlich zudeckte, entgegentrat und dabei ausführte, daß ich ihm weder im Wissen noch in der Dialektik entfernt gewachsen sei, und dann aus meiner bescheidenen Sachkenntnis sozialer Fragen alle Gründe anführte, die gegen seinen Standpunkt vorzubringen waren. Das war etwas Neues und noch nie Dagewesenes. Nach Schluß der Veranstaltung nahm er mich beiseite, und wir tranken zusammen eine Tasse Kaffee in Gerlichs Stammlokal, dem Café Wittelsbacher. Die Unterhaltung dauerte bis tief in die Nacht hinein und berührte wohl viele Gebiete menschlichen Denkens. Ich war sprachlos, daß ein Mensch ein so vielseitiges Wissen besitzen konnte, wie es an diesem Abend bei Gerlich in Erscheinung trat und das er bereitwillig vor mir ausbreitete. Unsere Beziehungen wurden bald sehr rege, und wir waren viel zusammen. Die Schärfe seines Urteils und die Heftigkeit seiner Polemik waren gleich anziehend, wenngleich er viele Menschen durch die Maßlosigkeit seiner Formulierung bei gegensätzlicher Auffassung abstieß. Mir gegenüber war es immer gleich geduldig, gleichmäßig bereit, alle Fragen zu beantworten, und gleich freundschaftlich gesinnt. Er war einer der wenigen Menschen, die es, ohne ein akademisches Lehramt zu bekleiden, der Mühe wert hielten, sich mit jungen Semestern wirklich abzugeben. Der Umfang seiner geschichtlichen Kenntnisse, die blendende Schärfe seiner Logik, die geschliffene Dialektik seiner Rede hätten ihn zu einem glänzenden akademischen Lehrer gemacht, wenn ihn nicht die Maßlosigkeit seiner Angriffe und die häufig darin enthaltene Ungerechtigkeit auch eine große Anzahl von Feinden eingetragen hätte. Mir gegenüber war er immer hilfsbereit, geduldig, jeden Widerspruch ertragend. Als er einmal einen Studenten in der Diskussion getötet hatte und ihm dann zum Schluß noch sagte, jemand mit einer solchen »Syphilitiker-Physiognomie« sollte eigentlich überhaupt nicht das Recht zu reden haben, und ihn damit nochmals dank seiner eigentümlichen Autorität tötete, sagte ich ihm, das sei nicht schön gewesen, denn der Betreffende habe sein Bestes zu geben vermocht, er könne eben nicht anders und nicht mehr, da stand er auf, sagte, »Meinst du?«, ging hin und entschuldigte sich. Das war echt Fritz Gerlich. Denn im Grunde war er ein weicher und durchaus nicht gefühlsfremder Mensch. Im Zusammensein mit seiner Freundin, einer jungen Münchner Volksschullehrerin, lernte ich gerade diese sonst nur wenig bekannte Seite seines Wesens kennen. Später wurde er Assessor am königlich-bayerischen Staatsarchiv in München, veröffentlichte unter vielen Arbeiten ein sehr inhaltsreiches Werk über Geschichte und Theorie des Kapitalismus, eine Geschichte des Hauses Fugger, einen interessanten Aufsatz über Kriegs- und Volkswirtschaft. 1919 erschien eine Schrift »Kommunismus als Lehre vom Tausendjährigen Reich«. Obgleich er immer Zeit für Zusammenkünfte hatte, manchmal sogar Anwandlungen eines richtigen Bohemiens nicht fehlten, besaß er eine große Arbeitskraft, schrieb leicht und gewandt. Nach der Staatsumwälzung kam er immer mehr in die Politik und wurde, von einer einflußreichen Gruppe begünstigt, Chefredakteur der *Münchener Neuesten Nachrichten,* wozu er zwar die erforderlichen historischen Kenntnisse und nach mancher Richtung auch die politische Gewandheit, nicht aber die Gabe der Einfühlung in die Tagesströmungen und vor allem nicht die für einen Chefredakteur so unerläßliche Gabe der leichten Zusammenarbeit mit Redaktionskollegen besaß. Ich glaube, daß diese Periode, in der ich ihn nur selten sah, nicht die glücklichste seines Lebens war. Der Mystizismus in der katholischen Kirche hatte ihn immer stark angezogen und beschäftigt, obgleich er aus einer mehr als nüchternen protestantischen Umgebung stammte. Eine Untersuchung über die »Therese von Konnersreuth«[28] war das merkwürdige Ergebnis. Der Kreis seiner politischen Gegner muß sich im Lauf der Zeit außerordentlich erweitert haben. Am 30. Juni 1934 fand er während der Münchener Unruhen ein gewaltsames Ende. Die wenigen Briefe, die ich von ihm erhalten habe, zeigen einen geistig hochbedeutsamen Mann, der sich dem Freund – aber auch nur dem – mit innerer Weichheit erschloß. Er hing an mir mit herzlicher Verbundenheit. Die Nachricht von seinem Tode, dem er während einer langjährigen Lungenerkrankung manchmal entgegengesehen hatte, betrübte mich tief.

Zu Gerlichs Kreis gehörte ein Münchener Student namens Staegmeyr, der an Kenntnissen weit hinter Gerlich zurückbleibend, ihn an Schärfe der Polemik noch zu übertreffen suchte. Er war damals ein glühender Hasser alles Ultramontanen und alles Klerikalen, wobei er unzählige Beispiele kirchlicher Intoleranz und wissenschaftlicher Beeinflussungsversuche zur Begründung seines Standpunkts anzuführen wußte. Nichts war ihm radikal genug im Kampf gegen den Klerikalismus. Auch in seinen sonstigen politischen Äußerungen war er mehr als radikal. Jahrzehnte später traf ich ihn als Geschäftsführer des bayerischen Kommunalbeamtenverbandes wieder, da hatte er offensichtlich seinen Frieden mit den Klerikalen gemacht – an der Schärfe seiner Ausdrucksweise hatte er nichts verloren. Einst wütender Demokrat, wurde er nach dem Umbruch ebenso wütender Parteigänger des neuen Systems.

Gerlich war eng befreundet mit einem ehemaligen Württembergischen Volksschullehrer, Hans Kneher[29], der in München bei Brentano und Lotz[30] Volkswirtschaft studierte. Kneher war ein typischer Schwabe – gescheit, aber nicht intelligent, rechthaberisch und eigensinnig, sehr ehrgeizig und hatte lange Jahre starke Minderwertigkeitskomplexe zu überwinden. Er promovierte später in Tübingen und hat nachher in Stuttgart eine Zeitlang in der Demokratischen Partei eine gewisse Rolle gespielt. Das Lehrerhafte in seinem Gehabe ging nie ganz verloren, auch nicht als er, unter Robert Bosch[31] als Vorsitzendem, Syndikus des Verbandes Württembergischer Industrieller geworden war. In zweiter Ehe war er mit einem Fräulein Haller[32] verheiratet, die in Stuttgart in der demokratischen Frauenbewegung eine Rolle als Parteisekretärin zu spielen versucht hatte und durch ihr intrigantes Wesen nicht allzu viel Sympathie bei den Männern, gar keine bei den Frauen, genoß. Knehers Stellung im Verband Württembergischer Industrieller war sicherlich nicht einfach, da ihm genauere Kenntnis der Unternehmer-Psychologie abging und er auch kaum in näherer Kenntnis von Unternehmerkreisen lebte. Wir trafen uns wieder im Verband Württembergischer Volkswirte, in der Partei, in der Württembergischen Volkswirtschaftlichen Gesellschaft, ohne uns trotz der gemeinschaftlichen Beziehungen zu Gerlich je menschlich näherzutreten.

In engere Beziehungen trat ich zu einem Studenten, der im Brentanoschen Kolleg neben mir saß: Friedrich Staub. Er war wohl ein Vetter, oder richtiger der Sohn eines Vetters, des berühmten Juristen. Aus Ratibor in Schlesien stammend, Sohn eines großen Holzhändlers, war er früh mit wirtschaftlichen Fragen in Berührung gekommen. Für juristische Fragen war er glänzend veranlagt. Scharfsinnig, dialektisch geschult, verfügte er über eine ausgesprochene juristische Einfühlungsgabe, die ihn auch rasch in den Seminaren in die vordere Reihe der juristisch interessierten Studenten rücken ließ. Obgleich ich mich an seine überaus rasche Sprechweise sehr gewöhnen mußte, die er mit vielen seiner schlesischen Landsleute gemeinsam hatte, wurde ich durch seine schnelle Auffassungsgabe angezogen und führte lange und häufige Unterhaltungen mit ihm. Im zweiten Semester in München wohnten wir im gleichen Haus, auch in meinen ersten Berliner Semestern waren wir noch viel zusammen, besonders nachdem wir einmal eine gemeinschaftliche Reise nach Italien gemacht hatten. Er wurde später ein bekannter Berliner Anwalt, jedoch unser Verkehr schlief ziemlich rasch ein, obgleich er bei uns und ich bei einem mehr als üppigen Junggesellenessen einmal bei ihm in seiner nach Berliner Anwaltsgeschmack eingerichteten Wohnung am Kurfürstendamm gewesen war. Er schien ganz in die schnoddrige Tonart der Berliner Konfektion geraten zu sein. Verwaltungsprobleme waren ihm ganz fremd. Unser sehr gelegentliches Zusammensein verlief ziemlich kühl, wir hatten uns ganz auseinanderentwickelt. Im Jahre 1934 oder 35 soll er unter Hinterlassung von Schulden nach Paris getürmt sein.

Sehr eng verbunden war ich mit einem anderen Norddeutschen, Plagemann, dem Sohn eines hohen Richters aus

Danzig, und einem Sachsen, Walther Eylert, dem Sohn eines Studiendirektors aus Zeitz. Beide hatte ich wohl in der Freien Studentenschaft als auch in den Vorlesungen kennengelernt. Wir wurden für die Münchener Zeit enge Wanderkameraden, fuhren im Winter mit gepumpten Schneeschuhen zum Skilaufen, was damals in München noch Aufsehen erregte, und machten im Frühjahr und Sommer viele gemeinschaftliche Hochtouren in den bayerisch-österreichischen Alpen bis nach den Dolomiten. Wenn man am Sonnabendmittag in München zum Schneeschuhlaufen fuhr, so gab es damals noch keine Sonderzüge, die überfüllt waren, sondern es fanden sich höchstens zwanzig, fünfundzwanzig Leute mit Bretteln am Isartalbahnhof oder am Starnberger ein, die wegen der zu erwartenden Belästigung von den übrigen Mitreisenden noch als ziemlich unwillkommene Zeitgenossen angesehen wurden und für deren Sportbegeisterung noch keineswegs überall auch nur ein Bruchteil von dem Verständnis entgegengebracht wurde, das heute allenthalben selbstverständlich ist.

Im Frühjahr und Sommer führten unsere Bergfahrten, die nach Hause bei allen Drei verschwiegen wurden, nach dem Watzmann, dem Allgäu, dem Wilden Kaiser, dem Karwendel, Ötztal, Zillertal und einmal mit Plagemann zur Marmolata. Herrliche Tage jugendlichen Überschwanges in Hütten und Almen, auf Schnee und Gletschern und Gipfeln schufen eine nie mehr verlöschende Liebe zu den Bergen, wie ich die hochalpine Touristik immer als das Schönste empfunden habe. Wir waren alle Mitglieder einer Studentensektion des Deutsch-Österreichischen Alpenvereins, der übrigens schon damals in seinen österreichischen Sektionen, besonders in Wien, den Arierparagraphen besaß. War das Wetter zu Bergexkursionen nicht geeignet, so trieben wir in München leidenschaftlich Tennis. Plagemann, ein großer, gut gewachsener schlanker Mann, war im Alpinen der Führer, beim Tennis ich. Mancher heitere Abend im Simplicissimus, bei Papa Benz, in Eylerts Stammkneipe in der Arcisstraße, gemeinschaftliches Mittagessen beim Schottenhammel oder im Bürgerbräu, manch nächtliches Kaffeegelage im Wittelsbach, Odeon, im Englischen Garten, ließ der Jugend die Rechte, die gerade in München nicht zu kurz kommen sollten. Plagemann ist während des Weltkrieges gefallen. Eylert, mit dem ich auch in Berlin viel zusammenkam, wurde ein guter, etwas eigenwilliger Jurist – es machte ihm immer besondere Freude, die sogenannte herrschende Theorie oder gar ein Reichsgerichtsurteil zu berennen. Später, unter dem stark deutschnationalen Oberbürgermeister Hasenclever in Stolp in Pommern Stadtrat, landete auch dort glücklich im Hafen der Ehe, nachdem er lange Jahre die Freuden des Junggesellenlebens genossen hatte. 1934 ging er aus dem städtischen Dienst weg und wurde ein gern gesehener Anwalt in Stolp. Wo immer ich mit ihm wieder zusammentraf, habe ich mich über seine humorvolle Art – er verfügte über eine merkwürdige Mischung von Intelligenz, Schlauheit, Biederkeit und Mutterwitz, gefreut.

Die zeitliche Ungebundenheit des nichtinkorporierten Studenten, der keinerlei Zwang unterworfen war, ließ mir mehr Zeit als ich erwartet hatte, der Zufall des Kollegs oder des Zusammenseins brachte da und dort Bekanntschaften. In der akademischen Freischar, einer jungsozialistischen Gruppe, spielte in München ein lang aufgewachsener Student eine Rolle, Heimerich[33], den ich später als unmittelbaren Berufskollegen wieder treffen sollte. Er war der Sohn des Landgerichtspräsidenten in Nürnberg und gefiel sich, obwohl seiner ganzen äußeren und inneren Art eher zum Gegenteil vorausbestimmt, in der Rolle des stark ästhetisierenden Sozialsozialisten. Seine Klugheit habe ich nie bestritten, auch später, als er Kollege in Nürnberg, Kiel, und nach Kutzers Abgang dessen Nachfolger in Mannheim geworden war, nicht seine kommunalpolitischen Fähigkeiten. Aber ich habe nie verstehen können, warum ausgerechnet er mit seiner rein individualistischen Einstellung und seinem rein äußerlich extrem liberalisierenden Gehaben Sozialdemokrat geworden ist. Aus meinen Münchener Eindrücken blieb immer ein starker Rest kühler Fremdheit zwischen uns bestehen.

Viel kam ich mit Hans Staudinger zusammen, der, Sohn des kulturphilosophisch orientierten Franz Staudinger, Professor in Darmstadt, ebenfalls zu dem kleinen Kreis sozialistischer Studenten in München gehörte[34]. Staudinger stand an formaler juristischer Gewandtheit und an Einzelwissen damals zweifellos weit hinter Heimerich zurück, war ihm aber an Gemütstiefe und innerer sozialer Gesinnung weit überlegen. Der spätere Staatssekretär im preußischen Handelsministerium, der zeitweilig der besondere Vertrauensmann von Otto Braun[35], dem preußischen Ministerpräsidenten, werden sollte, und ich haben uns später oft an die gemeinsam verbrachte Studienzeit erinnert. Daß er mir einmal nach dem Rücktritt von Hoepker-Aschoff[36] das preußische Finanzministerium anbieten sollte und mit mir darüber sehr ernsthafte und langwierige Verhandlungen führen werde, ahnten wir beide damals noch nicht.

Zu dem Verkehr mit den neuen Bekannten und den werdenden Studienfreunden gesellte sich der enge freundschaftliche Verkehr mit meinem Vetter Karl. Mit diesem, der zwei Jahre älter als ich war, verbanden mich, im Gegensatz zu den Beziehungen zu seinen Brüdern, schon von der Schule her immer enge freundschaftliche Bindungen. Unser Verkehr blieb auch in München, obgleich er leidenschaftlicher Korporationsstudent war, immer rege. Seine Zeit war freilich durch die Korporation immer stark besetzt. Trotzdem haben wir oft gemeinsame Spaziergänge im Englischen Garten und Museumsbesuche unternommen, da es ihm mehr als einmal recht war, losgelöst von den Bindungen der farbentragenden Verbindung mit einem engeren Landsmann zusammenzusein, mit dem ihn viele gemeinsame Erinnerungen verbanden. Er war dank seiner geselligen Gaben, guter Umgangsformen und seiner außerordentlichen musikalischen Begabung – er spielte Violine – ein ausgezeichneter Vertreter für jede Korporation, begleitete daher in München und in Berlin das Amt eines Erstchargierten. Darüber hinaus war er ein äußerst vielseitig interessierter Mann, glänzender Jurist und guter Fechter. Einer seiner Mensuren in München wohnte ich bei.

Da die Rechtslage des studentischen Zweikampfs ungeklärt war, aber doch seitens der Polizei und der akademischen Behörden in München wohlwollend gehandhabt wurde, vollzogen sich die Mensuren im allgemeinen in einem gewissen geheimnisvollen Rahmen. Meist wurde ein durch Nebeneingänge eines Bräus zu erreichendes Hinterzimmer gewählt, in das die Paukanten, die Sekundanten, der Unparteiische und der Arzt sowie die etwaigen Zuschauer auf geheimnisvollen Wegen in aller Früh geleitet wurden. Obwohl ich mehrere Semester lang das Säbelfechten betrieben habe, war ich immer der Auffassung, daß die Bestimmungsmensur ein lächerliches Überbleibsel antiquierter Studentenromantik sei, das weder einen Beweis persönlichen Mutes noch einen Ausdruck irgendeines Standesbewußtseins darstellen könne. Im Gegenteil, ich hielt diese Einrichtung und besonders die Folgen: die zerhauenen Gesichter, für einen der am meisten in Erscheinung tretenden Gründe der Entfremdung zwischen Akademiker und Arbeiterschaft. Ein Gesichtspunkt, den ich mehr als einmal durch Unterhaltungen mit Arbeitern schon in meiner Studentenzeit bestätigt fand, wie ich, umgekehrt bei Auslandsreisen, insbesondere in Amerika, das mit Schmissen bepflasterte Gesicht des deutschen Akademikers immer als das Zeichen des schon vor dem Weltkrieg so unbeliebten preußischen Assessorismus abgelehnt fand.

In Professorenkreisen fand ich nur wenig Eingang. Die Großstadtuniversität hat diese Möglichkeit sehr gelockert, da bei dem Übergangebot von Studenten die Professoren fast nur mit ihren engeren Schülern und Seminarbesuchern persönliche Beziehungen aufnehmen konnten. Die Zeit fehlte den meisten, vielfach auch die Räume und Mittel, um neben den sonstigen gesellschaftlichen Verpflichtungen auch noch persönliche Beziehungen zu solchen Studenten zu pflegen, von denen man als Dozent nichts wußte und nichts wissen konnte.

Gelegentlich kam ich in das sehr gepflegte Haus des internationalen Privatrechtlers Neumeyer[37], dessen kultivierte Frau es sehr gut verstand, sich mit jungen Semestern zu unterhalten. Auch sonst fand ich manchen geselligen Anschluß in Münchener Familien, so in dem Haus des Antiquitätenhändlers Drey, der eine Weltfirma betrieb und eine mit erlesenen Kunstgegenständen angefüllte Wohnung besaß, in der allerdings seine hübsche Tochter Edith keineswegs als Antiquität wirkte. Manchesmal habe ich mit dieser jungen Dame, die ich in Tübingen als Frau des Privatdozenten Franz Gutmann[38], eines Knappschülers, wieder treffen sollte, dort und anderweits getanzt. Lustige Abende führten mich gelegentlich mit dem unverwüstlichen Ludwig Thoma, mit Gulbransson, Thoeny, und manche *Simplicissimus*-Größe zusammen[39]. In diesen Kreis wurde ich durch Hugo Elsas eingeführt, der damals, da der *Simplicissimus* in Stuttgart gedruckt wurde, häufig dort als Strafverteidiger für die Redakteure vor allem in Majestätsbeleidigungsprozessen tätig war.

Die Odeonbar, Kathi Kobus, und ein kleines italienisches Restaurant waren der Schauplatz solcher Zusammenkünfte, die meinerseits mit viel Zurückhaltung wahrgenommen werden mußten, da mein Onkel Hugo bei allem Wohlwollen, das er mir durch das Mitnehmen bewies, doch entscheidend Wert auf Distanzierung legte und schon das mir eingeräumte Mitdasitzendürfen als großen Gunstbeweis ansah.

Gelegentlich kam ich auch in den Kreis von Albert Langen, dem Schwiegersohn Björnsterne Björnsons, der mit Recht eine große Rolle spielte.[40] Denn abgesehen davon, daß er ein Mann von Geist, Unternehmungslust und großer Begabung war, verfügte er auch über die erforderlichen Mittel.

Auch Wedekind habe ich da gesehen, und manche andere Münchener Berühmtheiten hier und dort, vor allem im Kaffee Größenwahn, irgendwie einmal gestreift: Roda Roda, mit der berühmten roten Weste, Kurt Aram, Kurt Eisner und Mühsam, beides damals die echten Schwabinger, von denen eigentlich niemand wußte, wovon sie lebten, und denen niemand den Ehrgeiz, eine politische Rolle spielen zu wollen, zugetraut hätte[41].

Doch mit 18 Jahren will man nicht nur den Weg der offiziellen Einladung gehen, man will auch selbst erleben. Tanzgelegenheiten gab es ja in und um München herum genug, einerlei ob es Fasching war oder nicht. Mancher Sonnabend und Sonntag wurde während des Winters vertanzt, der Salvatoranstich auf dem Nockerberg wurde mitgemacht, die Bürgerbräu-Thoma-Löwenbräuredouten besucht, mehr als einmal eine »Frasaise« und ein »Lancier« auf dem Bal Paré im Deutschen Theater gedreht. Bei der Billigkeit der Preise für die allgemeine Lebenshaltung, der Miete und meinem damaligen Nichtrauchen war es durchaus gut möglich, mit dem heimatlichen Wechsel von RM 200 auszukommen, sportliche Liebhaberei zu treiben und mit einem anspruchslosen lieben Münchener Mädel auszugehen. Sekt brauchte man ja als Student im allgemeinen nicht zu trinken.

Ein besonders lustiges Erlebnis hatte ich einmal im Deutschen Theater, als sich mir ein lustiger Schwabe mit dem eigenen Namen vorstellte. Nachher stellte sich heraus, daß er aus Ludwigsburg und der unbekannte Sohn eines unbekannten Vetters war.

Die ausgiebige Pause zwischen den Semestern benutzte ich zu einer Reise nach Italien. Es war ein mir nie klar gewordener Unfug, daß die Semester offiziell am 15. Oktober und am 15. April anfingen und am 15. März bzw. 31. Juli endeten. Tatsächlich begannen die Vorlesungen in München nicht vor dem 2. November und endeten Anfang März, im Sommersemester begannen sie nicht vor dem 2. Mai und endeten am 10. oder 12. Juli, dazwischen lagen mindestens 8 Tage Pfingstferien! Diese Reise führte mich nach Venedig, Padua, Bologna, Parma, Florenz, Piacenza, Neapel, Pompeji, Messina, Paestum und Rom. Nach München zurückgekehrt, stand ich zunächst hinsichtlich des Studiums im Sommer 1909 unter dem Eindruck des vorangegangenen Wintersemesters. Die von mir belegte Stundenzahl an der Universität mußte eingeschränkt werden, wenn der Inhalt der Vorlesungen von mir nachher selbständig verarbeitet werden wollte. Nach meinem Vorlesungsbuch habe ich im Winter 29 Wochenstunden belegt – im Sommersemester ging ich auf 24 zurück. Dann entschloß ich mich, die wirtschaftlichen Fragen gegenüber den juristischen etwas stärker zu betonen, ohne den innerlich sich schon andeutenden Entschluß, mit der Juristerei als Hauptfach endgültig zu brechen, schon nach Hause mitzuteilen.

Mein Vater hing viel zu sehr an dem Gedanken, daß ich »Anwalt« werden solle, als daß ich mich von diesem Wunsch hätte befreien können und wollen. Dazu war ich auch noch nicht reif und selbständig genug geworden, um zu erkennen nach welcher Richtung meine eigene Begabung eigentlich drängte. Alle Dinge müssen reifen und werden außer durch ihre eigene Gesetzmäßigkeit vielfach noch durch Umstände bedingt, die sich der eigenen Beeinflussung mehr oder weniger entziehen. Außer der Umstellung im Studienplan, die ich so anbahnte, tat ich einen für die damaligen Verhältnisse ganz ungewöhnlichen Schritt: Ich belegte zwei seminaristische Übungen.

Der Vorlesungsbetrieb an den Universitäten, wie er damals herrschte, hatte sich so gestaltet, daß die meisten Dozenten nach einem genau festgelegten Lehrplan bestimmte Vorlesungen zu halten hatten, die bei der internen Verteilung mit ihren Fachkollegen dazu führten, daß innerhalb eines zwei-, manchmal auch viersemestrigen Wechsels die von den betreffenden Gelehrten hauptsächlich behandelten Fachgebiete gelesen wurden. Bei den älteren Dozenten wirkte sich dies mit nur allzuwenig Ausnahmen dahin aus, daß die zum Vortrag gelangenden Gegenstände genau umrissen waren und nach einem im Lauf der Zeit ausgearbeiteten Vortragsmanuskript »vorgelesen« wurden. Der Wert dieser Manuskripte war sehr ungleich, da es Dozenten gab, die ihre Manuskripte ständig überarbeiteten, andere sich begnügten, ihre Literaturübersicht zu ergänzen oder sonst einige neue Gesichtspunkte anzufügen. Stand erst einmal ein Kolleg fest und war der Inhaber des Lehrstuhls saturiert, so änderte sich vielfach an dem Inhalt der Vorlesung nichts mehr und die Kolleghefte, die irgendwann einmal von einem gewissenhaften Hörer angelegt worden waren, wanderten nicht selten weiter, ja in München, aber selbst in Tübingen, wurde damit sogar ein ziemlicher umfangreicher Handel betrieben. Nicht nur, daß Studenten untereinander solche Kolleghefte tauschten und kauften und verkauften, sondern auch Buchhandlungen oder sogar das »schwarze Brett« vermittelten diesen Tauschverkehr. Dazu kam, daß manche Dozenten sich darauf beschränkten, in ihren »Vorlesungen« lediglich Auszüge aus ihren Lehrbüchern vorzutragen, und der Vortrag dann sich auf Auszüge aus ihren eigenen Werken beschränkte. Der pädagogische Gesichtspunkt, durch die Lebendigkeit des Vortrages den Hörer anzuziehen und ihn zum selbständigen Studium weiterzuführen, wurde nur von wenigen »großen« Dozenten erkannt und durchgeführt.

Nach dieser Richtung war die juristische Fakultät in München zu meiner Zeit das Musterbeispiel dafür, wie sie nicht sein sollte. Es gab zwar eine Menge von Professoren von großem Ruf, aber sie waren mehr oder weniger so alt und ihr Ruf so fest begründet, daß sie es nicht mehr nötig hatten, sich um Form und Inhalt ihrer Vorlesungen zu kümmern. Im Königreich Bayern gab es einen Orden, der den persönlichen Adel und den Zusatz »Ritter« mit sich brachte. Hatte einer der Ordinarien eine oder gar beide dieser Auszeichnungen, so konnte man beinah mit Sicherheit annehmen, daß seine Verdienste in der Vergangenheit zwar außerordentlich groß sein mochten, aber seine Vorlesungen auch vom Geist der Vergangenheit erfüllt waren. Berühmt war der Witz über Lothar, Ritter von Seuffert[42] – (den Typ des eben beschriebenen Gelehrten, sogar noch ein guter Typ), der in seinen für die Vorlesungen bestimmten Manuskripten den Satz mehr als einmal stehen hatte: »an dieser Stelle pflege ich einen Witz zu machen!« und regelmäßig wenn er an diese Stelle kam, diese Selbstermahnung mit vorlas.

Dazu kam, daß die vielfach infolge der Unzulänglichkeit eines Teils der Räume leicht eintretende Überfüllung der Vorlesungen besonders bei Dozenten, die keine guten Redner waren, die Wirkung des vorgetragenen Wortes viel geringer werden ließ, als es die Wirkung des geschriebenen war.

Viele Dozenten, nicht nur in München, sondern auch an anderen Universitäten, ja wie ich später lernte, nicht nur Hochschullehrer, sondern auch viele sonst im öffentlichen Leben stehende Männer, wußten den Unterschied nicht zwischen einer »Rede« und einer »Schreibe«. Sie glaubten, das, was man sich zu Hause sorgfältig aufgeschrieben und ihnen beim Überlesen gefallen habe, werde sich ebenso gut auch zum mündlichen Vortrag eignen. Das Wesen des Vortrags oder der Vorlesung verlangt etwas ganz anderes als die Schreibe. Der Hörer – vor allem der junge Hörer – will den Eindruck gewinnen, daß eine lebendige Persönlichkeit aus dem Schatz ihrer Erfahrung, ihres Wissens vorträgt, also gewissermaßen in jedem Satz, in jedem Ausdruck, in jeder Geste etwas Persönliches spüren. Es kommt gar nicht so sehr auf das Letztausgefeiltsein an bei dem, was geboten wird, sondern auf den Eindruck, daß der Vortragende wirklich etwas zu sagen hat. Der so angeregte Student wird immer leicht und gern bereit sein, selbständig weiterzuarbeiten, nachzulesen, systematisch zu forschen. Wer jedoch im Kolleg nur strenge Systematik, möglichst mit viel Zahlen oder mit allzuviel geschichtlichem oder sonstigem Kleinkram belastete Kleinstkenntnisse – deren Bedeutung ich durchaus anerkenne –, vorliest, der wird in jedem Fach nur kleine pedantische Philologen züchten (hier im Sinne der Pünktchenkommentatoren gemeint), aber nicht Menschen, die in der Lage und gewillt sind, selbständig wissenschaftlich zu denken. Später habe ich nicht selten die Erfahrung gemacht, daß junge Privatdozenten oder außerordentliche Professoren viel bessere Dozenten waren, als die großen Universitätskanonen, die man eben »hören« oder zum mindesten belegen mußte, da sie ja gleichzeitig die Examinatoren waren.

Einen gewissen Ausgleich konnte man sich dadurch verschaffen, daß man in die seminaristischen Übungen ging, wo unter der Leitung eines Dozenten bestimmte Fragen entweder gemeinsam in freier Diskussion besprochen oder durch schriftliche, nachher zu besprechende Arbeiten oder durch mündliche Referate der Studierenden geklärt wurden, die nachher unter der Leitung des Dozenten von ihm und den übrigen Studenten des Seminars gemeinschaftlich besprochen wurden. Diese Form der Ausbildung hat mich sehr früh angezogen, da ich sie als besonders wichtig erkannte. Sie brachte einmal einen engeren Kontakt zwischen Lehrer und Studenten, aber auch unter den Studierenden selbst, zwang sie zu eigenem Arbeiten und zur eigenen Formulierung, da es ja keinesfalls anging, in schriftlicher oder mündlicher Ausarbeitung nur das etwa vom Dozenten vorgetragene Pensum wiederzukäuen. Auch das sonst für die Examensvorbereitung übliche mechanische Auswendiglernen von Vorlesungen oder von Büchern oder von sonstigen für solche Zwecke vorbereiteten Zusammenstellungen fiel hier weg, es war wirklich ein Weg, der zum selbständigen Arbeiten zwang und damit das eröffnete, was eigentlich der Zweck der Hochschulausbildung sein sollte: mit den wissenschaftlichen Hilfsmitteln und der jedem Fachgebiet eigenen Technik so vertraut zu werden, daß man auf der Grundlage logischer Durcharbeitung bestimmte Fragen selbständig durcharbeiten, d. h. darstellen, begründen und lösen kann.

Im Sommer 1909 belegte ich zwei solche seminaristische Übungen: eine juristische und eine volkswirtschaftliche. Die juristische waren Übungen im B.G.B. (Bürgerliches Gesetzbuch) für Anfänger, worunter man im allgemeinen die 4. und 5. Semester verstand, bei Claudius, Freiherrn von Schwerin[43]. Worüber ich im einzelnen gearbeitet habe, weiß ich nicht mehr, ich kann nur feststellen, daß von meinen Arbeiten eine »im ganzen gut«, zwei »im ganzen sehr gut« waren. Schwerin war damals junger Privatdozent, er ging später nach Berlin und über Straßburg nach Freiburg.

Das staatswissenschaftliche Proseminar wurde von Bonn[44] abgehalten, der sich wenige Jahre vorher in München habilitiert hatte und ungefähr 30 Jahre alt war. Es war »privatissime und gratis«, das heißt: es kostete keine Einschreibgebühr und wurde, da es von einem unbekannten Privatdozent gehalten wurde, nur von wenigen besucht. Bonn stammte aus einer Bankierfamilie in Frankfurt/Main. Er hatte damals über Irland und englische Kolonialpolitik gearbeitet und hatte sich aus einer südafrikanischen, englischen Kolonialfamilie eine Engländerin als Frau mitgebracht. Als wir 23 Jahre später zusammen im Kuratorium der Handelshochschule Berlin saßen, deren Rektor Bonn damals war und dem ich als Vertreter der Stadt Berlin angehörte, erinnerte ich ihn gesprächsweise daran, daß meine erste wirtschaftliche Arbeit über die »Bankenquete von 1908« unter seiner Leitung entstanden sei, und fügte lachend hinzu, es sei auch meine erste Arbeit über ein Thema gewesen, von dem ich nicht das geringste verstanden hätte, aber sie hätte mir doch ganz gut getan, denn sie habe mich gezwungen, etwas zu lesen, was ich sonst nicht gelesen hätte. Er gab mir ebenso lachend zu, daß er sich meiner sicherlich bedeutenden Leistung nicht mehr entsinnen könne, dagegen wisse er genau, daß ich sehr eifrig teilgenommen hatte.

Bonn fiel schon damals in München aus dem Rahmen, weil er äußerlich gut, etwas auf englisch, zurechtgemacht war und Auslandserfahrungen hatte. Er wurde später Dozent an der Handelshochschule in München, war während des Weltkrieges an mehreren amerikanischen Universitäten, 1919 Sachverständiger in Versailles und in den folgenden Jahren vielfach in der Reparationsfrage, seit 1920 an der

Handelshochschule Berlin tätig. Seine Arbeiten zeigen daher eine mehr als gewöhnliche Kenntnis der ausländischen Probleme und der ausländischen Literatur. Seine finanzielle Unabhängigkeit machte ihn manchen Kollegen suspekt. Ob, wie man gelegentlich behauptet hatte, seine Professoreneitelkeit stärker war, als die anderer, ist mir persönlich nicht bewußt geworden – im Verkehr mit mir und in dem nicht seltenen gesellschaftlichen Zusammensein während der Berliner Jahre habe ich jedenfalls keine solche Beobachtungen zu machen gehabt. Auch bei der Erörterung von Berufungsfragen innerhalb des Kuratoriums der Handelshochschule Berlin habe ich ihn nur als den weltoffenen Mann erlebt, der er schon als Dozent in München war. Nach 1933 ging er nach London, wo er eine Dozentur an der London School of Economics erhielt. Die völlige Beherrschung der englischen Sprache und seine durch seine Frau herrührenden englischen Beziehungen mögen ihm dies wesentlich erleichtert haben.

Neben dem Seminar besuchte ich bei Bonn dessen Vorlesungen über Probleme der Weltwirtschaft und die Lehre vom Geld und die Währungsfrage. Wenn ich auch über beide Fachgebiete niemals wissenschaftlich gearbeitet habe, so habe ich sie, angeregt durch diese ersten Studien, immer weiter verfolgt. Eine gründliche Einführung in das Bank- und Börsenwesen sowie in die Handels- und Verkehrspolitik bot die sehr gewissenhafte Vorlesung von Walter Lotz, der, ein Schüler von G. F. Knapp, neben Brentano das zweite Ordinariat bekleidete[45]. Väterlicherseits ein Nachkomme des Geheimen Konferenzrats Lotz, hatte er es nicht leicht, sich neben Brentano zu behaupten. Seine grundsolide Art verschaffte ihm jedoch auf dem Gebiet der Wirtschaftspolitik und der Finanzwissenschaft seine sehr geachtete wissenschaftliche Stellung. Sein Einfluß wurde durch die große Zahl seiner Schüler sehr weitreichend. Seine Lujo Brentano gewidmete Schrift über die Verkehrsentwicklung in Deutschland von 1800–1900 habe ich immer sehr geschätzt.

Den Höhepunkt bildete die Vorlesung Brentanos über Wirtschaftsgeschichte. Hier war ihm die Möglichkeit gegeben, die ihm im Blut liegende literarische Begabung in allen Farben vorzuführen. Urenkel Sophie von Laroches, Enkel von Maximiliane Brentano, Neffe von Clemens Brentano und Bettina von Arnim[46], gab ihm diese Vorlesung, vielleicht noch mehr als die über allgemeine Volkswirtschaftslehre, Gelegenheit, sich mit der klassischen Nationalökonomie wie mit modernen Tagesfragen auseinanderzusetzen. Immer war sein Weg selbständig, sein Urteil nur nach seinen eigenen Erfahrungen und Forschungen gebildet. Die geschichtliche Betrachtung lehrte ihn und uns, daß nur das möglich ist, was mit der Natur des wirtschaftenden Menschen übereinstimmt. Diese seine Grundauffassung wird auch gegenüber allen Forderungen vertreten, die einmal die vorbringen, deren Geist bei ihren Vorstellungen vom Seinsollenden, von Wünschen nach Rückkehr der Vergangenheit, die sie verklären, getragen wird, zum anderen die vertreten, die vom Glauben an unbegrenzte Fortschrittsmöglichkeiten getragen werden. Die eine wie die andere Entwicklung, die zur persönlichen Freiheit, wie die zur immer schärferen Ausbildung des Sondereigentums, sind getragen gewesen von dem Bedürfnis der fortschreitenden Kultur nach intensiverer Widmung von Produktivkräften und Produktionsmitteln an den Produktionszweck. Vom Standpunkt des einzelnen fällt dies zusammen mit dessen Streben nach immer größerem Reichtum.

Die gewaltsame Wegnahme von Land und anderen Gütern, die man begehrte, war die erste auf Erwerb gerichtete Tätigkeit bei allen Völkern. Aber nicht alle Völker waren widerstandsunfähig gegen Raub und Gewalt. Da trat der Handel als der jüngere Bruder des Krieges an dessen Stelle. Aber als solcher war er vom gleichen Geiste beseelt wie dieser. Aus dieser Einstellung behandelte Brentano die Geschichte der Wirtschaft, der in ihr zu Tage getretenen Theorien und die Geschichte des Kapitalismus. Übersteigerungen, wie die der puritanischen Theorie Max Webers, oder des ausschlaggebenden Einflusses des Judentums, die sich in Lombards Schriften ankündigten, lehnte er ab[47].

An juristischen Vorlesungen belegte ich Seuffert – Recht der Schuldverhältnisse, ein Kolleg, das ich wegen seiner Langweiligkeit bald nicht mehr besuchte, und Wenger[48], der über den allgemeinen Teil des B.G.B. las. Wenger, geborener Österreicher, war eben nach München berufen und sollte der Verjüngung der gänzlich überalterten juristischen Fakultät dienen. Er war ein grundgelehrtes Haus, dessen Spezialität Papyrusforschung war und der viel mehr darüber als über das B.G.B. sprach. Ich gestehe gern, daß mich auch dieses Kolleg nicht sehr fesselte, zumal draußen der Münchener Sommer lockte.

Freilich, meine sonst übernommenen Verpflichtungen erfüllte ich auch in dieser Zeit. Ich hatte irgendein mir nicht mehr in Erinnerung gebliebenes Amt der sozialwissenschaftlichen Gruppe der Freien Studentenschaft, das mich wöchentlich mindestens einen Abend zur Leitung von Zusammenkünften band. Hier lernte ich die im öffentlichen Leben so wichtigen Einrichtungen, wie: Eröffnung einer Versammlung, Leitung einer Diskussion, Geschäftsordnung und deren Handhabung, Rednerliste und Gruppierung der Redner, Schließung einer Versammlung, Dank an den Redner und ähnliche Dinge, zum erstenmal. Ich eignete mir bald eine große Gewandheit in solchen scheinbaren Äußerlichkeiten an, die doch eine so große Rolle im öffentlichen Leben spielen und deren souveräne Beherrschung mir im späteren Leben von unschätzbarem Vorteil werden sollte. Ich lernte auch auf diese Weise so manchen Redner, der an diesen Abenden gesprochen hat, näher kennen, als es sonst der Fall gewesen wäre, da ich häufig gezwungen war, einen Redner abzuholen oder zu empfangen oder ihn nach Schluß wieder in sein Hotel zu geleiten. Den meisten Abenden folgte noch ein gemütliches Zusammensein. Da lernte ich, daß dies häufig viel wichtiger war, als das offizielle, und daß es viele Menschen gibt, die im kleineren Kreis mehr aus sich herausgehen als vor der größeren Öffentlichkeit.

Die Auseinandersetzungen in der Freien Studentenschaft um ihren eigenen Organisationszweck und, mit der übrigen Studentenschaft, um die studentische Gesamtorganisation führten mich praktisch an die Probleme der Organisationsfreiheit, ihrer Grenzen und des Organisationszwanges heran, und ich habe mich später oft, besonders als Vorsitzender des Arbeitgeberverbandes Deutscher Gemeinden, an die Problemstellung der Studentenjahre erinnert. Was wir in München und später an anderen Hochschulen erlebten, was in Weimar und innerhalb des Freistudentischen Bundes mit der ganzen Leidenschaft der Jugend immer wieder erörtert wurde, war nichts anderes als die Frage, wie weit eine auf der Grundlage der Freiwilligkeit entstandene Bewegung wie die freistudentische von einem bestimmten Entwicklungsstadium ab ohne die Hilfe einer größeren Organisation – also in ihrem Fall der *civitas academica* oder des akademischen Senats oder des Hochschulstatuts – zu einer Gesamtorganisation sich fortbilden konnte. Waren unsere Versuche und Diskussionen über dieses Thema sicherlich oft höchst unvollkommen, jugendlich und ohne genügenden Einblick in die für die andere Seite bestehenden Möglichkeiten, so führten sie doch die unmittelbar interessierten Studenten an die Grundfragen der Organisationsprobleme der Wirtschaft des kaiserlichen Vorkriegsdeutschland heran, da ja im Grunde genommen in allen Arbeitnehmer- wie Arbeitgeberverbänden diese Problematik der Organisationsfreiheit oder des Organisationszwanges innewohnte.

Darüber hinaus kamen wir jungen Studenten an Probleme der Hochschulreform. Instinktiv spürten wir, daß es an einer Einrichtung fehlte, berühmte oder bedeutende Dozenten aus anderen Fakultäten als der eigenen zusammenfassend über die Fragen ihres engeren Fachgebietes einmal sprechen zu hören und so einen persönlichen Eindruck zu gewinnen. Zwar konnte man sich damit helfen, daß man in fremde Kollegs gelegentlich hineinging – »ein Kolleg schinden« hieß der studentische Ausdruck dafür. Ich selbst machte davon insoweit Gebrauch, daß ich zu Medizinern, Kunsthistorikern, Philosophen lief. Insbesondere bei Lipps[49] habe ich häufig geschunden. Aber dies war ein nicht erwünschter Notbehelf, denn einmal konnte man bei einer unerwarteten Kontrolle erwischt werden, zum anderen erhielt man beim Schinden fast nie einen vernünftigen Platz, endlich aber war es natürlich reiner Zufall, was man gerade vorgesetzt bekam, und es entstand so häufig ein falscher, zumindestens ein ganz unzulänglicher Eindruck.

Diese Vorlesungen, planmäßig veranstaltet, entsprechen einem tatsächlichen Bedürfnis, auf der anderen Seite nützen sie natürlich auch dem Ansehen der veranstaltenden Organisation. Bei den Professoren waren anfänglich viele große Hemmungen zu überwinden: das Neue, eine ihnen nicht bekannte studentische Organisation, der Zwang, häufig in gemieteten Räumen sprechen zu müssen, die unbekannte Hörerschaft, die Unmöglichkeit zu wissen, was man bei den Zuhörern voraussetzen dürfte, wirkten vielfach abschreckend. Aber es ging, wenn auch auf die Einladungen Absagen kamen, sobald einmal der Bann gesprochen war. Ja, es gab Abende, wo selbst Korporationen mehr oder weniger geschlossen an solchen Veranstaltungen teilnahmen. Sehr rasch kam so das Problem, wie weit sich der Student mit politischen Fragen beschäftigen sollte, ob es erwünscht sei, die Vertreter der großen politischen Parteien über die Grundsätze ihrer Partei sprechen zu lassen, ob es erwünscht, zweckmäßig, von den Hochschulbehörden zu gestatten sei, einem Sozialdemokraten vor Studenten Redemöglichkeit einzuräumen. Alle diese Fragen wurden in verschiedenen Gremien vorerörtert, und die Diskussionen darüber, alle mit jugendlichem Temperament durchgeführt, waren für die Teilnehmer lehrreicher, als sie es zunächst selbst ahnen konnten.

Von München angefangen haben mich diese Fragen immer wieder beschäftigt. Ich bejahe die politische Unterrichtung der Studenten aufs stärkste und bejahe auch die Frage der Veranstaltung der Vorträge von Parteiführern aller Richtung, von den Antisemiten bis zu den Sozialdemokraten. Es erschien mir sinnlos, den jungen Akademiker von diesen Fragen fernzuhalten, den jungen Juristen, der in wenigen Jahren Recht sprechen sollte oder Verwaltungsbeamter sein würde, den jungen Theologen, der in einer Arbeitergemeinde Pfarrdienst leisten sollte, den jungen Mediziner, der in Arbeiterhaushalte gehen sollte, von den geistigen Anschauungen dieser Kreise fernzuhalten. In Bayern, wo die übersteigerte Zuspitzung der politischen und sozialen Gegensätze, wie sie das Preußen des Dreiklassenwahlrechts aufwies, fehlten und wo, ähnlich wie in Württemberg, sowohl das allgemeine Wahlrecht zu dem Einzellandtag als auch der die Spitze bildende Monarch, die Handhabung der Verwaltung der Polizei, des Vereins- und Versammlungsrechts und die allgemeine demokratische Grundeinstellung der Bevölkerung weniger scharfe Gegensätze sich hatten entwickeln lassen, war es auch leichter, in diesen Fragen voranzukommen. So gab es in München manche Veranstaltung, die sich wenige Monate später in Berlin als undurchführbar erwies.

Wilhelm Ohr war in vielen Fragen ein guter und zuverlässiger Berater, auch Gerlich hatte mancherlei Beziehungen, die diese Dinge durchzuführen erleichterten. Besonders interessierten mich die Arbeiterunterrichtskurse, die an sich an die von meinem Vater viele Jahre betriebene Förderung der allgemeinen Volksbildung durch Büchereien, Vorträge und Ähnliches anknüpften. Wie konnte man von der Arbeiterschaft eine Bejahung des Staatsgedankens erwarten, wenn sie vom Staat nichts anderes sah, als die allgemeine Wehrpflicht und den Steuerzettel des Staates oder der Gemeinde? Zwar hatten viele Gewerkschaften der verschiedenen Richtungen Aus- und Fortbildungskurse für ihre Mitglieder eingerichtet, auch Theatereinrichtungen geschaffen und Ähnliches versucht. Aber das waren doch in ihrer grundsätzlichen Einstellung Schöpfungen der Selbsthilfe.

Mir gefiel der Gedanke, durch junge Akademiker an die Arbeiterschaft heranzukommen, ganz außerordentlich, nicht in der Absicht, sie irgendwo politisch zu beeinflussen, sondern um ihr zu zeigen, daß es genug Gemeinsamkeiten gäbe, die durch das Zerrbild, das man sich über den deutschen Studenten und insbesondere auch über den Korpsstudenten machte, ausgelöscht schienen. Ich erkannte, daß man ein besseres Verhältnis zwischen Akademiker und Arbeiterschaft nicht diktieren oder verordnen könne, sondern daß dies in ernster Arbeit gesucht und gefunden werden, also im eigentlichen Sinne des Wortes erarbeitet werden müsse. Sobald ich das Bestehen einer entsprechenden Einrichtung in München feststellte, habe ich mich diesen Bemühungen angeschlossen. In allen meinen Hochschulstädten habe ich immer diese Kurse aktiv gegeben, auch nach Abschluß meiner Studien. In München hatte ich noch nichts zu bieten als Rechtschreibung und Stenografie. Der Unterricht fand in einer Münchener Volksschulklasse in einem schlecht erleuchteten Schulraum vor Menschen statt, die tagsüber ihrer Arbeit nachgegangen waren. Es war der merkwürdigste Stenografieunterricht, der je irgendwo gegeben wurde. Denn um die müden Menschen für ihre Arbeit zu interessieren, ging ich von der ersten Stunde dazu über, Fragen zu stellen über die Bedeutung von Worten, die geschrieben werden sollten. Solche Worte wurden gemeinsam besprochen – meine jungen unterrichtsmäßigen Erfahrungen von der Universität wandelte ich um: Ich sorgte dafür, daß der Inhalt der Worte, ihre Erklärung, ihr Sinn, von den Leuten selbst erarbeitet wurde. Ich diktierte also nicht stumpfsinnig oder erläuterte nicht einfach schematisch die stenografischen Zeichen, sondern deutete darüber hinaus mit meinen Kursteilnehmern selbst auch die sachliche Bedeutung der zu schreibenden Worte. Ich hatte mit meiner Methode das merkwürdige Ergebnis, daß – während in den meisten anderen Kursen die Teilnehmerzahlen nach einiger Zeit zurückgingen – ich in der zweiten Hälfte mehr Zuhörer hatte als am Anfang, da jedesmal ein oder mehrere Neue mitgebracht wurden.

Von aller Vortragstätigkeit, die ich in meinem Leben ausgeübt habe, hat mich keine mehr befriedigt als die in den Arbeiterunterrichtskursen. Gewiß habe ich nicht immer Stenografie unterrichtet. Später kamen auch andere Fächer: einfache Volkswirtschaftslehre, Staatsbürgerkunde, einfache juristische Belehrung, aber immer war es die leichte opferbereite Zuhörerschaft, die so dankbar für ein Eingehen auf ihren Interessenkreis, auf die Sorgen ihres täglichen Lebens war und so aufnahmefähig und bereit, sich aufklären und belehren zu lassen, wenn man ihnen in ihrer Sprache die Zusammenhänge und Anschauungen vermittelte. In vielen Fällen habe ich es erlebt, daß die Kursteilnehmer nach Schluß

113

der Stunde, obgleich sie müde genug waren, nach mehr verlangten oder noch baten, mich in einer persönlichen Frage sprechen zu dürfen. Diese zusätzliche Ratserteilung, in kein Schema gepreßt, sondern von einfachen Menschen erbeten und auf rein menschlicher Grundlage erteilt, hat mir mehr Freude bereitet als alle Kneipabende zusammen, die ich vielleicht als Erstchargierter in einer Korporation hätte erleben können. Nie habe ich einen Abend ausfallen lassen, es sei denn, was aber selten vorkam, ich sei einmal durch Krankheit verhindert gewesen.

Die gleiche Dankbarkeit habe ich in Berlin, in Tübingen und Reutlingen gefunden, gerade aus diesem Ort erhielt ich noch jahrelang Briefe von einzelnen Kursteilnehmern, die mich in allen möglichen Lebensfragen angingen. Mein Wunsch ging immer dahin, es sollte ermöglicht werden, daß sich an einer derartigen Entwicklung die ganze Studentenschaft beteiligte. Aber dazu war die Zeit nicht reif, wohl auch das Mißtrauen auf der anderen Seite zu groß.

Das Bild der Münchener Zeit wäre nicht abgerundet, wollte ich nicht etwa erwähnen, daß ich ein eifriger Theaterbesucher war. In der Oper habe ich viele große Aufführungen gesehen, mit Mottl[50] als Dirigenten und den großen Stars der Münchener Hofbühne. In den Kammerspielen und im kleinen Haus des Hoftheaters sah ich die zeitgenössischen Werke, von denen mich am meisten und am nachhaltigsten Ibsen anzog und fesselte. Kurz vor dem Schluß erlebte ich zum ersten Mal eine Reinhardt-Aufführung[51], die während einer Münchener Festspielwoche stattfand. Schillers Räuber – meisterhaft inszeniert, unübertrefflich dargeboten, packten mich aufs tiefste in ihrem hinreißenden jugendlichen Überschwang. Mit diesem Eindruck im Herzen ging der Münchener Sommer zu Ende.

2 Studium in Berlin 1909–1911
Hängebodenschlafraum – Im Reichstag

Schöne Tage im Graubündnerland, Hochtouren, Aroser Rothorn, Weißhorn, am Julier, Gletschertouren von Pontresina aus, endigend mit einer herrlichen Besteigung des Piz Palü, bildeten den Übergang zum Wintersemester, das mich nach der Reichshauptstadt führte. Mein Vater hätte gern gesehen, daß ich nach Leipzig gegangen wäre. Aber ich weiß nicht, an dieser Stadt hat mich nie etwas angezogen. Zwar war die damalige Juristenfakultät dort die berühmteste und Binding, Sohm und Wach bildeten ein weithin leuchtendes Dreigestirn.[52] Aber die Abneigung gegen die Stadt und der heimliche Wunsch, die großen Nationalökonomen zu hören, zogen mich mächtig nach Berlin. Da auch mein Freund Staub, den meine Eltern bei einem Besuch in Cannstatt kennengelernt hatten, dorthin ging, setzte ich meinen Wunsch zu Hause durch.

Berlin war mir fremd, obgleich ich einmal als Dreizehnjähriger da gewesen war. Aber außer den Knabenerinnerungen an eine Parade vor dem Kaiser auf dem Tempelhoferfeld, an die Linden, das Zeughaus und den Tiergarten wußte ich nicht mehr viel von diesem Aufenthalt.

Meine Übersiedlung begann mit einer Enttäuschung und dem Kennenlernen eines mir bis dahin unbekannten Problems: nämlich der studentischen Wohnungsfrage. Diese lag sehr schwierig. Das Angebot an Zimmern wurde in der Universität an einem bestimmten Teil des »Schwarzen Brettes« angeschlagen. Man zog sich die Anschriften der Zimmer heraus, die einem theoretisch zusagten, und zog dann los. Aus den Anschlägen war natürlich nicht ersichtlich, ob das Zimmer etwa in der Zwischenzeit schon vermietet war oder nicht. Auch sonst waren die Angaben meist recht unvollständig. Außerdem bestand als Hauptwerbemittel für freie Zimmer der Aushang von entsprechenden Schildern an den Häusern und der Anschlag an den Dachrinnen, die auf der Straßenseite an den Häusern hinabliefen.

Zunächst ging ich in das eigentliche Studentenviertel zwischen Bahnhof Friedrichstraße und Grenadierstraße. Was ich da an Zimmern sah – in Vorderhäusern, Gartenhäusern, Hinterhäusern – war verheerend. Die Zimmer waren alle gleich lieblos, zumeist mit der längst vergangenen Pracht verblichener Plüschmöbel eingerichtet. Oft fehlten die primitivsten Einrichtungen und Gegenstände. Das Klosett war häufig nicht auf der Etage. Hängeböden wurden angeboten. Einmal ein Waschtisch, bestehend aus einem alten Stuhl, auf dem ein verbogenes Blechbecken stand. Dafür bot eine wenig bekleidete *filia hospitalis* alle ihre wenig verhüllten Reize etwas zu offensichtlich mit an – alles war im Preis von RM 25 oder 30 mit inbegriffen. Aus Erkundigungen erfuhr ich, daß eigentlich alle Zimmer als verwanzt galten.

Mein Freund Staub ging die eine Straßenseite ab, die andere ich. Nach einigen Stunden trafen wir uns völlig erschöpft und niedergeschlagen. Nachmittags machten wir noch einen Versuch in dieser Gegend, die übrigens meist von Medizinern bewohnt war, da deren Institute und viele der großen Kliniken in der Nähe lagen.

Der Tag verlief ohne Ergebnis, aber wir kamen zu dem Entschluß, es in einer anderen Gegend zu versuchen, lieber etwas mehr zu bezahlen und die Kosten für die Stadtbahn zu tragen. So gingen wir am andern Tag nach dem Westen.

Auch dort suchten wir lange. Die Zimmer waren bedeutend besser imstande. Auch da mußten wir straßenweise suchen, bis wir schließlich in der Bleibtreustraße ordentliche Zimmer bei ordentlichen Vermieterinnen, im gleichen Haus, aber auf verschiedenen Stockwerken fanden. Zwar fehlte, außer ein paar Bäumen in der Straße der nahe Park, der in München so schön gewesen war. Aber der Savignyplatz bot wenigstens den Anblick einer Grünfläche. Schließlich gewöhnte ich mich so an die Gegend mit ihren guten Einkaufsmöglichkeiten und Verbindungen zur Stadt und zu allen Theatern, daß ich während meiner ganzen Studienzeit dort wohnen blieb. Sommer 1910 und Wintersemester 1910/11 in der Kantstraße, Sommer 1913 in der Grolmanstraße 51 unmittelbar beim Savignyplatz.

In der Kantstraße war es ein schönes Zimmer, bei dem ich mich rasch an die Nähe und das gleichmäßige, Tag und Nacht nicht verstummende Geräusch der Stadtbahn gewöhnte. Die Vermieterinnen, zwei Schwestern, waren Schneiderinnen. Durch einen Zufall bemerkte ich, daß nicht selten in meiner Abwesenheit mein gut eingerichtetes Zimmer, in dem auch ein großer Spiegel stand, zum Anprobieren benutzt wurde. Ich drückte jedoch beide Augen zu, und die Vermieterinnen wußten bis zu meinem Auszug nicht, daß ich die »Doppelexistenz« meines Zimmers bemerkt hatte. Sie waren höchst erstaunt, als ich ihnen beim Auszug davon Mitteilung machte.

In der Grolmanstraße, wo ich nach Abschluß meiner Tübinger Studien wohnte, hatte ich außer meinem Arbeitszimmer noch ein kleines davon abgetrenntes Schlafzimmer. Neben mir wohnte dort eine bildhübsche Rumänin, die an der Hochschule für Musik Gesang studierte. Sie war von einer dicken und fetten Mutter fürchterlich bewacht, aber trotzdem einem gelegentlichen Schwatz hinter dem Rücken der

Mutter nicht abgeneigt. In dieser Wohnung, die eine Witwe als Vermieterin hatte, schlief die Vermieterin in dem berüchtigten Berliner Hängeboden, einem zwischen dem Erdboden und der Decke angebrachten Verschlag, den man mit einer tagsüber beseitigten Leiter erstieg. Kam ihre Mutter zu Besuch, was nicht selten der Fall war, so schlief eine der Frauen in der Küche auf dem Fußboden. Dieser in Berlin gerade in den besseren Wohnungen des Westens allgemein vorhandene Hängeboden diente damals regelmäßig den Hausangestellten als Schlafgelegenheit. Beim Kampf um die Beseitigung sozialer Mißstände dieser Berufsgruppe hat dieser Hängebodenschlafraum eine große Rolle gespielt, und der Kampf um ihn spielte in der Lösung der in Berlin sehr schwierig gewordenen Dienstbotenfrage eine große Rolle. Diese Wohnung verfügte auch über eine Badegelegenheit. Natürlich bestand dafür eine genaue Einteilung, wann jeder einzelne Mieter sie jeweils benutzen durfte.

Im großen ganzen hatte ich aber mit meinen Zimmern Glück, sie waren alle, was in Berlin eine ziemliche Seltenheit war – übrigens auch in den anderen Universitätsstädten – wanzen- und ungezieferfrei. Mit den Mitmietern hatte ich wenig oder gar keine Berührung. Eine unangenehme, mit einem Russen in der Kantstraße, ist mir in Erinnerung geblieben. Dieser hatte sich Bebels »Frau und der Sozialismus« von mir ausgeliehen. Ich sah das Buch nie wieder. Da es eine Jubiläumsausgabe war, die 50. dieses einst so heftig umkämpften, jetzt längst vergessenen Buches, habe ich mich lange darüber geärgert.

Die Unterbringung meiner von Semester zu Semester anwachsenden Bibliothek und deren Transport von einer Wohnung zur anderen und von einer Universitätsstadt zur anderen machte mir überhaupt mehr als einmal Schwierigkeiten. So einfach wie in München war es nirgends. Dort hatte nämlich an jeder wichtigen Straßenecke, vor allem im Universitätsviertel, ständig ein Dienstmann mit einer roten Mütze seinen Platz. Dieser war für alle, auch wirklich jede Art von Dienstleistungen zuständig. Es war eine richtige Altmünchener Einrichtung, genau wie die weichenstellenden Straßenbahnfrauen, deren Töchter oft als Wassermadeln gingen, und den berühmten Abortfrauen, die im Münchener Hallendialekt ergötzliche Lebensweisheiten vor und nach Benützung ihrer Einrichtung – besonders im Fasching – von sich zu geben pflegten. In Berlin war dieser Transport von Wohnung zu Wohnung oder zum Bahnhof immer viel komplizierter, und man mußte sich schon gut auskennen, um jeweils den billigsten Weg zu finden.

Waren meine persönlichen Erfahrungen mit der Lösung der Wohnungsfrage nicht ungünstig, so habe ich oft genug beobachtet, wie völlig unzulänglich viele Studenten hausen mußten. Dies hatte zur Folge, daß viele an der Budenangst erkrankten, richtig erkrankten, das heißt, daß es in dem einzigen Raum, der ihnen zur Verfügung stand, so ungemütlich war, daß sie immer ausgehen wollten oder mußten. Viel trug außer der Unzulänglichkeit der Räume, auch die Schwierigkeit des Heizens dazu bei. Denn im Mietpreis war die Heizung nicht mit eingeschlossen. Die Zahl der in den Häusern vorhandenen Zentralheizungen war gering. Es gab in der Regel nur Öfen, die der Berliner Übung entsprechend mit Briketts geheizt wurde. Die Briketts wurden vom nächstgelegenen Kohlenhändler gekauft und in das Zimmer geliefert. Man kaufte sie fünfzig oder hundert stückweise. Da ein besonderer Raum zur Aufbewahrung nicht zur Verfügung stand, mußten sie entweder in der Küche – für jeden Mieter getrennt – oder im Zimmer selbst gelagert werden. Ebenso das zum Anzünden erforderliche Holz. Die Aufbewahrung in der Küche führte naheliegenderweise meist zur

Mitbenutzung durch die Vermieterin oder einen anderen Mieter, der sich gelegentlich einmal etwas auslieh, ohne es je zurückzugeben.

Die Einlagerung im Zimmer selbst war noch das kleinere Übel, obgleich auch da die Vermieterin es als ihr unbestreitbares Jagdrecht betrachtete, sich selbst mitzuversorgen. Man konnte aber nicht viel dagegen sagen, da dies ortsüblich war.

In die Miete miteinbezogen war üblicherweise das Frühstück, das in der Regel aus Kaffee, Milch, Zucker, 2–3 Schrippen oder Knüppeln und Butter bestand. Von zu Hause kam meist Marmelade. Abends konnte man sich Teewasser geben lassen oder sich auf dem unentbehrlichen Spirituskocher selbst bereiten. Das Mittagessen nahm ich meist in der Stadt in der Nähe des Universitätsviertels ein. Da gab es die bekannten Lokale zwischen der Friedrichstraße und der Leipziger Straße. Oft, und keineswegs nur im letzten Drittel des Monats habe ich mit Bekannten bei Aschinger im 1. Stock reichlich und gut gegessen. Den Zeitungshändler, der uns da belieferte, traf ich zwanzig Jahre später wieder, er war in der Zwischenzeit zu Kempinski in die Leipziger Straße übersiedelt. Dieses Lokal hatte den Vorteil, daß der sonst in Berlin noch vielfach übliche Trinkzwang wegfiel. Auch in den vegetarischen Speisehäusern, die damals aufkamen, bestand kein Trinkzwang, was von sehr vielen Studierenden und mir als Annehmlichkeit empfunden wurde. Häufig habe ich auch im Hotel Atlas an der Weidendammer Brücke gegessen. Bei besonderen Anlässen ging es zu Kempinski oder Habel, mal auch in ein Hotel-Restaurant, mehr als einmal abends nach dem Theater zu einer schweren Nach- und Nachtsitzung zu Lutter und Wegener, wo E. T. A. Hoffmann und Devrient ihre Stammkneipe gehabt haben[53]. Bei väterlichem Besuch kam man auch in Lokale, die man sonst nicht zu betreten pflegte, wie Borchardt oder Pelzer oder Horcher oder ähnliche.

Einen besonderen Höhepunkt bildete im Sommer 1910 einmal ein Mittagessen im Hotel Adlon, wo ich mit meiner Cousine May und einer ihr von Gastspielen in New York bekannten Berliner Künstlerin, Fräulein Emmy Destinn, speiste. Ich war jedoch noch zu jung, um die ganze Schönheit dieser sehr eleganten und gefeierten Frau zu verstehen, bei der der Legende nach der kaiserliche Vater und der kronprinzliche Sohn mehr als einmal unfreiwillige Begegnungen erlebt haben sollen.

Abends nahm ich in der Regel das Essen zu Haus. Der notwendige Bedarf wurde in der Nachbarschaft eingekauft. Brötchen, Butter, Wurst, Schinken, kalter Braten, eine in Berlin damals überall bei den Fleischern bestehende Einkaufsmöglichkeit, die mir aus Süddeutschland nicht bekannt war, und Salate oder die mit Recht so beliebten sauren Gurken, die Lübben und der Spreewald in unerschöpflicher Menge zu liefern pflegten, bildeten die wesentlichen Bestandteile der eigenen Verpflegung. Im Sommer aß ich auch viel in den Ausflugslokalen um die Stadt herum. Sehr beliebt war damals Treptow mit dem Eierhäuschen, wo man sehr hübsch saß und tanzen konnte, Südende, Halensee, Grunewald.

Ich brauchte lange, um mich an die norddeutsche und die Berliner Landschaft zu gewöhnen. Der beginnende Oktober, in dem ich gekommen war, war wenig geeignet, sich an die Herbheit der märkischen Seen und Wälder zu gewöhnen, wenn man wie ich in den herrlichen Laubwäldern der Umgebung Stuttgarts und der Schwäbischen Alb oder den grünen Schwarzwaldtannen sich jahrelang ergangen hatte. Die Sehnsucht nach den Bergen Bayerns und Tirols war groß, die Ebene mit ihrer Weite war mir neu, und ich brauchte lange, bis ich den Schlüssel zu ihr fand. Aber nach einiger Zeit söhnte ich mich mit den Wäldern um Berlin herum aus, besonders nachdem ich die Gegend um Erkner, Friedrichshagen und um Müggelsee entdeckt hatte.

Der Zug nach dem Westen, an die Havel und den Wannsee, war damals noch nicht so stark, da die Verkehrsverhältnisse noch nicht so entwickelt waren wie später. Es fehlte hier, wie im ganzen Straßenbild der Stadt, noch der Autobus und das Auto, das erst allmählich zahlenmäßig aufkam. Die Straßenbahn wurde zwar nach einigermaßen einheitlichen Gesichtspunkten betrieben, jedoch herrschte noch vielfach Rücksichtnahme auf die, meist übersteigert empfundenen, besonderen Bedürfnisse der einzelnen noch selbständigen Gemeinden. Manche Stadtteile, die heute auch räumlich ganz mit der Gesamtgemeinde Berlin verwachsen sind, zeigten damals noch besondere Merkmale. Charlottenburg führte ein eigenes kulturelles Dasein, hatte auch, durch Zuwendungen reicher Bürger begünstigt, sein eigenes Stadttheater, das jahrelang, abgesehen von den beiden königlichen Theatern, das einzige öffentliche Theater Berlins bildete. Hierin, und in das sehr gute Schillertheater, kam ich häufig. Das nahe Kaffee Kutschera, das in seinem damaligen Zustand eine gewisse Ähnlichkeit mit Münchener Kaffeehausleben hatte, spielte für mich eine große Rolle. Es war recht geeignet zu nächtlichen Diskussionen.

Der Pferdeomnibus war noch ein gemütliches Verkehrsmittel. Auch die Droschken »erster« und »zweiter Jüte« spielten im Straßenbild eine große Rolle. Die Untergrundbahn war noch kein sehr beliebtes Verkehrsmittel, ihr Netz noch nicht sehr entwickelt. Pferdeomnibus und Untergrundbahn waren in Privatbesitz. Auch einige Straßenbahnen waren in privaten Händen. Daß mir einmal das Großberliner Verkehrswesen manche Sorgen bereiten sollte und die finanzielle Neuorganisation durch mich durchgeführt werden würde, ließ ich mir auch nicht träumen. Mein Hauptverkehrsmittel war die Stadtbahn, auf deren Strecke Charlottenburg–Friedrichstraße ich fast immer eine Monatskarte besaß. Je nach der Jahreszeit fuhr ich zweiter oder dritter Klasse, wobei das letztere für die Korporationsstudenten als nicht standesgemäß galt. Glücklicherweise hatte ich keine derartigen Rücksichten zu nehmen und richtete mich lediglich nach meinen eigenen Bedürfnissen.

In den wohlhabenden Familien wurden vielfach noch Wagen und Pferde gehalten. Das private Auto kam erst langsam auf. Da es nur ganz große Wagen gab, gab es einen Typ des Herrenfahrers zunächst nur selten.

Die zahlreichen in Berlin durch Kommandierung befindlichen Offiziere bevölkerten den Tiergarten mit schönen Reitpferden oder ritten mit ihren Damen im Grunewald. Gelegentlich kam ich mit einem Pferd aus dem Tattersall[54] des Westens zum Reiten. Vielfach durchzogen mustergültige Reitwege die Stadt. So erinnere ich mich, daß den ganzen Kurfürstendamm entlang ein schöner Reitweg die Verbindung zwischen Tiergarten und Grunewald herstellte. Der Kaiser und dessen Söhne ritten ebenfalls im Tiergarten spazieren, so daß hier die Reitwege besonders gepflegt waren. Die kaiserliche Familie sah man gelegentlich in einem großen Mercedes, angekündigt durch ein Trompetensignal »Tatü-Tata«, das – dem Kaiser vorbehalten – alle auf sein Kommen aufmerksam zu machen pflegte. Sobald der Kaiser ausfuhr, ritt oder sonst sich vom Schloß entfernte, wurden die Schutzmannsposten Unter den Linden und den von ihm passierten Straßen vervielfacht. Die Bevölkerung begrüßte den Monarchen stets durch Hutabnehmen, Damen der besseren Gesellschaft durch tiefe Verbeugungen. Es gab aber auch genügend Menschen, die oft auch eine leer vorbeifahrende Hofkutsche mit tiefster Reverenz begrüßten. Die Schutzmannschaft hatte zweifellos einen schwierigen Dienst, bei den sich häufig ändernden Ausfahr- oder Ausreitdispositionen des Kaisers immer rechtzeitig zur Stelle zu sein. Ihre Tonart der Bevölkerung gegenüber unterschied sich sehr wesentlich von der seit 1919 herrschenden, sie war zumeist barsch, anschnauzend, vielfach auch aufgeregt. Besonders die berittene Schutzmannschaft, die bei Straßenabsperrungen eine große Rolle spielte, trat sehr anmaßend auf. Die Pferde waren darauf dressiert, mit ihrer Rückseite die Leute zurückzudrängen. Nach meinen Beobachtungen ist es dabei nicht immer glimpflich zugegangen.

War der Kaiser im Schloß, so wehte die kaiserliche Standarte darauf. Verließ er das Schloß auch nur für kurze Zeit, so wurde sie eingezogen. Der Berliner Volkswitz, damals noch vertreten durch die im Straßenbild häufig beobachteten Schusterjungen, die, frech und vorlaut ihre zum Abliefern bestimmten Offiziersstiefel an Strippen um den Hals baumeln lassend, überall dabei waren, wo etwas los war, und gleich mit ihrer kessen Tonart eine schnoddrige Formulierung für das neueste Ereignis zur Hand hatten, pflegten zu sagen: »Hängt der Lappen raus, ist der Lump zu Haus!«

Bei der großen Anzahl der Kaiserlichen Prinzen war eigentlich in der Innenstadt – Linden, Tiergarten – immer etwas los und zu sehen. Über manche der Prinzen, vor allem den Kronprinzen und den Prinzen Eitel Friedrich, waren zahllose Gerüchte im Umlauf, besonders über ihre jeweiligen Beziehungen zu Frauen. Mich interessierten diese Dinge gar nicht, da es mir völlig gleichgültig war, was sich in diesen Sphären abspielte.

Kam der Kaiser oder die Kaiserin zufällig des Weges, den ich gerade ging (mein Weg von und zu der Universität führte mich über die Linden), so grüßte ich, weil es mir selbstverständlich erschien, das Staatsoberhaupt und seine Gattin zu grüßen. Dagegen bin ich nie besonders gelaufen oder irgendwo hingegangen, um Kaisers zu sehen. Der Hof zog selbstverständlich viele Menschen nach Berlin. Insbesondere im Winter kam der märkische, ostelbische und schlesische Adel mit seinen Damen nach Berlin. Soweit die Besucher über keine eigenen Stadtwohnungen verfügten, wohnten sie in den großen Hotels der Innenstadt, seltener im Westen in einer der später so vielfach eingerichteten großen Pensionen. Es gab bestimmte Hotels, die in Adelskreisen eine große Rolle spielten. So das Hotel Continental und der Russische Hof, im ersteren wohnte ein großer Teil des ostelbischen Agraradels. Auch das Hotel de Rome Unter den Linden, das da stand, wo später das Schenkerhaus errichtet wurde und aus dem jahrelang am Sonnabend dem alten Kaiser Wilhelm eine Badewanne über die Straße in seine Wohnung mittels eines Handwagens geführt wurde, war ein beliebter Aufenthalt des Hochadels. Im Straßenbild konnte man dann in den Nachmittags- und Abendstunden die farbenprächtigen Uniformen sehen, die damals für Theater und Besuche bei Hof oder sonstigen großen Festen getragen wurden. Es gab immer genug Neugierige, die einen Blick in die ihnen verschlossene Welt werfen wollten und glücklich waren, wenn sie wenigstens Unter den Linden etwas zu sehen bekamen. Vor den großen Hotels, vor den Botschaften, dem Schloß standen immer Menschen herum, die sich glücklich schätzten, eine nicht geläufige Uniform oder gar das reizende Bild einer jungen Komtesse zu sehen, die zum erstenmal mit dem väterlichen, als Kammerherr festlich mit Orden und Ehrenzeichen behängten Begleiter zum Hofball fahren durfte.

In der Innenstadt konzentrierte sich fast der gesamte Fremdenverkehr. Bei Tag und in den Abendstunden war

Kranzler immer mit Fremden überfüllt, ebenso gehörte zum Besuch Berlins das Mittagessen bei Kempinski in der Leipziger Straße, wo man für billiges Geld bestimmte Delikatessen – der Jahreszeit entsprechend – bekam, nach Berliner Begriffen einen guten Mosel oder Rotspohn trank und gleichzeitig sah und gesehen wurde. Gerade infolge der verhältnismäßigen Billigkeit der einzelnen Gerichte und der freien und außerordentlich großen Auswahl an Gebotenem summierten sich die Rechnungen trotzdem ganz hübsch. Die Innenstadt war auch der Hauptvergnügungsplatz bei Nacht. Was am Tag Uniform getragen hatte, ging bei Nacht in Zivil. Der Damenverkehr war aber nicht geringer als bei Tag – allerdings anders zusammengesetzt.

Der »Straßenbetrieb« hatte zeitweise außerordentliche Formen. Wenn im Februar der Bund der Landwirte zusammentrat, um seine sich immer wiederholenden Klagen über die Notlage der Landwirtschaft loszulassen, die im Übrigen in schroffem Gegensatz zu dem gleichzeitig einsetzenden gesteigerten Sektverbrauch standen, so pflegten nach Ansicht des Berliner Volkswitzes die Fleischpreise auf der Friedrichstraße zu steigen. An jedem Haus, an jeder Straßenecke, die ganze Friedrichstraße entlang, aber weit über die Stadtbahn hinüber und ins Universitätsviertel hinein, Unter den Linden, teilweise auch auf der Leipziger Straße, vor allem auch in der Nähe der großen Fernbahnhöfe, standen die Damen der Straße, mehr oder weniger schön aufgemacht, mehr oder weniger jung, um ihre Einladungen mit Blicken, Worten und dem ewigen Gruß: »Guten Abend, Herr Doktor« oder dem deutlich einladenden »Bubi, komm mit!« stundenlang, während vieler Nachtstunden, zu wiederholen. Die Polizei wollte oder konnte nichts dagegen unternehmen. Auch in vielen in der inneren Stadt gelegenen Kaffeehäusern herrschte ein ähnlicher Betrieb, der zweifellos auf den männlichen Teil der zahlreichen Fremden eine starke Anziehung ausübte. Wer jedoch Gelegenheit hatte, bei Tage diese Schönheiten zu bewundern, der wurde so abgeschreckt, daß ihn auch das trügerische Bild im Lichte der Gaslaternen nicht mehr anzuziehen vermochte. Der Besuch von Lokalen durch alleinstehende Damen ohne männliche Begleitung war damals fast unmöglich. Wer allein ausging und sich zu bestimmten Zeiten in dieser Gegend allein in Lokalen sehen ließ, der wollte eben Anschluß. Die großen Tanzlokale in der Innenstadt, die damals aufkamen, das Palais de Dance und ähnliche, die alle durch ihre Aufmachung anzogen, waren nichts anderes als große Frauenmärkte. Der Barbetrieb befand sich in seinen ersten Anfängen. Der Kurfürstendamm begann erst um 1910, der inneren Stadt Konkurrenz zu machen, als der Drang nach dem Westen ihn als Wohnviertel erschlossen hatte und ihn dann allmählich zu einem neuen Vergnügungsviertel werden ließ.

Wer als Student wie ich im Westen wohnte, kam abends nur in die Innenstadt, wenn er in ein Theater oder ein Konzert ging oder Besuch aus der Provinz hatte. Provinz hieß alles, was nicht seinen ständigen Wohnsitz in Berlin hatte. Natürlich gab es bei diesem Begriff viele Abstufungen, aber es bildete sich so etwas wie ein Gemeinschaftsgefühl der ständig in Berlin Wohnenden heraus, auch wenn sie sonst gute Charlottenburger, Wilmersdorfer oder Steglitzer waren. Das eigentliche Berlin, immerhin eine Stadt mit rund zwei Millionen Einwohnern, war der Kern, um den sich die selbständigen, damals eifersüchtig darüber wachenden Gemeinden scharten. Je weiter vom Alexanderplatz nach Osten, Norden oder Süden entfernt, desto weniger wurde dem Fremden dieses Berlin der Arbeiterwohnungen und der Arbeit bekannt. Das waren für die meisten »böhmische Dörfer«, ohne daß jemand gewußt hätte, daß dieser Name einmal einer Siedlung böhmischer Emigranten eigentümlich gewesen war. Rixdorf, das später in Neukölln umgetauft wurde, galt als wildes Apachenviertel, weil es die Heimat des sogenannten Rixdorfer war, eines etwas wilden Tanzes, an dessen Einzelheiten ich mich jedoch nicht mehr erinnern kann. Grunewald, Wannsee, Zehlendorf und Dahlem, wo eben das Arndtgymnasium mit seinem großen Internat für die Söhne des märkischen Landadels gegründet war, waren der Inbegriff der Vornehmheit, der für seine Bewohner die großen Vorteile bot, daß sie die niedrigsten Gemeindesteuern bezahlen mußten, da sich dort die reichen Leute in zunehmendem Maße anzusiedeln pflegten.

Mich führte mein Weg oft in die Gegend des unbekannten Berlins, in die Ackerstraße, in die Seitenstraßen des Alexanderplatzes, nach der Jannowitzbrücke, nach der Frankfurter Allee, nach der Landsberger Straße, wo ich die Einfachheit des Berliner Arbeiters, seine Sehnsucht nach kleinbürgerlichem Dasein, nach einem Kleingarten und Eigenhäuschen kennenlernte. Die Wohnverhältnisse waren teilweise erschreckend, mir aus den süddeutschen Großstädten ganz fremd. Die Ackerstraße ist ein in der Wohnungsliteratur eingegangenes Beispiel für deutsche Slums, ebenso das jetzt abgerissene Scheunenviertel hinter dem Alexanderplatz. Daß einmal der Sohn eines kleinen Budikers aus der Köpenicker Straße eine der interessantesten politischen Figuren des neuen Deutschlands werden sollte, hat Gustav Stresemann[55] in seiner Jugend auch nicht ahnen können. Auch manches nicht allgemein besuchte Lokal habe ich bei diesen Streifzügen mehr als einmal aufgesucht: den Strammen Hund, eine berühmte Verbrecherkneipe in der Nähe der Karlstraße, wo es mittags ganz kleinbürgerlich und ehrbar, aber nachts weniger gemütlich zuging, und manche Kneipe in der Grünstraße oder sonst um den Alex herum. Auch im Nachtasyl der Heilsarmee, im städtischen Obdachlosenheim in der Mulackstraße, bin ich nächtigenderweise gewesen, zusammen mit meinem leider im Weltkrieg gefallenen Studienfreund Hermann Molkenthin[56], der ebenfalls ein eifriger Freund von Besuchen im unbekannten Berlin war und seine Eindrücke journalistisch zu verwerten pflegte. Wir machten uns für solche Unternehmen entsprechend zurecht. Obgleich rein arischer Abstammung – wie man seit 1933 sagen würde –, hatte er kohlpechrabenschwarzes Haar und schwarze Augen, wie ich sie nie mehr bei einem Mann gesehen habe. Von stürmischem Temperament, von einer hinreißenden Beredsamkeit erfüllt, war er der geborene Journalist und Politiker. Er stammte aus kleinen Verhältnissen und mußte sich seinen Lebensunterhalt überwiegend selbst verdienen. Er arbeitete für die damals viel gelesene *Calwerschen Wirtschaftsberichte* und schrieb auch sonst, wo er eben etwas verdienen konnte. Er war leidenschaftlicher Sozialist. Ich erinnere mich, daß wir einmal eine ganze Nacht zwischen Kantstraße und Hardenbergstraße um das gleiche Viereck gingen. In stärkster, von Stunde zu Stunde steigender Erregung stritten wir über Karl Marx und seine Lehre, den wir damals gemeinsam zu lesen und durchzuarbeiten angefangen hatten.

In der Erregung übertrieben wir gegenseitig unseren Standpunkt, um den andern zu reizen. Seine Diskussionsgabe war glänzend, er hatte sofort den schwächsten Punkt bei jedem Satz heraus und verstand es, zum Gegenstoß anzusetzen. Aber genau wie er sich zu solchen nächtlichen Diskussionen wunderbar eignete, genau so konnte er sich im Strammen Hund mit Zuhältern über deren Lebenskreis ergehen. Sein journalistischer Ausweis verschaffte ihm fast überall Zutritt. Begeisterter Deutscher, wäre er eine Persönlichkeit großen Formats für die deutsche Politik geworden, hätte nicht ein früher Tod im Weltkrieg sein Leben beendet. Er schrieb schon als Student eine blendende Feder, nur seine Handschrift war äußerst schwierig zu lesen, lauter stark nach rechts geworfene Buchstaben, in großer Flüchtigkeit geschrieben, so daß leicht zu erkennen war, daß seine Gedanken dem technischen Ausdrucksmittel der Schrift weit vorauseilten. Seine nur wenig bekannt gewordenen lyrischen Gedichte waren von einer seltsamen zarten Schönheit und standen mit seinem kämpferischen Einsatz in starkem Widerspruch. Zweig[57], der später ein berühmter Dichter geworden ist, und er lasen sich manchmal in meiner Gegenwart vor. Man hatte bei Molkenthins Temperament mehr als einmal das Gefühl, eine Flamme brenne in ihm und wartete nur darauf, daß sie aus ihm herausbreche. Als ich zwei Jahrzehnte später das Buch Stefan Grossmanns »Chefredakteur Roth führt Krieg« und darin die Beschreibung des Flammenmenschen las, mußte ich immer wieder an Molkenthin denken, auf den diese Bezeichnung glänzend zutraf[58]. Auch er war einsam, aber dem Freunde erschloß er sich, besonders in der Dunkelheit, die ihm viele Hemmungen nahm. Molkenthin verfügte häufig über Theaterkarten, die auch sonst durch eine studentische Stelle für die meisten Theater zu ermäßigten Preisen bezogen werden konnten. So kam ich während dieser Zeit häufig in fast alle Berliner Theater.

Die beiden Hoftheater waren streng nach den Wünschen oder Befehlen des kaiserlichen Herrn ausgerichtet. Herr von Hüelsen[59] hat es sicherlich schwerer gehabt als eine Kollegen in Dresden, München und vor allem in Stuttgart, wo der seinem preußischen Namens- und Nummernvetter sehr unähnliche Wilhelm II. ein sehr kunstfreudiger Fürst war und an seinen Theatern jedes moderne Stück aufführen ließ, einschließlich Bernhard Shaw, der natürlich am Berliner Hoftheater als Sozialist streng verpönt war, und einschließlich Otto Erich Hartlebens »Rosenmontag«, für den in Preußen der Oberste Kriegsherr Besuchsverbot an die Offiziere ergehen ließ, was die natürliche Folge hatte, daß die Theaterfreudigen unter ihnen eben in Zivil in das private Theater gingen, das die Aufführung wagte[60]…

Mein politisches Interesse war ganz außerordentlich… Als ich zum erstenmal im November 1909 den damals noch ohne die berühmte Aufschrift stehenden Wallotbau betrat, hatte ich das Empfinden, einen besonders wichtigen Tag zu erleben[61]. Allein, der Zutritt gestaltete sich nicht so einfach, wie ich angenommen hatte. Man mußte sich entweder vorher im Büro des Reichstages eine Zuhörerkarte verschaffen, was aber zeitraubend war, oder man mußte durch das Portal 2 herein, um dort mit vielen anderen zu warten, dann seine Karte hinaufschicken zu einem wenigstens dem Namen nach bekannten Abgeordneten, um durch diesen einen Platz auf der Zuhörertribüne zu erreichen.

Jede Fraktion bekam durch das Büro des Reichstages eine bestimmte, der Fraktionsstärke entsprechende Kartenzahl. An großen Tagen, das heißt, wenn eine große Interpellation angekündigt oder mit Sicherheit zu erwarten war, daß der Reichskanzler sprach oder sonst ein bedeutendes Mitglied der Regierung, waren auch diese Karten schwer zu erhalten, da die kleinen Fraktionen – aber auch bei den großen war es nicht viel anders – ihre Karten meist schon vergeben hatten oder für auswärtige Besucher zurückhielten. Bei der an sich beschränkten Anzahl von Plätzen war es daher für in Berlin Ansässige gar nicht einfach, zu einer bestimmten Sitzung eine Karte zu erhalten. Ich ließ mir durch meinen Onkel Hugo Elsas, der Landesvorsitzender der »Deutschen Volkspartei« in Stuttgart war (süddeutsche Volkspartei wäre richtiger gewesen), eine Einführung an verschiedene Mitglieder dieser kleinen, später in der »Fortschrittlichen Volkspartei« aufgegangenen Gruppe geben und hatte bald zu mehreren dieser Abgeordneten so gute Beziehungen, daß ich verhältnismäßig leicht Zutritt zu Sitzungen des Plenums erhielt. Württemberg war im Reichstag, der 1907 neu gewählt worden war, mit 17 Abgeordneten vertreten. Davon waren 3 beim Bauernbund, der damals mächtig aufkam, 7 Volksparteiler, 2 Nationalliberale, 1 Sozialdemokrat und 4 Zentrumsabgeordnete. Fast alle lernte ich im Lauf der Zeit kennen.

Unter den 1907 neu gewählten Abgeordneten befand sich Friedrich Naumann, der im Wahlkreis Heilbronn den bisherigen bauerbündlerischen Abgeordneten Dr. Wolff[62] in der Stichwahl geschlagen hatte. Es war ein merkwürdiger Zufall, daß gleichzeitig mit ihm Stresemann und der sozialdemokratische Abgeordnete Dr. Ludwig Frank[63] zum erstenmal ein Reichstagsmandat erhielten. Naumann, mit dem ich in Berlin häufig zusammenkam, war von Beruf Pfarrer gewesen und dann mehrere Jahre lang am Rauhen Haus in Hamburg, in den 90er Jahren bei der Inneren Mission in Frankfurt/Main. Ursprünglich aus dem Kreise Stöckers[64] hervorgegangen, hatte er sich in der »Hilfe« ein eigenes Organ geschaffen, das eine Vereinigung des nationalen und sozialen Gedankens vertrat. Aus dem gleichen Kreis war von ihm die nationalsoziale Vereinigung gegründet worden, die sich von den bestehenden liberalen Gruppen durch die starke Betonung des sozialen Gedankens unterschied. Naumann hatte rasch die Stöckerschen Schlacken abgestreift und war durch seine publizistische Tätigkeit in immer weiteren Kreisen bekannt geworden. Württemberg verhalf ihm, der durch seine hinreißende Beredsamkeit und die Wucht seiner Persönlichkeit gerade auf die Jugend einen starken Eindruck machte, zu seinem ersten Mandat.

Er rang in Wort, Schrift und Rede unablässig um die

Arbeiterschaft, zu deren wirtschaftlicher und politischer Befreiung er unter Ablehnung des Klassenkampfgedankens, aber auch des manchesterlichen »Laissez aller«[65], die Wandlung der inneren Gesinnung der Unternehmer wie der Arbeiterschaft forderte. Sein starkes Ethos, das aus jedem Wort, noch mehr jeder Geste, auf den Zuhörer bezaubernd wirkte, weil jeder fühlte, daß vor ihm ein Mann stand und sprach, dem es bitter ernst war, wirkte vor allem auf die Studenten. Nachdem ich ihn öfter gehört hatte, wußte ich, daß dieser Mann ein wirklicher Führer war, dem sich anzuvertrauen meinen innersten Empfindungen entsprach. Er gab dem Kaiser, was des Kaisers war, und dem Volk, was sein werden mußte. Von Jahr zu Jahr sich neuen und weiteren Problemen zuwendend, übte er auf meine eigene politische Entwicklung einen starken Einfluß aus, lange bevor ich mich parteimäßig gebunden oder gar betätigt habe. Wo er sich betätigte, wirkte er anregend und befruchtend. Der soziale Kongreß stand jahrelang unter dem Einfluß seiner starken Persönlichkeit. Der Form im Alltag wieder Sinn zu geben, die Freude ins Haus zu bringen, die Umgebung, die Einrichtung der Arbeiterwohnung aus ihrer Geschmacklosigkeit zu befreien war ihm ebenso wichtig, wie die qualitative Leistung der Industrie zu heben und zu steigern. Der Werkbund verdankte ihm wesentliche Anregungen und Inhaltsbefruchtung.

Einerlei, ob er über Demokratie und Kaisertum sprach oder schrieb, ob über die Notlage der Heimarbeiter, um deren Schicksal im Thüringer Wald, in Schlesien oder im Erzgebirge oder in Berlin er sich sorgend annahm, gleichgültig ob er über die Notwendigkeit der Umgestaltung des Wahlrechts in Preußen sprach oder über auswärtige Politik – man spürte die Ehrlichkeit seiner Überzeugung, die Gradlinigkeit seines Wesens immer wieder heraus. Dabei war er von Haus aus kein überragender Redner, er hatte sogar vor jeder Rede sein ganzes Leben lang Lampenfieber, aber stand er erst einmal am Rednerpult, dann verfügte er über die Gabe, auch die schwierigste Lage so anschaulich zu formulieren, so plastisch zu gestalten, daß jeder gefangen war von Form und Inhalt. Im kleinen Kreis ging er ganz aus sich heraus, hier wirkte der Zauber seiner Persönlichkeit am stärksten. Ich habe ihn einmal im Sommer 1910 erlebt, als vielleicht 20 oder 25 Studenten, unter ihnen auch der mir gut bekannte Neffe Naumanns, Rade[66], Sohn des bekannten Marburger Theologen, bei einer Bowle in einem Berliner Haus versammelt waren. Da war er so jung und ausgelassen wie jeder von uns und gab sich ganz der Jugend hin, bis er plötzlich anfing zu sprechen und ins Feuer geriet und über die Schönheit der Jugend und ihre Verantwortung der Nation gegenüber und über ihre soziale Verpflichtung und Bindung unvergeßliche Worte sprach.

Im Haus meines väterlichen Freundes Albrecht Guttmann[67] in Charlottenburg fand ich ihn wie ein Kind gerührt, als das Meisterwerk Max Liebermanns[68], Naumann als Redner wiedergebend, aufgehängt wurde. Dies Bild hält ihn fest mit der für ihn so bezeichnenden Geste der leicht erhobenen Hand, während des Sprechens die Finger leicht auseinanderspreizend. In dem Bild steckt so viel Bewegung, daß man beim Ansehen glaubt, Friedrich Naumann spreche nur zum Beschauer und stehe lebend vor ihm. Als viele Jahre später der Haushalt Guttmanns nach dessen Tode aufgelöst werden sollte, habe ich mich bemüht, das Bild nach Württemberg und nach Heilbronn zu bringen. Aber auch Peter Bruckmann[69] war es nicht möglich, in Heilbronn die erforderlichen Mittel aufzubringen – ich glaube es waren 6000 RM. Das Bild ging dann nach Hamburg, wo es in der städtischen Kunsthalle aufgehängt wurde. Ich habe es manchmal dort aufgesucht und die Erinnerung an Naumann heraufbeschworen. Was später aus dem Bild geworden ist, ist mir nicht bekannt.

Zu den in Württemberg gewählten Abgeordneten gehörten Conrad Haußmann und Friedrich Payer[70]. Haußmann, dessen Zwillingsbruder Friedrich[71] während der württembergischen Verfassungsreform 1906 plötzlich verstorben war, gehörte ebenso wie Payer gleichzeitig dem württembergischen Landtag an. Haußmanns Wahlkreis war Balingen-Tuttlingen, den er seit 1890 im Reichstag vertrat. Er war ungefähr im Alter meines Vaters. Aus einer alten demokratischen Familie stammend, der Sohn eines Mannes, der mit Ludwig Pfau und Robert Mayer den *Beobachter* gegründet hatte, war er die lebendige Verkörperung des demokratischen Gedankens süddeutscher Prägung[72]. Ein ausgezeichneter Volksredner, schwäbisch im Ausdruck, ein Feind alles Reaktionären, der Anwalt, der sich als Anwalt fühlte, und wirklich ein Anwalt, ein Walter von Volksinteressen war. Aber daneben spielte er auch im Salon und im literarischen Zirkel eine bedeutende Rolle. Seine Stärke waren seine Briefe, von denen ich später, nach seinem Tod, durch seinen Sohn Robert und seinen Schwiegersohn Göser, viele lesen konnte und die in ungeheuer reizvoller Weise den Eindruck parlamentarischer und politischer Situationen widerzuspiegeln verstanden.[73]

Von ganz anderer, viel schwererer Art war Friedrich Payer, oder richtiger von Payer, da er bei seinem Ausscheiden aus dem württembergischen Landtag, dessen Präsident er von 1895 an gewesen war, mit dem entsprechenden Orden den persönlichen Adel erhielt. Payer, der Sohn des Universitätspedellen von Tübingen, war ein Jahr vor der Revolution des Bürgertums geboren. Uhlands[74] Geist hatte ihn wohl in seiner Jugend stark beeinflußt. Wie so viele Schwaben, hatte ihn sein Weg durch das evangelische Seminar in

Blaubeuren geführt. Von Universitäten hatte er nur Tübingen besucht. Nach dem Ende des deutsch-französischen Krieges wurde er Rechtsanwalt in Stuttgart und wurde durch den Zusammenbruch der Stuttgarter Volksbank bekannt, kam wohl auch so in die Politik. Zum erstenmal war er schon 1877/78 im Reichstag, dann wieder von 1880/87 und ununterbrochen von 1890 bis 1917. Er hatte im württembergischen Landtag eine große Rolle gespielt, zog sich ab 1912 ganz auf den Reichstag zurück, da er die Verlagerung des politischen Schwergewichts dorthin rechtzeitig erkannte.

Haußmann und Payer, so eng befreundet sie waren, so waren sie doch außerordentlich gegensätzlich. Haußmann, groß, stattlich, mit einem überhängenden Schnurrbart, lebhaft, temperamentvoll, ein Mann, bei dem alles zur Entladung drängte, sei es zur Rede oder zur Schreibe, Payer, schwer, gedrungen, mit einem gepflegten Vollbart, kein eleganter Redner, sondern ehe trocken, gar kein Schreiber – es gibt von ihm nur eine gedruckte Rede, über »50 Jahre Schwäbische Volkspartei« und Erinnerungen über seine Tätigkeit als Vizekanzler 1917/18. War Haußmann ein ausgesprochener Mann des Parlaments, wo er mit seiner starken forensischen Ausdrucksmöglichkeit große Wirkung hatte, so war Payer ein Mann des Fraktionszimmers, des Verhandlungstisches, der Verhandlungskunst. Hier lag, jedenfalls in der Zeit als ich ihm nähertreten sollte, seine Stärke. Beide entstammten dem Boden schwäbischer Demokratie, erdgebunden, wirklichkeitsnah, 1866 kleindeutsch und proösterreichisch, nach der Reichsgründung erst langsam ins Reich hineinwachsend, vor Bismarck[75] Achtung, aber keine Liebe zu ihm empfindend, da irgend etwas in ihm ihn immer wieder als Junker erscheinen ließ, erfüllt von dem Gedanken an den Einfluß der Parlamente in England und Frankreich und eine ähnliche Stellung auch für den Reichstag und die Einzellandtage in Deutschland anstrebend. Payer, der vorsichtige Mann des Abwägens, Haußmann, der stürmische, drängende, beide echte Schwaben, wobei bei Haußmann mehr der leichtere Ton und der lyrische Einschlag, bei Payer mehr der trockener Humor, die nüchterne Sachlichkeit, das positive Wissen vorherrschten. Beiden lagen mehr die politischen Probleme als die wirtschaftlichen und sozialen. Payers Frau Alwine, die auf ihren Mann vom häuslichen Stand aus durch ihre gesunde humorvolle Art einen starken Einfluß ausgeübt hat, sollte mir später während der Kriegswirtschaft sehr nahetreten. Sie war eine ganz prachtvolle Frau.

Ein Geschichtsschreiber müßte einmal die Ähnlichkeit der Wesenszüge von Friedrich List[76], Friedrich Theodor Vischer[77], Friedrich Payer und Gustav Schmoller darauf untersuchen, wieviel Wesensähnlichkeit dieser Männer im schwäbischen Stamme begründet war. Neigung zur Eigenbrötelei, Freiheitsdrang gebändigt durch staatliche Notwendigkeit, Achtung vor der Leistung des Einzelnen, Unabhängigkeitssinn, Selbständigkeit des Denkens und Handelns, Uneigennützigkeit, Ehrlichkeit der Gesinnung, Dickköpfigkeit und weltweites Denken. Lists Motto für sein größtes Werk, »La patrie et l'humanité«, scheinen mir für die besten der Schwaben des 19. Jahrhunderts wesentlich zu sein.

Durch Haussmann und Payer kam ich in der Folge regelmäßig und leicht in den Reichstag und lernte auch die übrigen volksparteilichen Abgeordneten kennen: den Kaufmann Schweickhard aus Tübingen, der später in Theodor Liesching einen so ausgezeichneten Nachfolger finden sollte, den Fabrikanten Hermann Wagner aus Calw, der der Nachfolger des Stadtpflegers Christian Wagner aus Stuttgart war, mit dem ich später manche liebe Not haben sollte, und den Rechtsanwalt Friedrich Storz, Vertreter des Wahlkreises

Ulm-Heidenheim, einer der wenigen demokratischen Abgeordneten, der sich eifrig um die Kolonialfrage bemühte und den ich in seiner Eigenschaft als Handelskammersyndikus auch manchmal im Haus meines Vaters treffen sollte[78].

Von den sonstigen württembergischen Abgeordneten lernte ich schon damals Karl Hildebrand[79] kennen, der als Redakteur der *Schwäbischen Tagwacht* jahrzehntelang Stuttgart im Reichstag sozialdemokratisch vertrat und ein sehr rechtlicher, ordentlicher Mann war. Nach 1918 war er eine ganze Reihe von Jahren württembergischer Gesandter in Berlin, bis 1924, wo er sich um die Vertretung der württembergischen Landesinteressen und derer der württembergischen Industrie mit Erfolg und Takt bemühte. Zu den württembergischen Abgeordneten gehörte auch seit langem Johannes Hieber[80], der der Vertreter meines Wohnortes Cannstatt (Wahlkreis Cannstatt-Ludwigsburg) war, nationalliberal, Präsident des evangelischen Bundes für Deutschland und in der württembergischen Unterrichtsverwaltung an wichtiger Stelle tätig, und Matthias Erzberger[81], dem Zentrum angehörend, dort auf dem linken Flügel, damals wohl einer der jüngsten Abgeordneten, schon bekannt wegen seines Fleißes und seiner zahlreichen Aufsätze zu allen möglichen Tagesfragen aus dem Etatrecht und dem Budgetwesen. Beide lernte ich damals nur flüchtig kennen, man stellte mich ihnen an der Stelle vor, wo eigentlich die großen politischen Fragen gelöst wurden: in der Wandelhalle. Dort konnte man meist mehr Abgeordnete sehen als im Plenarsaal, wohin man nur zurückkehrte, wenn die Abstimmungsglocke zusammenrief oder wenn ein großer Tag war, der kein Fernbleiben erlaubte.

Ich erinnere mich noch gut, daß ich August Bebel[82] dort gesehen habe, einen Mann von dessen ungeheurem Einfluß auf die Arbeiterschaft Deutschlands man sich dreißig Jahre später keinerlei Vorstellung mehr machen kann. Von den einen leidenschaftlich geliebt, von den andern ebenso abgelehnt, konnte man es dem feinen Gelehrtenkopf nicht ansehen, daß er der Führer der größten radikalen Partei Deutschlands war und daß er – trotz mancher Angriffe auch innerhalb seiner Partei – doch unumschränkter Beherrscher der sozialdemokratischen Parteitage war. Gelernter Drechsler, hat er sein Leben der politischen Arbeit gewidmet, erfüllt von den Gedanken Karl Marx' und Friedrich Engels'. Er hatte für seine Überzeugung gelitten, gekämpft, gehungert, er war verfolgt, landesverwiesen. Er glaubte an die Zukunft der Arbeiterschaft, glaubte aber auch an Deutschland, das er, wenn es gegen Rußland gehen sollte, noch im Alter mit der Knarre in der Hand zu verteidigen sich bereit erklärt hatte...

Viele Nachmittage habe ich im Reichstag zugebracht, statt im Hörsaal zu sitzen. Stundenlang habe ich Debatten der verschiedensten Art mit angehört und habe gesehen, wie sich durch Diskussionen Leute gegenseitig nicht überzeugen, aber wie sich die Meinungen darstellen lassen und welche Aufgabe der Regierungsbank zufällt.

Dies Ineinandergreifen von Gesetzgebung und Verwaltung, die Abgrenzung von Gesetzgebung und Verwaltung, die Grenzziehung zwischen Parteipolitik und Staatspolitik habe ich in diesem Anschauungsunterricht besser und viel vielfältiger kennengelernt als in allen Vorlesungen, weil ich alles mit ansah und erfahren habe, wie sich die Dinge, soweit sie nach außen sichtbar wurden, abspielten. Ich habe große Debatten mitgemacht: Über auswärtige Politik, über Handelsverträge, über Zölle, über die Polenfrage und vieles andere. Ich habe manche Debatte innerlich leidenschaftlich miterlebt und mich nie geärgert über die so oft beklagten Wiederholungen, höchstens darüber, was die Presse so häufig aus einer Rede machte, die vom reinen Parteistandpunkt aus ihr nicht gefiel und die man aus entgegengesetzten wirtschaftlichen Erwägungen nicht verbreitet haben wollte.

Ich habe den Fürsten Bülow mehr als einmal gehört, am eindruckvollsten in einer Rede gegen Korfanty[83], der ihm seine polnischen Forderungen mit glühender Leidenschaft entgegengeschleudert hatte. Delbrück[84], der meinem Vater so ähnlich sah, daß sie in Berlin und anderwärts mehr als einmal verwechselt wurden, Bethmann Hollweg[85] als Staatssekretär, der in seiner pedantischen Art nicht entfernt der elegante Redner wie Bülow war, aber über eine ungeheure Sachkenntnis auf dem Gebiet der Sozialpolitik zu besitzen schien. An Gewandtheit des Auftretens, an Eloquenz, an Begabung auf dem damals sehr schwierigen Instrument des deutschen Parlaments und des preußischen Abgeordnetenhauses, mit ihren gänzlich verschiedenen Parteiverhältnissen, den Fraktionen beider Häuser und dem Reichsrat gleichzeitig zu spielen, fehlte es ihm sicherlich von Anfang an. Er hat dies auch nie zugelernt. Bülow, elegant im Auftreten, elegant als Redner, als Debattierer, machte Außenpolitik mit mehr als gewöhnlicher Routine, vor allem mit einer außerordentlichen Kenntnis der in allen Ländern führenden Persönlichkeiten. Ihm war die Innenpolitik das Zusätzliche, in das er sich hatte einarbeiten müssen. Dies war einfacher, da trotz aller Kompliziertheit, die in den deutschen verfassungsmäßigen Zuständen begründet war, der innenpolitische Kreis leichter zu überschauen war, die in Betracht kommenden führenden Persönlichkeiten einfacher kennenzulernen waren.

Bei Bethmann war es gerade umgekehrt. Er kam aus der Verwaltung, war seinem Werdegang, seiner Laufbahn, seiner Verheiratung nach rein preußisch und rein innenpolitisch orientiert, ohne, zumindest zu Beginn seiner Kanzlerschaft, ein besonderes Maß von Vertrautheit mit den innenpolitischen Faktoren und den maßgebenden Persönlichkeiten der

Innenpolitik zu besitzen. Trug Bülow den Spitznamen »der Aal« im vertrauten Kreise, so hieß Bethmann »der Wurm«, beides nicht sehr schön, beides aber nicht uncharakteristisch. Der Unterschied im Temperament und der Unterschied in der Begabung waren offensichtlich.

Bülow war ganz Weltmann und als Diplomat sicher nie ganz ehrlich und zuverlässig. Bethmann war kein Weltmann und kein Diplomat, machte den Eindruck von Zuverlässigkeit, war es aber, wie Männer, die ihn kannten und auch bis zu einem gewissen Grade schätzten, nicht in allen Punkten, da er leicht umfiel und stark unter dem Einfluß dessen stand, der zuletzt bei ihm war. Bülow verkehrte mit seinem kaiserlichen Herrn gewissermaßen auf dem Fuß gesellschaftlicher Gleichheit, Bethmann hatte hier und im sonstigen Verkehr Hemmungen und Minderwertigkeitsgefühle, weil er sich im Grund unsicher fühlte. Bülow schürzte Knoten und konnte sie immer wieder entwirren, Bethmann verhedderte sich und wurde nervös als es ans Entwirren ging.

Aus dem Miterleben dieser politischen Eindrücke zog ich vielfache Anregung. Ich sah, wie die großen politischen Fragen sich auf die wirtschaftlichen Probleme auswirkten und umgekehrt, verfolgte in der Presse ebenfalls die politischen und wirtschaftlichen Vorgänge sehr aufmerksam und fand in einer Anzahl Vorlesungen während der drei Berliner Semester vielfache Anregung.

Immatrikuliert in der rechtswissenschaftlichen Fakultät, hörte ich im Wintersemester 1909/10 ein geistvolles Kolleg über Strafrecht bei Franz von Liszt[86], dessen soziale Erklärung des Verbrechens und dessen Bestreben, durch soziale Bestrafung Verbrecher dem sozialen Leben zurückzugeben, starken Eindruck auf mich machten. Sein Kolleg war anziehend und geistvoll, wenngleich es zum großen Teil sich nicht von seinem Lehrbuch des Strafrechts unterschied.

Gleichzeitig hörte ich bei Josef Kohler[87] den 3. Teil des BGB: Sachenrecht. Kohler, der größte Kohler an der Universität, nach mancher Formulierung sogar des Jahrhunderts, stand zu dem im Äußeren und im Vortrag gepflegten Liszt im völligen Gegensatz. An ihm war alles salopp, aber mit einem gewissen Anstrich von Genialität. Man muß ihn morgens schon in der Stadtbahn erlebt haben, wie er mit seinem großen Schlapphut auf seinen darunter hervorquellenden weißen Haaren die Stadtbahn stürmte. War es voll und man bot ihm einen Sitzplatz an, dann konnte man gelegentlich von ihm in ein Gespräch verwickelt werden, bei dem er meist fragte, was man sei. Sagte man dann, daß man Jurist sei und bei ihm höre, konnte ein Aufleuchten aus seinem klugen Auge eine Welle von Wärme verbreiten. Wiederholte sich dieser Vorgang am nächsten Tage, so wußte er natürlich nicht mehr, daß er 24 Stunden vorher die gleiche Unterhaltung mit einem geführt hatte. Mit Vorliebe komponierte er in der Stadtbahn, zog zu diesem Zweck ein Notenblatt aus einer Tasche seines im Gehen weithin wehenden Mantels und schrieb in einer höchst flüchtigen Schrift schwer entzifferbare Noten, auf den Knien das Blatt vor sich haltend. Auch an seinem Faustmanuskript arbeitete er nicht selten in der Stadtbahn, wie er überhaupt nie untätig sein konnte.

Badener von Geburt, hatte er in einem arbeitsreichen Leben über alle Dinge zwischen Himmel und Erde geschrieben, soweit sie mit Juristerei zu tun hatten oder mit ihr in Verbindung gebracht werden konnten. Seine Vorlesungen bestanden zum großen Teil aus Selbstzitaten und pendelten zwischen irdischen Rechtsfragen und Erinnerungen, wann er, gerade er, zum erstenmal den in dem und jenem Paragraphen enthaltenen Gedanken aufgebracht, erörtert oder zum erstenmal irgendwo literarisch behandelt habe. Diese Selbstzitate nahmen nicht selten das ganze Kolleg in Anspruch, so geistvoll dies auch sein mochte, konkret habe ich jedenfalls wenig bei ihm gelernt.

Die dritte juristische Größe, die ich hörte, war der alte Gierke[88], der mit einem mächtigen weißen Vollbart ausgestattet als Hauptgebiet deutsche Rechtsgeschichte und deutsches Genossenschaftsrecht las. Ich hörte, obgleich sein Vortrag nicht gerade sehr reizvoll war, eine inhaltsreiche Vorlesung über Urheber, Erfinder und Gewerberecht bei ihm...

Bei Conrad Bornhak[89], der damals als 50jähriger auf der Höhe seines umfassenden Schaffens war, hörte ich deutsche Verfassungsgeschichte im 19. Jahrhundert. Obgleich sie stark vom preußischen Standpunkt aus gesehen war und der Anteil der Paulskirche an der geistigen Entwicklung zu kurz kam, bot sie mir sehr viel, da sie den preußischen Standpunkt herausarbeitete und gleichzeitig Einblicke in die preußische Verwaltungsgeschichte vermittelte.

Besonders anziehend waren die Vorlesungen des alten Herrn von Martitz[90], der, äußerlich Kaiser Wilhelm I. in der Barttracht und im Gehaben ähnlich, ganz in dessen Art, vornehm, einfach, schlicht, ein kenntnisreiches Kolleg über die allgemeine Staatslehre und vergleichendes Staatsrecht sowie ein öffentliches über die Geschichte der politischen Theorien seit Aristoteles las. Als ich, nach damaligem Berliner Brauch, bei ihm antestierte, d. h. die Anmeldung der Vorlesung bei ihm vornahm und ins Anmeldebuch eintragen ließ und er dabei sah, daß ich gebürtiger Schwabe war, kam er in eine lange Unterhaltung über Tübingen, wo er lange und glückliche Jahre als Dozent verbracht hatte und von denen er bei der ersten und jeder späteren Anmeldung mir jedesmal erzählte, daß er in »seinem Tübingen« die glücklichsten Jahre seines Lebens zugebracht habe. Als ich 1913 ihn wieder aufsuchte und ihm erzählte, daß ich in der Zwischenzeit in Tübingen promoviert hatte, mußte ich ihm lange und einge-

143

hend von dort erzählen. Er liebte es wegen seiner persönlichen Erinnerungen an Stadt, Universität und Landschaft sowie an die Schwaben über alles. Seine Vorlesungen, die nicht allzu zahlreich besucht waren, da er als etwas veraltet galt, waren höchst stilvoll, sorgfältig vorbereitet, gepflegt wie der ganze Mann und atmeten etwas von dem leisen Duft vormärzlicher Luft und Erinnerungen. Sicherlich war er in der modernen Literatur nicht allenthalben auf der Höhe, aber um so mehr kannte er sich im 17. und 18. Jahrhundert aus und verstand es auch sehr reizend, persönliche Erinnerungen an Menschen und Erlebnisse mit dem seinem altväterlichen und patriarchalischen Wesen entsprechenden Ton einzuflechten.

Hatte ich bei den juristischen Vorlesungen schon stark das öffentliche Recht berücksichtigt, so setzte ich dabei die schon in München begonnene Entwicklung zu den Staatswissenschaften fort und ließ auch die reinen volkswirtschaftlichen Vorlesungen nicht zu kurz kommen. Noch las der Altmeister der deutschen Nationalökonomie: Adolph Wagner. Scharf gemeißelte Züge, ein mehr als einfaches Äußeres, beinah ärmlich gekleidet, setzte sich seine Exzellenz mit Kapitalismus und Sozialismus auseinander. Preuße von Scheitel bis zur Sohle, nur Preuße, war ihm der Sozialismus, soweit er durch den Staatsgedanken vertreten wird, Selbstverständlichkeit.

Der friderizianische Staatsgedanke, das Hingeben und die Hingabe an den Staat, das Aufgehen im Staat und die völlige Vorherrschaft des Staates auch der Wirtschaft gegenüber, vor allem im und durch das Steuersystem, waren ihm die wesentlichen Eigentümlichkeiten des Sozialismus, wie er ihn auffaßte, des preußischen Sozialismus. Marx und dessen Klassenkampftheorie scharf ablehnend, verfocht er aus ganz konservativer Gedankenwelt und Ethik die Notwendigkeit einer vom Staat geführten Verbesserung der wirtschaftlichen und sozialen Lage der arbeitenden Klassen und des notleidenden Mittelstandes. Die Bismarcksche Eisenbahn- und Wirtschaftspraxis hielt er in allen Teilen für richtig. Fast völlig erblindet, sprach Wagner frei, sehr rasch und nicht mit wechselnder Betonung, so daß der Vortrag etwas einförmig erschien. Las man seine Ausführungen zu Hause nach, besonders über die Finanzwissenschaft, so kam man erst nachträglich dahinter, wie viel Einzelwissen er vorgetragen hatte und wieviel Systematik in seiner Vorlesung enthalten war. Ich habe jedoch von seinen Vorlesungen weniger gehabt als vom Durcharbeiten seiner Bücher, die an Inhalt und Systematik meisterhaft waren und die ich später bei eigenen finanzwissenschaftlichen Studien erst in ihrer ganzen Bedeutung kennen- und schätzengelernt habe.

Merkwürdigerweise ging nach seinem Tode sein zur Lebzeit außerordentlicher Einfluß rasch zurück, selbst in der Finanzwissenschaft, seinem Hauptgebiet.

Stark angezogen fühlte ich mich von der temperamentvollen Persönlichkeit Max Serings[91], der wohl der beste Kenner deutscher und internationaler Agrarfragen und ebenso der Agrargeschichte war. Hatte ich bei Brentano die freihändlerische Auffassung in der ihm eigenen Prägung kennengelernt, so hörte ich bei Sering die Gründe, die durch geschichtliche Entwicklung zur Agrarkrise überhaupt geführt hatten. Ich lernte erkennen, daß die Schutzzollfrage keineswegs auf einen so einfachen Nenner zu bringen war, wie es von den Gegnern der Bismarckschen und Bülowschen Zollpolitik häufig geschah, sondern daß sie nur ein Teilproblem der ganzen Agrarfrage bildete, die viel umfassendere Seiten aufwies, als aus den üblichen Diskussionen in Parlament und Presse erkennbar waren. Das Wesen der Agrarverfassung und ihrer Geschichte erschloß sich mir durch Sering, durch den ich zuerst auf das bedeutsame Buch

Georg Friedrich Knapps über die Geschichte der Bauernbefragung hingeführt wurde. So lernte ich erkennen, daß es auch auf dem Land eine soziale Frage gibt, die ihre eigene Geschichte hat und in ihrer Entwicklung ihren eigenen Gesetzen folgt, die durch Boden, Klima, politische Geschichte, Grundbesitzverwaltung und Vererbung bedingt sind. Ich sah zum erstenmal in einen neuen, mir unbekannten Problemkreis hinein und fühlte, wie sehr sich diese Dinge nicht mit Redensarten des politischen Lebens abtun ließen, sondern nur mit sachlicher Durchforschung von Geschichte und Tatbeständen. Gerade weil mir diese Fragen bisher fremd geblieben waren, zogen sie mich aufs stärkste in ihren Bann, um mich auch nie mehr ganz loszulassen und mich immer mehr zu ihrer untrennbaren Verbundenheit mit der politischen Struktur des Agrarlandes hinzuführen.

Ich glaube, daß Serings Kolleg mir in dieser Zeit für die Dauer am meisten gegeben hat, obgleich ich die reinste Freude ästhetischer Art bei Wilamowitz-Moellendorf[92] erfuhr, der über die epische Poesie der Griechen las. Der 60jährige Mann bot schon rein äußerlich einen wunderbaren Anblick, schneeweißes Haar, ein gütiges Gesicht voll größter Ausdrucksfähigkeit, war er wohl der weltbekannteste Gelehrte, der damals in Berlin las. Mit der Tochter Mommsens[93] verheiratet, war er selbst in seinem Wesen die Verkörperung der athenischen Weisheit oder der *universitas literarum*. In dem dichtbesetzten Kolleg, das auch von vielen Frauen besucht war und in dem sich zahlreiche Gasthörer einzufinden pflegten, erstand das griechische Wesen und Leben als jene wunderbare Einheit, die dem Menschengeschlecht seitdem verlorengegangen ist. Der Künder selbst schien ein von Homer abgesandter Bote zu sein, in dem noch einmal diese Vereinigung alles menschlichen Wissens und aller menschlichen Kultur zu einer höchsten Einheit gelungen schien. Bezaubernd im Vortrag, in der Geste und in dem wechselnden Gesichtsausdruck, schien er bald selbst aus dem alten Griechentum auferstanden, bald ein Abbild des alternden Goethe. Mit der unendlichen Bescheidenheit des wahrhaft Weisen erfüllt, gab er mit vollen Händen, verschwendete seine Weisheit in Formen, die beglückten und befreiten. Frei von allem philologischen Kleinkram, erstand noch einmal die so wunderbare Einheit der griechischen Welt und des griechischen Menschen, in der Götter, menschliches Dasein und Staat zur vollen Harmonie verwachsen sind.

Erfüllt von dem vielfachten Erleben dieser Monate, brachte mir eine Studienreise zwischen den Semestern neue Eindrücke. Die Handelshochschule Berlin hatte für Juli und August 1910 eine wirtschaftliche Studienfahrt nach Rheinland, Westfalen und Niederlande sowie Belgien ausgeschrieben. Als einziger Student der Universität beteiligte ich mich an dieser Reise, die durch die Professoren Martens und Leitner vorbereitet und geleitet wurde.[94] Martens, ein gebürtiger Mecklenburger, hatte Physik studiert und war, nachdem er in der Industrie gearbeitet und bei Warburg assistiert hatte, Dozent für Physik an der Handelshochschule Berlin. Leitner, geborener Österreicher, war Privatwirtschaftler. Beide Männer mögen Mitte Dreißig gewesen sein. Die Studierenden waren großenteils schon praktisch in der Wirtschaft als Kaufleute tätig gewesen und hatten zu ihrem überwiegenden Teil die Absicht, in die unmittelbar praktische Wirtschaft zurückzugehen.

Sie waren jedenfalls ihrer sozialen Schichtung nach anders zusammengesetzt als die Universitätsstudierenden, mit denen ich bisher zusammengekommen war. Es war auch für sie etwas Neues, daß sich ein an der Universität als Jurist Eingeschriebener bei einer Studienreise der Handelshochschule beteiligte. Diese galt in Universitätskreisen nicht ganz als vollwertig. Mag sein, daß sie als jüngeres Institut eben wegen ihrer Spätlingseigenschaft in dieses Urteil geriet, mag sein, daß ihr Lehrkörper vielfach anders zusammengesetzt war und die Studentenschaft nicht durchweg über das Abiturexamen als Abschluß verfügte, oder daß ihre finanzielle Basis zu diesem Urteil führte. Die Berliner Handelshochschule war damals eine Einrichtung der »Ältesten der Kaufmannschaft«, einem neben der Handelskammer bestehenden Zusammenschluß Berliner Wirtschaftskreise. Die Erkenntnis, daß die kaufmännische Ausbildung eine weitgehende Verbesserung benötige und daß auch der junge Kaufmann, der sich für Führerstellen in der Wirtschaft vorbereiten sollte, weit mehr an Kenntnissen benötigte, als sie sich durch eine kaufmännische Lehre allein gewinnen lasse, mochte sie noch so gut sein, war in vielen Wirtschaftskreisen sehr stark geworden. Aus dieser Einstellung entstanden die ersten Handelshochschulen als Selbsthilfeeinrichtungen der Wirtschaft, die infolgedessen auf ihre Unabhängigkeit bei Berufungsfragen einen besonderen Wert legte.

Um die Jahrhundertwende gab die Berliner Handelshochschule Sombart[95], der es später mehr als einmal zu vergessen schien, den ersten Lehrstuhl, obgleich er damals noch stark damit kokettierte, Sozialist zu sein. Auch andere Gelehrte nahmen dort ihren wissenschaftlichen Ausgangspunkt, die sich nicht immer gern daran erinnern ließen. Diese in der Leitung der Reise vorhandene Verbindung zwischen Technik und Betriebswirt war mir neu, sie brachte mich zum erstenmal in Berührung mit Theoretikern auf Arbeitsgebieten, die mir zwar durch die gelegentlichen Arbeiten meines Vaters als Unternehmer in Fragen der Elektrizitätswirtschaft oder den Bilanzproblemen, die ich zu Hause gehört hatte, nicht ganz fremd waren. Sie waren mir aber von der Universität her im Wesentlichen unbekannt. Die

Technik in ihrer Bedeutung wurde zwar anerkannt und erwähnt in allen volkswirtschaftlichen Vorlesungen, aber Einzelheiten so gut wie gar nicht behandelt. Das Wesen der Privatwirtschaftslehre, der technischen Organisation in der privaten Unternehmung, blieb dem normalen Studenten aber ganz verschlossen.

Ich bin meinem Vater heute noch dankbar, daß er mich in mehr als einer Pause zwischen den Semestern, so nach dem Abitur, auch später noch mehrmals zu sich ins Geschäft genommen hat und mir die Grundzüge kaufmännischer Buchführung und das Lesenkönnen einer Bilanz an den verschiedensten Beispielen klargemacht hat. Ich habe später immer wieder gefunden, wie wenige Juristen eine Bilanz richtig lesen können, aber auch, wie wenige Kaufleute davon wirklich etwas verstehen. Ich kam überhaupt immer wieder zu der Überzeugung, daß jeder, der wirklich eine leitende Stelle irgendwo bekleiden will, gar nicht genug von der Technik, sei es der Organisation, sei es des Bürodienstes, sei es der kaufmännischen Seite oder was auch sonst, wissen kann. Wer selbst Vorgesetzter sein will oder muß, sollte in diesen Dingen ganz unabhängig von der Notwendigkeit arbeiten können, sich von seinen Mitarbeitern oder Untergebenen unterrichten oder beraten lassen zu müssen. Hätte ich keine Bilanz lesen können, so hätte ich weder die Umwandlung der Bewag in eine private Gesellschaft richtig machen oder gar die finanzielle Neuorganisation der BVG durchführen können.[96]

Die Reise begann in Mainz, führte den Rhein hinunter nach Düsseldorf, Barmen, Elberfeld, zu Krupp nach Essen und Rheinhausen, bot eine Einfahrt in ein Bergwerk, führte nach Solingen und Remscheid. Überall war alles ausgezeichnet vorbereitet, die Handelskammern hatten Berichterstatter ausgesucht, die einen knappen, aber völlig ausreichenden Einblick in die Struktur ihres Bezirkes gaben. Die

Werksbesichtigungen erfolgten überall unter erstklassiger Führung. Industrie und Handel nahmen sich der jungen Studenten vorbildlich an. Technisch-wirtschaftliche Zusammenhänge wurden erläutert. Der Begriff der Überlandzentrale und der Verbundwirtschaft wurde mir erstmals vor Augen geführt. Zu sozialen Fragen und deren Regelung bei Krupp durch die Fürsorge für die Arbeiterschaft erhielt man Einblick, der Besuch vieler Städte nacheinander bot interessante Einblicke in die Wohnungsfrage. Es kam ja nur darauf an, an die Probleme hingeführt zu werden, gezeigt zu bekommen, daß und welche Probleme es gibt und welche Lösungsmöglichkeiten an der einzelnen Stelle als richtig erachtet wurden.

Der Weg führte weiter rheinabwärts, nach Rotterdam zu Schiff, nach Amsterdam, den Haag, an die Nordsee, zum Flundernfang auf einem holländischen Fischerboot, nach Eidam zum Käsemarkt und zur Fischversteigerung. Weiter über Kanäle und Meer zu Schiff nach Antwerpen, wo damals gerade das »witte Hus«, das weiße Haus als erstes kontinentales Hochhaus fertiggeworden war, und seinen gewaltigen Hafenanlagen, nach Ghent und Brügge mit ihren alten Beguinenhöfen und endlich nach Brüssel, wo ein Teil der Weltausstellung soeben abgebrannt war.

In diesen Wochen lernte ich durch Anschauung mehr als vielleicht sonst in Semestern. Die Möglichkeit zu fragen war unbeschränkt. Mancher Student konnte dies oder jenes beantworten, da er aus dieser oder jener der besuchten Städte stammte. Leitner und Martens taten alles, was in ihren Kräften stand, um jede Reibung zwischen Besuchern und Besuchten zu vermeiden. Ob man in Düsseldorf besichtigte, oder bei van den Bergh in Holland die Anlage einer modernen Margarinefabrik bewundern konnte, ob man in Solingen oder Remscheid von den Problemen der Kleineisenindustrie und ihren Kämpfen am Weltmarkt unterrichtet wurde, oder von Vertretern der deutschen Regierung in Brüssel über die Möglichkeiten und Grenzen einer Weltausstellung belehrt wurde, es war immer gleich interessant. Dazwischen landschaftliche Schönheiten am Rhein, in Xanten, am Meer. Dazwischen frohe Stunden in Scheveningen oder im Tierpark in Rotterdam, dazwischen ein Sonntag in Ostende mit einem fast unerschwinglich teuren Stehplatz für ein Carusokonzert[97] im Kursaal, dessen weiche Stimme – einmal gehört – von niemand vergessen werden kann. Dazwischen die Zufriedenheit über das täglich Gesehene und abends todmüde in immer wechselnde Hotelbetten, manchmal von der leisen Sehnsucht begleitet, doch später im Leben einmal auch in einem von den großen Hotels wohnen zu dürfen, dazwischen eine lustige Bekanntschaft mit einem netten Schwabenmädel, die ein so wunderbares Schwäbisch-Französisch sprach, daß ich sie im Zug zwischen Brügge und Brüssel auf ihre Heimat ansprach und dann mit ihr und ihrer Schwester – den Töchtern des Zahnarztes Heuler aus Stuttgart, die wegen ihres strengen Katholizismus in einem belgischen Kloster gewesen waren, mir aber durchaus weltlich vorkamen – durch Brüssel bummelten. Dazwischen die Schönheit der holländischen Landschaft und des Meeres, das ich zum erstenmal an der Nordsee erlebte, das Aufregende einer Fischfahrt in den Kanal, das Erleben eines Sturmes im Fischerboot, das Kennenlernen des üppigen Lebens in Holland, ein nächtliches Abenteuer in einer Bar im Hafenviertel von Rotterdam zusammen mit Martens und Leitner, endigend mit Schießerei und Laufen – dieser Zusammenklang von Lernen und Leben, von Reisen und Sehen, von Landschaft und Menschen ergab eine schöne, bunte, reiche Welt.

Fernab von aller Träumerei gab sich das Leben ganz so reich und heiß und vielgestaltig, wie man es mit zwanzig

Jahren erwartete. Wo Zwiespalt zutage trat, ergab sich auch das Wunder des Ausgleichs, und daß jede Harmonie an anderer Stelle auch Disharmonie auslösen mußte und auslösen konnte, schien tragbar und im Zusammenspiel der Kräfte auch erträglich. Packte man das Leben nur richtig an, so konnte man schon mit ihm fertig werden, und stand einer traurig abseits, so galt es, ihn mit einem guten Wort aufzumuntern.

Einer war unter den jugendlichen Reisegenossen dabei, der viel Spott und gutmütige Quälerei ertragen mußte: ein jüdischer Student, namens Davidsohn[98]. Er war eine unglückliche Figur, klein, leicht verwachsen, krummbeinig, mit einer wilden Judennase ausgestattet. Dabei doch hoch intelligent, von einer unglaublichen Belesenheit, in der Literatur aller Völker und aller Zeiten zu Hause, selbst ein lyrischer Dichter von Format, aus gebildetem Hause – der weltberühmte Historiker von Florenz, der Schilderer der florentinischen Kultur von höchster Eindringlichkeit, war sein Onkel. Aber Davidsohn jr. war so etwas Ungeschicktes, so etwas Unwirkliches, so etwas Erdenfernes, daß er immer wieder zu unfreiwilligen Angriffen reizte. Er war das *enfant terrible* der Reise – nicht weil er Jude war, das war den Leuten gleichgültig, sondern weil er so unglaublich ungeschickt war. Irgendwann einmal in Ostende wurde er zu einem Rendezvous in den verlockendsten Formen eingeladen, und er, der so gerne einmal etwas mit einer schönen Frau erlebt oder so gern einmal einen Kuß bekommen hätte, wartete stundenlang, ich glaube eine halbe Nacht lang, auf das Abenteuer, das nicht kam, bis er merkte, daß er wieder einmal hereingelegt worden war. Da brach eine Wut und ein Schmerz aus ihm heraus, wie ich ihn noch nie bei einem jungen Menschen erlebt hatte, und ich bekam Mitleid mit ihm, so daß ich mich seiner annahm; ohne daß ich es wollte, erwarb ich mir seine Anhänglichkeit. Später traf ich ihn in Tübingen wieder, wo er – in der Stadt des ausgesprochenen Korpsstudententums – seine Rolle als einsamer Mensch weiterspielen mußte.

Mein Freund Stephinger[99] förderte ihn in seinen wissenschaftlichen Studien, aber er hat mir manchesmal über die tolpatschige Unmöglichkeit Davidsohns geklagt, und so blieb der gute Davidsohn einsam. Er suchte mich immer in Abständen von Jahren einmal auf, hat mich auch eingeladen, seine Bibliothek zu besichtigen, an der er mit ganzer Liebe hing und in die er sein ganzes Geld steckte. Als ich Bürgermeister von Berlin war, brachte er mir einmal eine von ihm redigierte Zeitschrift, deren Namen ich vergessen habe, in der er eigene Gedichte und – übrigens recht gute – Theaterkritiken veröffentlichte. Zuletzt sah ich ihn in 1938, da hatte er eben sein Testament gemacht. Seine Bibliothek wollte er, der ganz deutsch dachte und fühlte, der Universität Jerusalem vermachen, da er sonst niemand hatte. Er war einer der einsamsten Menschen, die ich kennengelernt habe, und der lebendige Beweis dafür, daß auch in einem armseligen Körper eine reine Seele wohnen kann.

Der Sommer 1910 brachte die planmäßige Fortsetzung meiner juristischen Studien. Bei Liszt hörte ich eine vierstündige Vorlesung über Rechtsphilosophie, die in seiner etwas österreichisch weichen Art eine Menge Wissensstoff verarbeitete und durch das Lesen von Stammlers[100] entsprechendem Werk vervollständigt wurde. Eigentlich gehört diese Vorlesung in einfacher Form an den Beginn und in konzentrierter Form an den Schluß des Studiums, da sie im Grunde genommen Einzelwissen voraussetzt, das man erst am Ende des Studiums hat – oder haben sollte. Andrerseits erscheint es notwendig, die Zusammenhänge mit den allgemeinen und den philosophischen Grundfragen frühzeitig an den Studenten heranzubringen, damit er sich bewußt bleibt, daß auch das Recht als absoluter Begriff ein Teil aus den Erscheinungsformen menschlichen Lebens ist und mit anderen Grundbegriffen der Philosophie gleichzustellen ist in seinem logischen Aufbau und seinem ethischen Ablauf.

Die meisten Juristen haben bedauerlicherweise diese Zusammenhänge stark vernachlässigt, die zu pflegen mir wichtiger erscheint als das übertriebene Durcharbeiten römischen Rechts und römischer Rechtsgeschichte. Bei Neubecker hörte ich Familienrecht, bei Hellwig Erbrecht[101]. Beide Vorlesungen vermittelten gute Kenntnisse, die zur soliden handwerklichen Ausbildung nötig waren, ohne mich jedoch besonders anzuziehen. Mehr Freunde empfand ich bei den Übungen im Bürgerlichen Recht, die bei Hellwig stattfanden. Bei Wilhelm Kahl[102], der als Kirchenrechtler, Staats-, Verwaltungs- und Strafrechtler gleich hohes Ansehen genoß, hörte ich das Recht der Eheschließung und Ehescheidung, das bei dem zunehmenden Interesse der Öffentlichkeit an der Frauenfrage und den immer stärker einsetzenden Bestrebungen auf Reform des Eherechts und der Ehescheidung mir wesentliche Erkenntnisse vermittelte.

Am stärksten zog mich die Vorlesung Ludwig Bernhards[103] an. Knapp 34 Jahre alt, war er ein neuer Typus von Dozent. In Berlin als Sohn eines Industriellen geboren, wurde er mit 29 Jahren an die neu errichtete Akademie nach Posen berufen, einer Lieblingsschöpfung des Kaisers, der entweder selbst jährlich nach Posen kam, oder einen seiner Söhne auf diesem heißen Boden nationalpolitischer Auseinandersetzung Wohnung nehmen ließ. Zunächst hatte Bernhard über Lohnsysteme und Fragen der Wohnpolitik gearbeitet, dabei sich mannigfach in Widerspruch setzend mit der herrschenden Meinung der Kathedersozialisten, und dabei Gesichtspunkte der Unternehmerseite stärker herausarbeitend, als es sonst üblich war. 1907 erschien seine Untersuchung über das polnische Gemeinwesen im preußischen Staat, die, ohne es auszusprechen, an den Erfolgen der preußischen Polenpolitik starke Kritik übte. Über Greifswald und Kiel, wo er je nur ein Jahr als Ordinarius gewirkt hatte, wurde er auf Wunsch des Kaisers nach Berlin berufen, von der philosophischen Fakultät, d. h. von Schmoller und Wagner abgelehnt. Bernhard erbat seine Entlassung, die das Ministerium für Kultus und Unterricht ablehnte. Die philosophische Fakultät verweigerte ihm ein Jahr lang den Eintritt und zog ihren Widerspruch erst 1909 zurück. Im November des Jahres 1909 nahm er seine Lehrtätigkeit auf. Im gleichen Jahr erschien seine Schrift über »Deutsche Gemeindepolitik im Gebiet des deutsch-polnischen Nationalitätenkampfes«.

Bernhard war etwas Neues, ganz und gar unprofessoral, ganz und gar Weltmann, der mit beiden Füßen im Leben stand, nicht erfüllt mit historischem Ballast, sondern mit lebendigem Leben. Schlank, groß, glänzend aussehend, sprach er frei, führte von gegenwartsnahen Fragen ausgehend an die Probleme heran, die er immer als unmittelbare Wirklichkeit empfand und zu schildern vermochte. Seine Vorlesung war anfangs überfüllt, da zahlreiche Neugierige den »Polenprofessor« hören wollten. Aus der Neugier wurde aber in vielen Fällen ernstes Interesse.

Ich nahm sofort an seinem staatswissenschaftlichen Seminar teil, das er als ausgezeichneter Lehrer überaus anregend zu gestalten wußte. Er ließ zu jedem Thema eine Diskussion zu, bei der nach einem Referenten und einem Koreferenten, die sich vorzubereiten hatten, die andern Seminarteilnehmer sich nach freier Wahl äußern konnten. Unsichtbar verstand er es, jede Diskussion zu lenken, auch wenn sie, was häufig der Fall war, seinen eigenen Auffassungen zuwiderlief. Er drängte keineswegs seine Meinung auf, sondern hielt sich durchaus zurück. Von seinem Berufskonflikt sprach er nicht, wenigstens nicht im Kolleg. Mit den Koryphäen bestand lange Zeit der Kriegszustand fort, und wäre 1910 nicht das Jubiläumssemester gewesen, so weiß ich nicht, ob nicht die »Alten«, Schmoller und Wagner, erneut gegen ihn losgezogen hätten, denn manches klang recht ketzerisch, was Bernhard über Arbeiterfragen, über Sozialpolitik und deren unerwünschte Folgen auszusprechen und später auch dem Druck zu übergeben wagte. In seinem Seminar fand ich noch stärkeren persönlichen Kontakt zu ihm, der mir auch sein schönes gepflegtes Haus in der Fasanenstraße öffnete. Dort habe ich viele reizvolle Stunden zugebracht und manche schöne Bowle in dem herrlichen alten Garten getrunken. Sein Haus wurde von seiner Mutter betreut, da Bernhard selbst Junggeselle war und blieb. Gelegentlich lernte ich auch seinen Bruder dort kennen, der wohl die väterliche Fabrik übernommen hatte, für die sich auch Ludwig Bernhard, der selbst einige Semester Maschinenbau studiert hatte, immer wieder interessierte.

Bei gelegentlichen Unterhaltungen machte mich Bernhard auf die Zusammenhänge aufmerksam, die er in der Provinz Posen zwischen den Getreidepreisen, den Zöllen und der Gestaltung der Ausnahmetarife wahrgenommen habe. Er empfahl mir, mich einmal mit diesen Fragen zu beschäftigen, von denen kein Mensch etwas wüßte und über die er auch in der Literatur nichts finden könne. Wenn ich auch später die Ausarbeitung dieser von ihm angeregten Frage selbständig und ohne Fühlung oder Anleitung von Ludwig Bernhard durchgeführt habe, so habe ich doch Grund gehabt, ihm bei der Veröffentlichung der Ergebnisse meiner Untersuchung dankbar zu gedenken. Nach meiner späteren Rückkehr nach Berlin habe ich trotz vieler gegensätzlicher Auffassungen, vor allem auf dem Gebiet der

Sozialpolitik, auch gesellschaftlichen Verkehr mit ihm geführt. Sein Haus war immer interessant, er sah die gegensätzlichsten Menschen bei sich.

Die Beschäftigung mit der Tariffrage, die Bernhard angeregt hatte, zwang mich, mich zunächst einmal über die Eisenbahntarife zu unterrichten. Ich ging aufs geratewohl ins preußische Ministerium für öffentliche Arbeiten, dessen Chef damals Breitenbach war. Ich wurde an den Wirklichen Geheimen Vortragenden Rat Alfred von der Leyen[104] verwiesen, der das Archiv verwaltete und gleichzeitig Herausgeber des Archivs für Eisenbahnwesen war.

Von der Leyen, der damals die Mitte 60 schon überschritten hatte, war hocherfreut, daß einmal ein Student kam, um sich seines Archives zu bedienen. Bereitwillig stellte er mir sein ganzes Material zur Verfügung, und als er gar hörte, daß ich Schwabe war, öffnete er mir nicht nur sein Archiv, sondern auch sein Herz. Er selbst stammte aus der Dortmunder Gegend, er hatte das Gymnasium in Stuttgart besucht und auch in Tübingen studiert. Nachdem er mehrere Jahre Syndikus der Handelskammer Bremen gewesen war, war er von 1876–80 im Reichseisenbahnamt, von 1880–1912 im preußischen Ministerium für öffentliche Arbeiten. Wirklicher Geheimer Rat, Exzellenz, Honorarprofessor an der Universität Berlin, war er eine der engsten Mitarbeiter Bismarcks bei der Durchführung der Verstaatlichung der Eisenbahnen in Preußen gewesen. In einer glänzenden Darstellung schildert er in einem 1914 erschienenen Buch dessen Eisenbahnpolitik. Die gewaltigen Eingriffe des Reichskanzlers in die Eisenbahnpolitik Preußens und des Reichs lagen bei der Veröffentlichung länger als ein Menschenalter zurück. Sie gehören der Geschichte an und fallen zeitlich zusammen mit dem großen nationalen Aufschwung der der deutschen Politik in den ersten Jahren nach der

Gründung des Deutschen Reiches. Von der Leyen weist darauf hin, daß Bismarck sein großes Ziel, auch die Eisenbahnen zu einem Werkzeug der nationalen Festigung des Deutschen Reichs umzugestalten, nicht voll erreicht hat, dagegen daß es ihm gelungen sei, die deutschen Eisenbahnen dem wirtschaftlichen Leben der Nation voll dienstbar zu machen. Es ist ein merkwürdiger Zufall der Geschichte, daß in Deutschlands trübsten Stunden des Jahres 1919 der Schwabe Matthias Erzberger neben der Vereinheitlichung der Reichsfinanzen, die Vereinheitlichung des Eisenbahnwesens geschaffen und damit einen eisernen Ring um das in allen Fugen berstende Deutsche Reich gelegt und so Bismarcks Gedanken vollendet hat.

Mit diesem Besuch begann eine Verbindung, die sich – obwohl von der Leyen mein Großvater hätte sein können – bis zu seinem im 91. Lebensjahr erfolgten Tod immer enger gestaltete und freundschaftliche Formen annahm. Dem ersten Besuch im Archiv, das damals in der Leipziger Straße untergebracht war, aber von der Wilhelmstraße über ein Gewirr von Treppen aufgesucht werden mußte, folgten neue in kurzen Abständen. Von der Leyen gab mir Literatur zur Einführung, und nach kurzer Zeit fragte er mich, ob ich nicht regelmäßig einige Stunden in der Woche unter ihm im Archiv arbeiten wolle. Ich nahm diesen Vorschlag bereitwillig an, gab er mir doch Gelegenheit, mich mit dem mir ganz fremden Stoff unmittelbar an der Quelle vertraut zu machen. Bald gab mir von der Leyen kleine Notizen zur Durchsicht oder ließ mich besondere Fragen einfacher Art für seine Vorlesung zusammenstellen und Statistiken vergleichen. Ohne daß es eine derartige Stellung amtlicherseits gegeben hätte, wurde ich eine Art Assistent bei ihm, eine Stellung, die mich in häufige persönliche Berührung brachte. Als im Jahr 1925, auf meine bei der Stadtverwaltung erfolgte

Anstrengung hin, der Verein für Sozialpolitik zum erstenmal in der schwäbischen Heimat Gustav Schmollers seine Jahresversammlung in Stuttgart abhielt, war es mir eine besondere Freude, die damals 81jährige Exzellenz in unserem Haus, zusammen mit den Professoren Fuchs und Stephinger, als meinen Ehrengast begrüßen und ihm am selben Abend nochmals besonderen Dank für all seine Förderung sagen zu dürfen. Wo immer ich mit ihm zusammentraf, sollte ich mehr als 25 Jahre durch diesen ausgezeichneten Mann immer wieder freundliche Förderung erfahren.

Ein großer stattlicher Mann, der Bart leicht anklingend an die Zeit Wilhelms des I., war er bester preußischer Beamtentyp, staatsbewußt vom Scheitel bis zur Sohle, Kavalier, offen, welterfahren, verhandlungsgewandt, noch im hohen Alter beweglich, trotz zunehmender Erblindung am Ende des 9. Jahrzehnts noch gerne bereit, jugendliche Gäste in seinem Haus in der Bayerischen Straße um sich zu versammeln. Seine 1908 durch den Tod seiner Frau gelöste Ehe muß ihm ein großes Glück bedeutet haben. Einer seiner Söhne, Friedrich, ist der bekannte deutsche Literaturhistoriker, ein anderer kommandierender General[105]. Eine Tochter verlor er bei dem größen Unglück auf der Berliner Hochbahn anläßlich des gräßlichen Zusammenstoßes am Gleisdreieck. Seine Tochter Ruth, die einst eine wunderbare Stimme gehabt hat, aber wegen ihrer Größe kein Engagement auf der Bühne hatte finden können, opferte ihre Jugend und ihr Leben ihrem Vater und hat ihn bis zu seinem Tode betreut. Sie war Geschäftsführerin eines Vereins zur Betreuung geistig nicht voll entwickelter Kinder und hat sich mit rührender Treue dieser asozialen Armen angenommen. Sie nahm sich wenige Jahre nach dem Tod ihres Vaters das Leben, das, nachdem man ihre Arbeitsstätte durch Gleichschaltung aufgelöst hatte, seinen Sinn verloren hatte. Eine dritte Tochter war mit einem jüdischen Arzt, Dr. Rosenthal, in Berlin verheiratet. Dieser war ein reiner Idealist, lebte in einem ausgesprochenen Proletarierviertel Berlins kümmerlich und war schon in großer Not, als es sonst den jüdischen Ärzten Berlins noch gut ging. Seine Frau teilte getreu das Schicksal ihres Mannes, auch nach 1933. Es war ein seltsamer, von mir nie vergessener Anblick, als ich bei der Einäscherung Alfred von der Leyens im Krematorium Wilmersdorf neben den Vertretern des Ministers und der Universität, neben den Söhnen mit ihren großen Stellungen, den verhärmten, jämmerlich gekleideten Mann mit seiner Frau antraf. Aber es entsprach der inneren Freiheit Alfred von der Leyens, daß er jedes seiner Kinder den ihm eigenen Weg gehen ließ und daß er aus der Untadeligkeit seiner Gesinnung heraus weder Standesdünkel noch sonstige Vorurteile kannte. Als er sich 1920 der Demokratischen Partei anschloß, konnte er es wirklich aus innerer Gesinnung heraus tun, denn er war adlig und Demokrat – beides von Natur aus und nicht aus wechselnden Verhältnissen. Seinen Neffen und Schülern, den beiden Brüdern von Beckerath[106] hat er auch unendlich viel Förderung zuteil werden lassen, ebenso dem im Weltkrieg gefallenen Dr. Curt Arnold Rosenthal, dessen Untersuchung über die Gütertarifpolitik der Eisenbahnen im Deutschen Reich und in der Schweiz durch von der Leyen angeregt und stark beeinflußt, er benutzte, um ihm in seiner Besprechung rührende Abschiedsworte zu widmen.

Die Empfehlung von der Leyens öffnete mir auch den Weg zum Geheimen Kommerzienrat Arnhold. Dieser war der Hauptinhaber der Kohlenfirma Caesar Wollheim, die im Vertrieb oberschlesischer Kohle führend war. Er war seit vielen Jahren Mitglied des preußischen Landeseisenbahnrates und galt als besonderer Kenner des Tarifwesens. Seine Materialsammlung war für einen Privatmann außerordentlich umfassend, aber ich machte doch, nachdem ich darin Einsicht gewonnen hatte, davon keinen Gebrauch. Für meine wissenschaftliche Untersuchung genügte das in den Drucksachen des preußischen Landeseisenbahnrats veröffentlichte Material vollkommen. Es ist erstaunlich, was darin weit über das Tarifwesen hinaus an wirtschaftlichem Material zusammengetragen ist – noch erstaunlicher ist es, daß dieses vielfach wirklich in seiner Vollständigkeit einzigartige Material über die Eisenbahnfachkreise hinaus so gut wie gar nicht ausgewertet worden ist und auch nach meiner und der Rosenthalschen Arbeit im Wesentlichen unbenutzt blieb. Soweit ich darüber hinaus Material benötigte, erhielt ich es bereitwillig in der Bibliothek des preußischen Ministeriums für öffentliche Arbeiten. Später, als ich die Verhandlungen des preußischen Abgeordnetenhauses auf Eisenbahnfragen durchsah, arbeitete ich monatelang im Lesesaal der Preußischen Staatsbibliothek, in dem ich immer gerne saß und die benötigten Unterlagen zusammenstellte.

Kam ich so im Lauf der Berliner Zeit schon als Student in mannigfache Berührung mit wissenschaftlichen und politischen Kreisen, so blieb doch Muße genug, die in München angebahnten persönlichen Beziehungen fortzusetzen und neue aufzunehmen. Meine Münchener Studienfreunde Eylert und Staub waren auch in Berlin. Unsere Beziehungen blieben rege, insbesondere die mit Eylert. In der Berliner Freien Studentenschaft war ich eifrig tätig. Ich war bald Vorsitzender der staatswissenschaftlichen Gruppe und leitete deren kleine und größere Versammlungen. Ein Vortragszyklus über die politischen Parteien fand unter meinem Vorsitz statt. Ich erinnere mich, daß Kardorff und Bernstein sprachen, auch Vertreter anderer Parteien[107]. Die Sensation war natürlich das Auftreten Bernsteins, dessen Rede vor jungen Akademikern etwas Unerhörtes darstellte.

Es hatte langer und schwieriger Verhandlungen mit dem ganz konservativen Universitätsrichter Daude bedurft, um die Genehmigung zu diesem Vortrag zu erhalten. Schließlich hatte Daude dem Gesichtspunkt, daß in sehr vielen Vorlesungen von Sozialismus und Sozialdemokratie die Rede sei und daß schließlich ja jeder Student in Berlin in eine sozialdemokratische Versammlung, die allgemein zugänglich sei, gehen könne, um viel radikalere Führer dieser Partei sprechen zu hören, nachgegeben. Ich habe niemals geglaubt, daß man große Bewegungen geistiger Art einfach totschweigen oder ihre Entwicklung durch irgendwelche Verbote aufhalten könne. Aus dem gleichen Grund habe ich später auch in der Kampfzeit das Verbot nationalsozialistischer Kundgebungen im allgemeinen und vor Studenten für verfehlt gehalten und mich, wo ich konnte, immer dagegen ausgesprochen.

Bernstein, dessen Vater Lokomotivführer gewesen war, hatte jahrelang, teils unter den Auswirkungen des Sozialistengesetzes, in der Schweiz und in England gelebt, war ungefähr seit der Jahrhundertwende wieder in Deutschland. Sein Buch »Wie ist wissenschaftlicher Sozialismus möglich?« wurde viel in studentischen Kreisen gelesen. Ausgehend von Lassalle[108], gehörte er dem sogenannten revisionistischen Flügel der Partei an, und Bebel hatte mehr als einmal den großen Bannstrahl gegen ihn und seine Freunde gezückt.

Sein Vortrag war rein wissenschaftlich und keineswegs in irgendeinem Punkte staatsgefährlich. Kardorff, der später von den Deutschnationalen zur Deutschen Volkspartei übertrat, sprach viel temperamentvoller, sein Temperament konnte er später noch besser gebrauchen, als er, nach ihrer Scheidung von Herrn von Oheimb, Frau Katharina geb. von Endert heiratete. Diese sehr temperamentvolle, ehrgeizige und kampfprobte Frau spielte teilweise in der Politik der

Deutschen Volkspartei eine erhebliche Rolle, freilich bei weitem nicht die, die sie anstrebte, die »erste« Frau Deutschlands zu werden.

Innerhalb der Freien Studentenschaft gab es einen Vorstand und einen Beirat. Der Beirat befand sich dem Vorstand gegenüber etwa in der Rolle, in der die Stadtverordnetenversammlung zum Magistrat stand. Er übte gewisse Kontrollrechte aus und konnte alle Fragen zum Gegenstand von Aussprachen machen. Ich war Beiratsvorsitzender und habe von meinen Befugnissen weitgehend Gebrauch gemacht, nicht immer zur Freude des Vorstandes. Alle zusammen machte wir anläßlich des Universitätsjubiläums schwierige Zeiten durch, da die Korporationen eine ausreichende Vertretung der zahlenmäßig weit überwiegenden Nichtinkorporierten nicht zuließen und der Jubiläumsrektor, Erich Schmidt[109], viel gefeierter Professor der deutschen Literatur und beliebtester Damendozent, schwankend und haltlos keine Entscheidung zu treffen wagte. Es kam dann zu getrennten Veranstaltungen, die aber soweit es sich um die Nichtinkorporierten handelte, recht schön und würdig verliefen.

Einzelheiten über diese innerstudentischen Streitigkeiten sind heute ohne Interesse, so wichtig diese Dinge uns allen damals erschienen. In enge Beziehungen trat ich zu einem Berliner Assessor Dr. Walter Guttmann[110]. Obgleich er sein Studium bereits beendigt hatte und damals als Assessor bei einem Berliner Gericht beschäftigt war, spielte er innerhalb der Freien Studentenschaft eine bedeutsame Rolle, da er sich mit Eifer der Hochschulfragen annahm. Leider war es sehr selten, daß schon fertige Hochschulbesucher noch einen Zusammenhalt mit der Studentenschaft betrieben, obgleich aus solcher Gemeinschaft viel Nutzen hätte entstehen können. Guttmann war versammlungstechnisch versiert, seine Begabung bestand jedoch in der reizvollen Unterhaltung in kleinem Kreis, wo er ein anziehender Plauderer war und zusammen mit seiner temperamentvollen Freundin Annemarie Gribbohm, die später seine Frau wurde, einen netten Mittelpunkt bildete. Ich kam auch viel in sein väterliches Haus, zu Albrecht Guttmann, der später in der deutschen Spiritusgesellschaft eine führende Rolle spielte. In dem schönen Heim in der Bismarckstraße in Charlottenburg habe ich viele reizvolle Abende in großem und kleinen Kreis verlebt. Albrecht Guttmann, seit vielen Jahren Witwer, dessen Hauswesen musterhaft von einer Ostpreußin namens Grigoleit betreut wurde, führte ein großes Haus, in dem sich politische, musikalische und wirtschaftliche Kreise trafen. Er selbst war ehrenamtlicher Stadtrat in Charlottenburg und gehörte wohl der freisinnigen Vereinigung an, sein Hauptinteresse hatte er aber seit Jahren Friedrich Naumann zugewandt und ihn mit Rat und Tat unterstützt. In seinem Haus trafen sich Leute, die im politischen und wirtschaftlichen Leben Berlins eine Rolle spielten. Besonders häufig traf ich dort den langjährigen Vizepräsidenten des Reichstags, Dove, der ein sehr amüsanter Gesellschafter sein konnte, den Charlottenburger Stadtrat Cassirer und Tilla Durieux[111]. Auch Gertrud Bäumer[112] lernte ich in diesem Haus kennen, damals noch recht jung, sehr lebendig und gar nicht blaustrümpfig. Sie gehörte auch zum Kreis um Naumann und hat später eine zeitlang *Die Hilfe* mitherausgegeben. Albrecht Guttmann war über seine beiden Söhne sehr unglücklich. Über Walther wegen seiner Liaison mit Annemarie Gribbohm, über seinen Sohn Alfred, der von Beruf Arzt war, sich aber mit gesangspädagogischen Studien abgab, deswegen, und über beide, weil keiner irgendwelchen beruflichen oder wirtschaftlichen Ehrgeiz zeigte. Sein Testament, über das er mehr als einmal mit mir sprach, sah daher vor, daß keiner seiner Söhne sein unmittelbarer Erbe werden sollte, sondern er setzte eine Testamentsvollstreckung ein, wonach seinen Söhnen nur bestimmte Erträge zufallen sollten. Mehr als einmal hat er mir gesagt, warum sind Sie nicht mein Sohn, oder, warum habe ich nicht einen Sohn wie Sie!

Seine gutgemeinten testamentarischen Vorschriften führten in der Inflation nahezu zum völligen Verfall seines viele Millionen Goldmark betragenden Vermögens. Sein Enkel – Alfred hatte einen Sohn und eine Tochter – mußte eine Zeit lang als Droschkenchauffeur in Berlin arbeiten, um sich den Unterhalt zu verdienen. Er hatte den Grundsatz, während seiner Lebzeit seine Söhne finanziell sehr knapp zu halten, um so zu erreichen, daß sie sich nicht nur als Söhne ihres Vaters betrachteten, und er glaubte sie so zu zwingen, selbst zu arbeiten und zu verdienen. Er erreichte aber das angestrebte Ziel nicht, mußte sie vielmehr von Zeit zu Zeit sanieren, da es ihnen mit dem Namen und dem Reichtum des Vaters im Hintergrund immer wieder gelang, Schulden zu machen. Walther wurde einmal deswegen (und um ihn von Annemarie Gribbohm zu trennen) nach Brüssel verbannt, kam aber so häufig nach Berlin, daß es sein Vater vorzog, ihn als Assessor bei den städtischen Gaswerken unterzubringen. Aus diesem Anlaß habe ich deren Verwaltungsgebäude damals im Sommer 1913 erstmals betreten – schade, daß ich Guttmann nicht mehr antraf, als ich im Jahr 1931 Aufsichtsratsvorsitzender geworden bin.

Im Sommer 1910 und 1913 habe ich viele Monate in der herrlichen Doppelvilla am Kleinen Wannsee, von Begas[113] gebaut, zugebracht und in dieser Zeit eigentlich zum ersten und einzigen Mal die Behaglichkeit eines auf ganz großem Stil aufgemachten Berliner Haushalts kennengelernt. Ich stimmte aber Albrecht Guttmann innerlich durchaus zu, daß es für schwächliche Naturen, wie es seine Söhne waren, nicht gut sein konnte, ohne jede Kenntnis dessen, was Geld bedeutet und wie schwer es zu verdienen ist, zu leben. Ob der offenbar starke Einschlag mütterlicherseits – die Mutter starb nach einem langwierigen Nerven- und Gemütsleiden in einer Anstalt – zu einer weichen und wenig gestrafften Lebensführung führte und nicht noch durch die Art der Erziehung der beiden Söhne vermehrt worden ist, ist mir nie klar geworden. Albrecht Guttmann, selbst seinen Söhnen gegenüber eine ausgesprochene Herrennatur, hat da gerade wohl das Gegenteil von dem erreicht, was er anstrebte. In seinem übrigen Leben war er ein ungewöhnlich hilfsbereiter, stiller, der Wohlfahrtspflege und -hilfe zugetaner Mann.

Walther Guttmann schloß sich sehr eng an mich an. Obgleich dem Lebensalter nach der ältere von uns beiden, war ich doch derjenige, der dem Leben gegenüber stärker und gefestigter da stand. In zahlreichen Fällen habe ich ihn aus Schwierigkeiten mit seinem Vater herauspauken müssen. Im Jahre 1914 habe ich an seiner Hochzeit teilgenommen, die im väterlichen Haus stattfand, nachdem die Spannungen wegen der jungen Frau zwischen Vater und Sohn beseitigt waren. Ein früher Tod hat ihn von einem schrecklichen Leiden erlöst und ihn vor einem furchtbaren Ende bewahrt.

So viele Bekannte ich kennenlernte, so wenig habe ich, der sich immer schwer anschloß, neue Freundschaften fürs Leben gemacht. Interessante Menschen waren darunter, wie Wilhelm Printz[114], ein geborener Karlsruher, der indische Sprachen als Spezialist trieb und sich dem Studium des Sanskrit widmete, aber auch außer der indischen erotischen Literatur mit ihrem außerordentlichen Umfang die italienische Renaissance und Boccaccio aufs genaueste kannte. Er hat uns allen manche seltsame Abende bereitet, wenn er ins Vorlesen kam. Später war er Bibliothekar im Hause Warburg in Hamburg und habilitierte sich an der Universität Frankfurt/Main. Dr. Walter A. Berendsohn[115] aus Hamburg suchte der freistudentischen Bewegung ihre theoretische Fundierung zu geben, war selbst ein halber Dichter und zeichnete sich durch hohe geistige Regsamkeit aus. Er wurde später Privatdozent in Hamburg. Überhaupt gab es einige sehr begabte Leute, wie Dr. Felix Behrend, später Oberstudiendirektor am Kaiser Wilhelm Gymnasium in Neukölln, der früh verstorbene Werner Mahrholz[116], später Redakteur an der *Vossischen Zeitung* in Berlin und eifrig an den akademischen Fragen interessiert, Maximilian Müller-Jabusch, der spätere Leiter des Archivs der Deutschen Bank und Herausgeber eines politischen Almanachs, Hildegard Fehlisch, Tochter des streng konservativen und tief religiösen Geheimen Admiralitätsrats Fehlisch, der sich auf sozialem Gebiet eifrig betätigte, und ihr späterer Mann, Dr. Schwab, der Jungsozialist war und Journalist wurde[117].

Eng befreundet war ich mit einer Medizinstudentin, Elisabeth Worms, von ihrer Familie und ihren Freunden, zu denen der Schauspieler Paul Bildt und der Kunstdirektor Witt gehörten, Traute genannt. Traute war keine Frau, die man schön nennen kann. Klein von Statur, mit schwarzem Haar, besaß sie eine zu große Nase, dafür hatte sie unter pechschwarzen, ungewöhnlich kräftigen Augenbrauen wundervolle blaue Augen. Aber sie strahlte ein ungewöhnliches Maß von Weiblichkeit aus, so daß sie einen starken persönlichen Reiz besaß. Ungewöhnlich gebildet und von seltener Geistesbegabung, habe ich viele Stunden mit ihr zugebracht, die äußerst anregend waren. Sie hat mich sehr gut leiden mögen, aber so sehr ich mich mit ihr befreundet fühlte, so wenig war ich in der Lage, ihr mehr als Freundschaft entgegenzubringen. Ich habe viel im Haus ihrer in der Berliner Frauenbewegung tätigen Mutter verkehrt, stand auch mit ihrer älteren Schwester Herta, die Photographin war und die einzigen Bilder von mir aufgenommen hat, die etwas taugen, sehr gut. Die Stärke Trautes waren ihre Briefe, die an Bettina[113] geschult waren, mit der sie auch sonst manche Ähnlichkeit gehabt haben mag, wie sie überhaupt von mancher der Frauen aus Goethes Zeit etwas in sich hatte. Sie besaß eine ganz erstaunliche Begabung psychologischer Art und hatte eine außerordentliche Intuititon für Menschen und Stimmungen. Mir gegenüber war sie viel zu kritiklos, übersah alle Fehler und sah nur, was sie sehen wollte. Ihre Intuition machte sie zu einer guten Graphologin und zu einer – für eine Frau – außerordentlich guten Schachspielerin. Beides habe ich von ihr gelernt. Auf ihre Veranlassung und ihr Betreiben schloß sich ein Kreis von jungen Menschen zusammen, die unter meiner Leitung wirtschaftstheoretische Fragen und staatsbürgerliche Probleme erörterten. Die Vorbereitung darauf machte mir manchen Kummer, zwang mich jedoch auch zur Beschäftigung mit Fragen, an die ich sonst kaum gekommen wäre. Ihre aus der Stimmung des Augenblicks geborenen Briefe waren höchst lebendig und immer wechselnd im Ausdruck. Menschen waren ihr sehr wichtig, wichtiger als Natur und Landschaft. Alles Psychologische zog sie in höchstem Maß an. Unsere Freundschaft fand mit meiner Verheiratung ein Ende, obgleich sie meine Frau, die sie kurz vor unserer Heirat einmal in Stuttgart kennengelernt hatte, als die einzige Frau empfand, die zu mir passe, und sich ihr in einer vielstündigen, einzigartigen und seltsamen Unterhaltung erschlossen hatte.

Im Studium und im Umgang mit Menschen weitete sich mir so das Bild der Welt. An Pfingsten 1910 war ich auf der Insel Rügen und in Kopenhagen gewesen, wo das glückliche Leben der Dänen einen starken Eindruck auf mich gemacht hat. In den Sommerferien des Jahres 1910 zog es mich aber wieder mächtig in die Berge. Hochtouren in den Dolomiten und den Stubaier Bergen sowie von der Bernina aus im Oberengadin ließen mir Ruhe und Muße, die zahllosen Eindrücke zu verarbeiten. Bevor das Wintersemester begann, war ich noch eine Woche in England, kannte aber noch zu wenig von der Sprache, um mehr als die üblichen Reiseeindrücke zu empfangen. Immerhin hatte ich von London einen ungewöhnlich starken Eindruck, da ich dort eine Entwicklung des Verkehrs vorfand, die weit über das mir von Berlin bekannte Maß hinausging. Zu meiner Überraschung fand ich dort neben dem modernen Verkehr und seinen Einrichtungen städtebauliche Bilder vor, die es mit denen schöner deutscher Städte durchaus aufnahmen. Mir war die Ungezwungenheit des englischen Lebens neu, das sich in den großen Parks abspielende Rasenleben und die völlige Freiheit, mit der jeder tun und lassen konnte, was ihm beliebte.

Das Wintersemester 1910/11 sah mich nochmals in Berlin. Ich hatte mich nach einigem Schwanken dafür entschieden, vor der Übersiedlung nach Tübingen nicht mehr zu wechseln, da ich die Überzeugung gewonnen hatte, daß ich in der Berliner Atmosphäre gut arbeiten konnte. Ein nochmaliger Wechsel erschien mir nicht ratsam, obgleich ein Semester in Genf oder Lausanne mir nicht übel gefallen hätte. Aber ich kam nach einiger Überlegung davon ab, da ich mir sagte, daß eine kurze Zeit an einem neuen Ort, besonders im Ausland, im 5. Semester nicht mehr angebracht sei und die Gefahr mir vor Augen stand, durch neue örtliche Eindrücke und Reize zu sehr von der Arbeit abgelenkt zu werden. Außerdem hätten die tariflichen Studien im Ausland schließlich ganz ruhen müssen, da das Material dort sicherlich nicht zu bekommen war, und ich wollte diese Studien nicht unterbrechen. Vielleicht wäre es ganz richtig und nützlich gewesen, im 3. Semester diesen Gedanken eines Auslandsemesters auszuführen, da hätte es nicht weiter gestört, aber jetzt erschien es mir nicht ratsam. Dazu kam, daß das Wintersemester durch die Berliner Theater besonders reizvoll erschien, und so blieb es nochmal bei Berlin.

Um meine Arbeit fördern zu können, belegte ich nur eine kleinere Anzahl von Vorlesungen. An juristischen Vorlesungen schrieb ich mich nur bei Anschütz[119] ein, dessen Kolleg über deutsches Reichs- und Landesstaatsrecht mich sehr anzog. Außerdem hörte ich bei ihm ausgewählte Lehren des deutschen Staatsrechts, die ergänzt wurden durch eine Vorlesung bei von Martitz über Geschichte der politischen Theorien der Neuzeit. Anschütz war kurz vorher über Tübingen und Heidelberg nach Berlin berufen worden, um die dort ebenfalls notwendige Verjüngung der Juristenfakultät einzuleiten, und stand damals am Anfang der Vierzig. Sein Ruhm war schon damals recht groß, aus gutem Grund, da er ein Meister der Darstellung war und über eine außerordentlich glückliche Formulierungsgabe verfügte. Mit Recht wurde sein Kommentar zur Preußischen Verfassung, und später zur Weimarer Verfassung, berühmt. Sehr inhaltsreich war des Herrn von Martitz Vorlesung über Völkerrecht. Sie war sehr sorgsam zusammengestellt, nichts Himmelstürmendes, was dem alten Herrn überhaupt nicht lag, aber sehr viel und gut geordneter Stoff. Im Anschluß an seine schon im vorherigen Semester belegte Vorlesung über Bevölkerungsstatistik hörte ich nunmehr bei Bortkiewicz[120] allgemeine Theorie der Statistik. Bortkiewicz, in Petersburg geboren, hatte auch dort und an verschiedenen deutschen Universitäten studiert, war einige Jahre Beamter im russischen Verkehrsministerium gewesen und zwanzig Jahre außerordentlicher Professor in Berlin, um dann endlich Ordinarius zu werden. Typisch slawisch im Aussehen, mit der Aussprache des Deutschen kämpfend, war seine Spezialität mathematische Statistik. Irgendeine seiner Arbeiten hatte die Sterblichkeit und Langlebigkeit der orthodoxen Bevölkerung des europäischen Rußland untersucht. Er hatte sich viel mit dem Gesetz der Zahlen beschäftigt, und später einmal habe ich eine Untersuchung von ihm über radioaktive Strahlung als Gegenstand wahrscheinlichkeitstheoretischer Untersuchungen gesehen, aber nicht entfernt verstanden. Auch diese Vorlesung war zu mathematisch für mich, als daß ich sie verstanden hätte. Da war Bernhards »Praktische Nationalökonomie« schon etwas anderes. Das war pulsierendes Leben, zum Widerspruch reizend in mehr als einem Punkte, aber durch Vortrag und Formulierung wirklichkeitsnah.

Waldemar Zimmermanns[121] ordentlich vorbereitetes Kolleg über die Organisation der Arbeitgeber und Arbeitnehmer brachte viel Material. Bei Adolph Wagner hörte ich seine Hauptvorlesung über Agrar- und Industriestaat, die eine Zusammenfassung seiner Lebensarbeit bedeutete, und neben einem geschichtlichen Überblick über die Wandlungen seine grundsätzliche Meinung gegen die übersteigerte Industrialisierung zusammenfaßte. Es war ein bedeutsames Kolleg, aber doch schon von einem sich müde fühlenden Mann, der den Höhepunkt des Forschens und Kämpfens hinter sich hatte. Die Strenge seiner Anschauungen trat immer mehr in seinen asketischen Zügen in Erscheinung.

Durch einen Münchener Studienbekannten, Herbert Weil, war ich wiederholt auf einen neuen Privatdozenten hingewiesen worden, der außerordentlich anziehend vortrug und dessen Formulierungen ganz abseits vom bisherigen Wege liefen, Franz Oppenheimer[122]. In Berlin geboren, hatte Oppenheimer Medizin studiert und zehn Jahre als Arzt praktiziert. Nachher einige Jahre als freier Schriftsteller lebend, widmete er sich der Volkswirtschaft und promovierte 1908 zum Dr. phil. Er hatte auch eine Reihe von rein literarischen Arbeiten veröffentlicht, sich dann vor allem mit

Siedlungsfragen beschäftigt und war von da aus an die Fragen des Großgrundbesitzes und der Bevölkerungspolitik vorgestoßen. Ricardos Grundrententheorie war dann Gegenstand einer sehr interessanten Untersuchung.

Oppenheimer war ein Sozialist auf nicht marxistischer Grundlage, lehnte Marxsche Gedankengänge als in der Konstruktion völlig verfehlt entschieden ab und suchte die Befreiung der Arbeiterklasse teils durch die Entwicklung des genossenschaftlichen Gedankens überhaupt, teils durch großzügige Reformierung des Bodenrechts auf genossenschaftlicher Grundlage. Seine eigene wissenschaftliche Produktivität war außerordentlich. Die Zahl seiner Werke wuchs im Lauf der Zeit außerordentlich an. Sein Buch über den Staat und sein großes Werk über die Theorie der reinen und politischen Ökonomie sind mit die bedeutendsten Leistungen der deutschen Soziologie. Von Simmel[123] in vielem beeinflußt, sucht er das System des liberalen Sozialismus zu begründen. Die Aussperrung des Grund und Bodens gegen die Siedlungsbedürftigen durch das Grundeigentum ist ihm der Schlüssel zur endgültigen Lösung der sozialen Frage. Marx sah nur den Pseudoliberalismus des Großbürgertums, und darum galten ihm der Liberalismus und der Sozialismus als ewige Gegensätze. Oppenheimer erschien der echte Liberalismus, der keiner Klasse, sondern der Menschheit dient, soweit sie an Recht und Freiheit getränkt ist, als identisch mit dem Sozialismus. Löst man die Bodensperre, indem man das Großgrundeigentum beseitigt, so gibt es nach Oppenheimers Auffassung auf absehbare Zeit keine Arbeiterklasse und kein Kapitalverhältnis. Der Sozialismus ist Wirklichkeit geworden: eine Gesellschaftswirtschaft, in der es nur noch eine Einkommensform gibt, den Arbeitslohn, in der aber Grundrente und Profit bis auf geringe Splitter verschwunden sind – eine Gesellschaftswirtschaft, die sich von der unseren in ihren Grundlagen durch nichts anderes unterscheidet, als daß niemand mehr Boden besitzt, als er selbst bebaut, in der die volle Freiheit des wirtschaftlichen Wettbewerbs allein die Marktbeziehungen regelt, und in der dennoch die volle Harmonie aller wirtschaftlichen Interessen besteht: der Sozialismus, erreicht auf dem Weg des Liberalismus...

Oppenheimer hat seine Auffassung jahrelang in Wort und Schrift unermüdlich vertreten und eine große Anzahl von Schülern gehabt, die ihm schwärmerisch anhingen, da er inbesondere zu seinen engeren Schülern in einem harmonischen und inneren Verhältnis stand. Seine soziologische Betrachtung, die stark auch durch seine medizinisch-naturwissenschaftliche Ausbildung beeinflußt wurde, verstand er zu einem theoretischen System auszugestalten, das innerlich sehr einheitlich war. Mir erschien es etwas im luftleeren Raum dargestellt zu sein, obgleich ich seine Geschlossenheit anerkennen mußte, wie er überhaupt einer der wenigen war, die den Versuch einer einheitlichen geschlossenen theoretischen Konstruktion und eines einheitlichen theoretischen Systems machten. Sein Kolleg war schwierig, aber interessant. Seine Schüler setzten sich aus Menschen zusammen, die teils ein besonders theoretisches Interesse hatten, teils auch ganz zweifellos Sozialisten waren, sonst kamen sie mit seinen Formulierungen nicht immer mit. Ich habe welche darunter gekannt, die mit ihm während der Ferien wochenlang Hochtouren gemacht haben – dies war auch seine große Leidenschaft – und die völlig verwandelt durch den Zauber des Zusammenseins mit ihm zurückkehrten. Alle haben ihm dankbar Gesinnung bewahrt und ihn als charaktervollen, menschlich makellosen Mann bezeichnet. Reiner Idealist der er war, hat er nach dem Zusammenbruch seiner Lehrtätigkeit auf einem großen Gut, »Bärenklau«, versucht, seine Siedlungspläne auf genossenschaftlicher Grundlage mit jüdischen Siedlern zu verwirklichen, ist aber durch den weiteren Verlauf der innenpolitischen Entwicklung daran gehindert worden. Die Grundlegung der Soziologie in Deutschland ist wesentlich ihm mitzudanken.

Mit ihm in Wechselwirkung stand Georg Simmel, der als Philosoph von Fach ebenfalls stark soziologische Studien trieb. Ich geriet in seine Vorlesung über die Philosophie des Geldes, die ungeheuer geistvoll war, aber außerordentlich schwierig, und mich veranlaßte, das keineswegs einfache Werk eingehend durchzuarbeiten. Die Vorlesung zu hören brachte ich nicht fertig, da ich die gymnastischen Verrenkungen Simmels bei der Geburt von Worten und Formulierungen nicht ertragen konnte. Dieser in seinen Formulierungen so ästhetische Mann war in seinem äußeren Gehaben denkbar unästhetisch. Er schien sich immer in den Bewegungen einer Kreißenden zu fühlen, bis ihm die richtige Formulierung gelang. Auf mich wirkte das, ob mit Recht oder Unrecht lasse ich dahingestellt sein, so, daß ich ihn als Redner nicht ertragen konnte. Das Geld erschien ihm nur als Mittel, Material oder Beispiel für die Darstellung der Beziehungen, die zwischen den äußerlichsten, realistischsten, zufälligsten Erscheinungen und den ideellsten Potenzen des Daseins, den tiefsten Strömungen des Einzellebens und der Geschichte bestehen. Auch bei Simmel fand ich den Wunsch und die Sehnsucht nach der nur historischen Betrachtung zu einer neuen Synthese zu gelangen, wieder ein Abbild zu schaffen. Die Auseinandersetzung, die er als Philosoph mit Kant[124] gesucht und gefunden hatte, gab ihm den Mut, sich daran zu machen, das schwierigste ökonomische Problem, das Geld, in ein soziologisch-philosophisches Gesamtbild einzuordnen.

Nunmehr im 5. Semester stehend, besuchte ich neben seiner Vorlesung auch die Übungen im staatswissenschaftlichen-statistischen Seminar Gustav Schmollers. Der 72jährige war noch in voller geistiger Frische und Aktivität. Seine Vorlesung über Wesen und Geschichte der Klassenbildung behandelte im Wesentlichen die Arbeitsteilung, das Eigentum und seine Verteilung und die gesellschaftliche Klassenbildung... Sein Seminar war außerordentlich interessant, weil an ihm sich auch Männer beteiligten, die schon in der Praxis des Lebens standen, vor allem Beamte. Schmoller gab jedem uneingeschränkte Redefreiheit – unterbrach nur, wenn einer allzu blühenden Unsinn vorbrachte.

Aber es war ihm nur recht, wenn auch die jüngeren Semester sich beteiligten und so etwas wie eine eigene Meinung von sich gaben. Bei irgendeinem Anlaß habe ich einmal für einen Studenten merkwürdig genaue Kenntnisse über einen Gedanken von Adam Smith entwickelt, den ich damals gerade durcharbeitete. Schmoller unterbrach mich und fragte sehr freundlich: »Woher wissen Sie denn das alles so genau?« Ich war etwas aus dem kühnen Flug meiner Gedanken gebracht und sagte in voller Naivität: »Ich kenne Adam Smith persönlich«, worauf Schmoller lachend erwiderte: »Nun das ist eine Bekanntschaft, zu der ich Sie nur beglückwünschen kann.« Das heitere Intermezzo hatte jedoch die freundliche Folge, daß er mich in diesem Semester, wo ich noch gar keine Anwartschaft darauf gehabt hätte, in den Kreis seiner engeren Schüler aufnahm und ich in diesem kleinen Zirkel mehr lernte, als ich je erträumt hätte. Auch in sein Haus wurde ich in der Folge öfters eingeladen. Ich habe die gastlichen Stunden, die ich dort verbracht habe, in dankbarer Erinnerung behalten. Ich glaube mit gutem Grund sagen zu können, daß ich in Schmoller den bedeutendsten meiner akademischen Lehrer erkenne, und daß ich ihm in der Betrachtung der Probleme und der Inangriffnahme der Behandlung wissenschaftlicher Fragen außerordentlich zu danken habe.

Ich habe nie zur rein historischen Schule gehört und immer die psychologische Seite von Menschen und Problemen zu erkennen gesucht. Aber auch darin unterschied ich mich nicht von Schmoller, denn es ist falsch, ihn nur als Vertreter eines rein formalen Historismus zu betrachten und nicht anzuerkennen, wie sehr ihm alles Menschliche am Herzen lag. In der kurzen Schilderung von Menschen war er geradezu Meister und wußte alles Lebendige zu erkennen und zu werten.

So gegensätzlich Ludwig Bernhard und Gustav Schmoller gewesen sein mögen, und so sehr Schmoller innerlich Bernhard abgelehnt haben mag, so haben beide doch manche Züge des Temperaments und der Pädagogik gemeinsam. Es war sicherlich mehr als ein Zufall, daß ich mich von beiden angezogen fühlte und daß mir beide – Bernhard zuerst, da er mich genauer kannte, Schmoller erst bei meinem zweiten Berliner Aufenthalt – empfahlen, den Gedanken zu überlegen, ob ich mich nicht habilitieren und ganz dem akademischen Beruf widmen wolle, selbstverständlich nicht als Jurist, sondern als Staatswissenschaftler. Die Anregung Bernhards kam ganz überraschend für mich, aber ich versprach, sie zu überlegen und auch meine weiteren Studien so einzurichten, daß ich kein einseitiger Jurist werden würde. Die pädagogische Seite erschien mir besonders reizvoll, zumal ich auch während der Berliner Semester die Arbeiterunterrichtskurse fortgesetzt hatte und in wachsendem Maß dabei Freude empfunden hatte. Der junge Berliner Arbeiter und Angestellte, mit dem ich dadurch in Berührung kam, erschien mir so ganz anders, als ich ihn mir hatte vorstellen müssen nach den Berichten über politische Versammlungen. Er war ein nüchterner, strebsamer, sehr aufgeschlossener Mann, der nichts anderes wollte als der normale junge Mensch, nämlich sich fortzubilden. Deutsch und Staatsbürgerkunde waren die Fächer, in denen ich gern und regelmäßig unterrichtete, obwohl die Raumverhältnisse für den Unterricht in den Berliner Gemeindeschulen weder als schön noch als würdig anzusehen waren. Aber die Kurse hatten für mich einen Zwang, die Fragen auf eine einfache Formulierung zu bringen und alles Komplizierte beiseite zu lassen. Sie waren dadurch für den Unterrichtenden selbst eine ausgezeichnete Erziehung und gewährten gleichzeitig einen Einblick in die Gedankenwelt des einfachen Menschen, deren Kenntnis mir später mehr als einmal wertvoll sein sollte.

3 Studium in Tübingen 1911–1913
Heiratsfähige Tochter – Professorenfaulheit

Zweimal erlebte ich im Jahr 1911 den Frühling: zuerst im April in Rom, Neapel, Brindisi und Athen – ewig blauer Himmel über der Hadriansburg und ewig blauer Himmel über der Akropolis – und zum zweiten Mal in den duftig grünen Wäldern des Schönbuch und des Bebenhauser Forstes. Denn am 11. Mai 1911, im Rektoratsjahr des Juristen Professor von Heck[125], wurde ich in der Juristenfakultät in Tübingen immatrikuliert. Zweifache Möglichkeiten erschließt die deutsche Kleinstadtuniversität: entweder sich ganz ihrem Zauber hinzugeben und die Möglichkeiten des Korporationsstudententums bis zur Neige auszukosten, oder sich auf das Examen vorzubereiten und die freien Stunden zum Genuß der Landschaft zu benutzen. Tübingen war zu beidem hervorragend geeignet. Die ganze Schönheit des Schwabenlandes ist um die Stadt ausgebreitet. Am Neckar hügelan aufsteigend, liegt zwischen dem Schloß Hohentübingen und dem Österberg die Stadt, die seit 450 Jahren eine Universität beherbergt, die immer in der wissenschaftlichen Welt einen guten Klang gehabt hat. Man muß in einer Mondnacht unten am Neckar gestanden haben und die heimlichen Geister um das Stift sich bewegen gesehen haben, um zu verstehen, was diese Stadt dem Schwabenland und darüber hinaus, mit manchem Kopf, Deutschland und der Welt geschenkt hat. Diese 4½ Jahrhunderte hatten am Äußeren des Stifts und am Inneren nicht allzuviel geändert.

Eigenschaften der Neuen Zeit rührten kaum an die Einrichtungen des Stiftes… Melanchthon, Osiander, Johannes Kepler, Philipp Matthäus Hahn – Pfarrer und Gründer einer Schule von Feinmechanikern, die eine weltbekannte Präzisionsmechanikindustrie schuf – Abel, Schillers Lehrer an der Hohen Karlsschule, Hegel, Schelling, Hölderlin, Gottfried Elben, der Gründer des *Schwäbischen Merkur,* der seit 1785 bis zur Inflation im reinen Familienbesitz der Elben geblieben ist, Johann Albrecht Mez – Helfershelfer des Juden Süß, aber nicht wie dieser gehenkt worden, sondern nur verhaftet und kassiert, später kurmainzischer Hof- und Regierungsrat – Reinhard, Graf und Pair von Frankreich, nachdem er der französischen Republik und unter dem Kaiserreich wie unter der Restauration gedient hat, Ferdinand Christian Baur, David Friedrich Strauß, Friedrich Theodor Vischer, Eduard Zeller, Karl Christian Planck, Sigwart, Theobald Ziegler und viele Hunderte haben dort gelebt, gearbeitet, philosophiert, gedichtet, gestritten und um die letzten Erkenntnisse gerungen.[126] Auch das 19. Jahrhundert hat hieran nichts geändert. Eine Vielzahl von Stiftlern hat nicht als Theologen geendigt, sondern war in einer großen Anzahl anderer Berufe zu finden. Aber überall haben sie häufig Bedeutendes, Schöpferisches, Endgültiges geleistet, sich den sinnierenden Zug des Schwaben, von Generationen her überkommen und durch die Landschaft immer wieder neu geweckt und verstärkt, bewahrend.

Diese Tradition des Stiftes wirkte auf den Geist der Universität auch dann noch, als sie längst allen Wissenschaften sich weltoffen erschlossen hatte. Sie war seit Jahrhunderten von den Fürsten des Landes und vom Land selbst gepflegt worden – nicht einmal die Liebe des Herzogs Karl Eugen zur Karlsschule in Stuttgart hat ihr wesentlichen Abbruch getan, und wenn auch gelegentlich Wünsche laut wurden, sie nach Stuttgart als dem kulturellen und wirtschaftlichen Mittelpunkt des Landes zu verlegen, so waren solche Forderungen immer nach kurzer Zeit wieder vergessen. Ganz abgesehen davon, daß das kleine Land viel zu viel materielle Werte in den Instituten und Bauten, Kliniken und sonstigen Einrichtungen investiert hatte – es war auch viel zu viel geistige Tradition mit dieser Universitätsstadt verbunden, die sich als Stadt, im eigentlichen Sinn, von den Einwirkungen des geistigen Lebens der Universität ferngehalten hat, ja im Grunde genommen fremd blieb. Die »Eingeborenen« Tübingens, Handwerker und Weingärtner, führten seit Jahrhunderten ihr eigenes Leben und hielten bis zur Gegenwart daran fest. Die untere Stadt, in der die Weingärtner lebten, die »Gogen«, wie sie in einem nicht zu verdeutschenden schwäbischen Ausdruck hießen und heißen, waren höchstens als Vermieter von im Neckarviertel höchst einfachen Zimmern an die Studenten interessiert – auch das nur zum Teil, denn manche lehnten selbst dies ab. Sie waren innerlich viel zu unabhängig und viel zu frei, als daß sie sich mit solchen Sachen abgegeben hätten...

Im neueren Studentenviertel hinter der Universität wohnten keine Gogen. Das schöne Wohnviertel Tübingens erschloß sich an den Hängen des Österbergs, wo, unten am Neckar beginnend, die schönsten Korporationshäuser standen, die sich allmählich mit Einfamilienhäusern mischend auf den Österberg hinaufziehen. Auch hinter der Gogerei, an der Biesingerstraße, lagen schöne Verbindungshäuser und Professorenwohnungen. Die studentischen Wohnungsverhältnisse waren vielfach nicht gut. Zwar fehlte die in Berlin im eigentlichen Studentenviertel so ungünstige Vermischung mit der Prostitution, da es die in Tübingen praktisch nicht oder jedenfalls nur in völliger Heimlichkeit gab. Aber die Zimmer waren großenteils alt, in zwar höchst malerischen, aber doch den ehrwürdigen Staub vieler Jahrhunderte an und in sich tragenden Häusern, mit alten ausgetretenen Treppen, wurmstichig und nur selten eine behagliche Atmosphäre verbreitend. Schwemmkanalisation fehlte damals noch in Tübingen. Die für den Menschen unerläßlichen Einrichtungen zur Aufrechterhaltung der persönlichsten öffentlichen Ordnung wiesen vielfach einen nicht zu übertreffenden Stand an Primitivität auf. Selbst in den Instituten waren diese Einrichtungen vorsintflutlich. Es hat jahrelanger Kämpfe bedurft, um die Gemeindeverwaltung soweit zu bringen, daß eine moderne Schwemmkanalisation eingerichtet wurde. Wie weit dies an dem damaligen Oberbürgermeister[127] lag, einem alten sonderbaren Heiligen, der mit seiner Freundin zusammenlebte und sie erst heiratete, nachdem es in der kleinen Stadt nicht mehr anders ging, wie weit es der im Grunde ja finanzschwachen Stadt zu kostspielig war, der alle Industrie fehlte bis auf eine Brauerei und einige kleine Holzverarbeitungsbetriebe, wie weit es den Gogen lang recht war und sie gar kein Verlangen nach einer Änderung spürten, weiß ich nicht. Möglich, ja wahrscheinlich ist, daß alle drei Umstände zusammenwirkten. Aber schließlich drängte der Staat sehr energisch darauf, da es in den Kliniken nicht so weiterging. Er gab dann auch der Stadt einen erheblichen Beitrag. Trotzdem hat die Frage des Anschlußzwangs nachher noch lange eine große Rolle gespielt und zu heftigen Debatten in den Tübinger Gemeindekollegien geführt. Endlich setzte sich aber doch die »Professorenpartei« durch, die im Interesse der Universität auf Abhilfe drang.

Das Studentenleben spielte natürlich in und für die Stadt eine ausschlaggebende Rolle. Die meisten jüngeren Semester, einschließlich der Stiftler, waren aktiv, die aus Norddeutschland stammenden fast ohne Ausnahme. Sie kamen besonders gern für den Sommer, wo, wie in anderen schön gelegenen Universitätsstädten, die Studentenzahl immer stark anstieg. Die Wohnungen waren vielfach in den Korporationshäusern erblich, das heißt, der Ausziehende hinterließ seine Bude dem nächsten Verbindungsbruder, der neu ankam. Während des Semesters wurde nicht umgezogen, es wurde immer für ein Semester festgemietet und bezahlt. Die Miete dauerte genau so lang, wie das akademische Semester. Blieb ein Student ausnahmsweise einmal während der Ferien da, etwa um zu arbeiten oder während der Ferien eine Übung bei dem in Tübingen garnisonierenden Infanteriebataillon zu machen, so war eine Sonderregelung wegen der Miete üblich. Frühstück wurde natürlich auch dort überall von den Vermieterinnen mitgeliefert. Das Mittagessen wurde von einzelnen Korporationen in bestimmten Lokalen genommen, viele gingen – sehr zum Ärger der Gastwirte – dazu über, auf ihren Häusern zu essen. Der Kneipbetrieb spielte sich im allgemeinen auf den Häusern ab. Diejenigen Verbindungen, die über keine eigenen Häuser verfügten, hatten in bestimmten Wirtschaften ihre Kneipräume. Aber wer es sich irgendwie leisten konnte, hatte sich im Lauf der letzten Jahre ein eigenes Haus zugelegt. Dann wurden die sogenannten Exkneipen in Gastwirtsräumen in Tübingen oder in der Nachbarschaft abgehalten. Das studentische Leben der Korporation spielte sich überwiegend auf den Häusern ab. Nur die Spazierritte, die damals in Tübingen eine große Rolle spielten – es gab einen als Universitätsinstitut geführten Reitstall mit einem amtlich bestellten Universitätsreitlehrer, der ungefähr zweihundert Pferde hatte – und die Exkneipen sowie die Mensuren führten in den Schönbuch, nach Hohenentringen, nach Bebenhausen, nach Bad Eyach oder über Reutlingen auf die Schwäbische Alb. Denn dem Zauber der Landschaft erschlossen sich alle – da mußte einer schon ein ausgekochter Philister sein, daß er sich den

Eindrücken der schwäbischen Landschaft hätte entziehen können.

Ein eigenes Theater gab es nicht in Tübingen. Dagegen spielte im Winter das königliche Hoftheater aus Stuttgart einmal monatlich in den Räumen der Museumsgesellschaft. Das war jedesmal ein gesellschaftliches Ereignis für die Universitätsstadt, da sich da alles traf, was an Honoratioren in der Stadt ansässig war, dazu Professoren und Studenten. Fast jeder war studentisches Mitglied der Museumsgesellschaft, wo man sich im Winter auch zu Tanz und Konzert einfinden konnte, sowie die Möglichkeit hatte, sorgfältig ausgesuchte Zeitungen zu lesen. Das Museum, in dem man auch preiswert essen konnte, war überhaupt der Ort, wo sich ein wichtiger Teil des Tübinger Lebens abspielte. Zahlreiche Professoren, die entweder nicht über ausreichende Räume in der eigenen Wohnung verfügten oder ihre Frau nicht mit der Arbeit belasten wollten, gaben dort ihre gesellschaftlichen Einladungen, die in Tübingen eine große Rolle spielten und an der auch große Teile der Studentenschaft teilnehmen konnten. Zahlreiche Professoren waren Alte Herren bei einer Tübinger Verbindung oder einer Bundeskorporation. So ergab sich die selbstverständliche Verpflichtung zu Einladungen. Die Seminarteilnehmer und älteren Semester pflegten Hausbesuche bei den Seminarleitern zu machen und daraufhin regelmäßig auf die Liste der Einzuladenden zu kommen. Es gab da natürlich die verschiedenartigsten Abstufungen und Variationen. Manche bekamen nur Einladungen zu den ganz großen Veranstaltungen, wo es eben nicht anders ging als auch sie einzuladen. Anderen wurde das Haus freundschaftlich geöffnet, und man konnte jede Woche mit einer Einladung rechnen, dann immer im kleinen Kreis und zwanglos. Manchmal nahm ein Dozent einen ihm nahestehenden Studenten nach dem Seminar noch mit nach Haus, um irgendein wissenschaftliches Gespräch fortzusetzen und sich in Geselligkeit zu ergehen. Beim Rektoratsball wurden für die Studentenschaft natürlich nur Vertreter der Korporationen, unter denen es eine strenge Rangordnung gab, deren Änderung jeweils mit schweren Erschütterungen begleitet zu werden pflegte, eingeladen. Ich kam sehr rasch in Berührung mit einer Reihe von Professorenfamilien, nachdem durch eine Unterhaltung durchgesickert war, daß ich mich vielleicht habilitieren würde. Insbesondere wo heiratsfähige Töchter waren und wo getanzt wurde, hatte man mit einer solchen Vorgabe manche Chance.

Ich wohnte im Sommer 1911 und im Wintersemester 1911/12 in der Nauklerstraße, zusammen mit meinem Vetter Karl, der sich damals auf das Referendarexamen vorbereitete, im Sommer 1912 und Wintersemester 1912/13 in der Grabenstraße bei Schreinermeister Reichle, gegenüber dem Botanischen Garten. Dies war eine besonders nette Wohnung, die ein kleines durch eine Holzwand abgetrenntes Schlafzimmer enthielt. Das Arbeitszimmer war auch nicht sehr groß, aber recht gemütlich, da es mit Holz verkleidete Wände hatte. Für Tübinger Verhältnisse war es geradezu geschmackvoll. Ich bin dem Schreinermeister Reichle und seiner schwerhörigen Frau, mit der jede Unterhaltung infolgedessen auf erheblich Schwierigkeiten stieß heute noch dankbar, daß er meine Wünsche immer respektierte und für meine Bücher die erforderlichen Regale angefertigt hat. In diesem Zimmer habe ich gern gearbeitet, da es möglich war, das Fenster immer offen zu halten, und da die Nachbarschaft des Botanischen Gartens einem einen Blick ins Grüne gewährte.

Gegessen habe ich im Sommer zumeist in der Neckarmüllerei, wo man im Freien sitzen konnte. Dies war ein sehr hübsches Lokal, das auch über einen großzügigen Garten verfügte. Um dieses willen wurde es später an das Corps Suevia verkauft, das damit seinen schönen Besitz noch weiter abrundete. Die Schwaben waren die vornehmste Korporation Tübingens, in der auch König Wilhelm II. aktiv gewesen war und mit dem er auch von seinem höchst einfachen, aber idyllisch gelegene Sommersitz in Bebenhausen immer in leichter Verbindung blieb.

Einer der wenigen Schwaben, der in in diesem Korps aktiv war – es hatte in der Tat auffallend wenige Schwaben als Aktive, da die Korps sich überwiegend aus Norddeutschen zusammensetzten – war Oberbürgermeister von Mülberger aus Esslingen. Bei einem Spaziergang im Schönbuch soll er seinem königlichen Korpsbruder eine wackere Frau mit dem Worten vorgestellt haben: »Das ist eine tüchtige Frau, Majestät, die hat zehn Kinder.« Worauf die Frau sagte: »Entschuldiget Se no, Majestät, send bloß nei, s'zehnt hot der Herr Oberbürgermeister dazu gemacht!« Wobei man unterstellen darf, daß auch der König den Hang und Drang des als Plauderer und Verehrer schöner Frauen so reizenden Kollegen Mülberger genau gekannt hat.

Viel kam ich auch zum Hanskarle einer etwas abseits gelegenen kleinen Weinwirtschaft, wo man auch im Freien sitzen konnte, sofern man Platz bekam.

Bei besonderen Anlässen aß man im Lamm, dem ersten, malerischen am Marktplatz gelegenen Gasthof, mit dem alten Basha als Besitzer, einem wegen seiner Grobheit selbst in Tübingen auffallendem Original. Man aß aber wirklich gut bei ihm und sah deswegen über seine Grobheiten gerne hinweg. Auch im Ochsen aß man recht gut. Ein beliebtes Lokal zum Abendessen war der Lembo, der seines Zeichens Bäcker und mit dem bürgerlichen Namen Lemberger behaftet war, gute Eierspeisen und einen vortrefflichen Wein ausschenkte. Im Sommer ging man nach Schwärzloch, wo man auf schönem Wiesengrunde für unglaublich wenig Geld ein Stück Wurst, Rettiche, Salat und ein Glas Most, Wein oder Bier bekam. Über die Wurmlinger Kapelle in einer Mondnacht dann zurückzugehen, das gehörte zu Tübingen als seinem schönsten Sommerspaziergang. Am Sonntag früh bin ich manchesmal nach Hohenentringen durch den Schönbuch geritten oder gegangen und habe drüben gefrühstückt. Auch nach Bebenhausen kam ich nicht selten, da es dorthin einen besonders schönen Waldweg gibt. Die Zahl der kleineren und großen Ausflugsmöglichkeiten ist sehr groß bei einer Stadt, die zwischen Hohenstaufen und Hohenzollern liegt. Nicht viele Städte können sich einer solchen Nachbarschaft rühmen und damit so viel Geschichte umreißen...

Was die Schönheit der Professorentöchter anbelangt, so gehörte zu den hübschesten das Fräulein Wislicenus[128], auf die man gern beim Vorbeigehen an der chemischen »Klinik«, dem chemischen Institut, einen freundlichen Blick warf. Die Tochter des Theologen Wurster[129] war ein lustiges Schwabenmädel, gar nicht theologisch angehaucht. Als wir einmal in frühen Morgenstunden mit dem meinem Vetter gehörenden Hund »Ernstle« einen wohl etwas laut geratenen Schwatz vor ihrem Fenster machten, warf sie dem »armen Hund«, der sich wohl langweilte, einen Knochen herunter. Er wurde ihr am nächsten Tag wieder zurückerstattet, fein säuberlich verpackt, in einem blumengeschmückten Paket, mit einem von mir verfaßten Gedicht – bestand aber nicht mehr aus der natürlichen Knochensubstanz, sondern war extra zu diesem Zweck in Tübingens schönster Konditorei angefertigt worden und aus reiner Schokolade hergestellt. Das Wursterle hat noch das ganze Semester hindurch gelacht, wenn sie uns als den gemeinsamen Herren des Hundes, den vermutlichen Tätern, begegnete. Genau erfahren hat sie es wohl nie.

Besonders hübsch war auch eine Tochter des allmächtigen Kanzlers, Max von Rümelin, Sohn des berühmten Gustav von Rümelin und Marie Schmoller, selbst Marie heißend, eine von drei Schwestern, die noch in jugendlichem Alter von den Privatdozenten sehr umworben wurde und für die Studenten nur ein hoheitsvolles Kopfnicken zu haben pflegte[130]. Wenn man der Dynastie Rümelin angehörte, hatte man es auch nicht nötig, mehr zu gewähren, selbst bei einem gelegentlichen Nachmittagsbesuch in der besten Konditorei Tübingens, der einzigen, in die sich Professorentöchter, von einer Schar von Freundinnen begleitet, hineinwagten, und beinah der einzigen, die kouleurfähig war. Kaffeehausbesuch war fast unmöglich, weil es keine gab. Höchstens daß man einmal ins »Schlagenhauff« gehen konnte, das jedoch von einer bestimmten Nachtstunde an manchmal mehr als eindeutig sein sollte. Da die meisten der Studenten in ihren Häusern und mit ihren Korporationen lebten, was das Bedürfnis nach Kaffeelokalen nicht allzu groß. Eine Gegend, in der es so süffigen und billigen Wein gibt und die eine eigene Brauerei vor den Toren der Stadt hat, war bei der damaligen überwiegenden Lebensweise der Studenten auch kein günstiger Boden.

Die Nähe Reutlingens gab mir die Möglichkeit, die mir so liebe Einrichtung der Teilnahme an den Arbeiterunterrichtskursen fortzusetzen. Die Beteiligung war dort immer sehr rege, es waren teils Arbeiter, teils Angestellte, aber auch jüngere Verwaltungsbeamte, die ich in meinen Kursen über Staatsbürgerkunde hatte. Sie waren sehr erstaunt, von mir zu hören, daß sie in Friedrich List einen Landsman besaßen, der nicht nur der größte deutsche Nationalökonom des 19. Jahrhunderts war – mir steht er im Rang weit vor Schäffle[131] sondern der auch Weltruhm besaß. Man mußte jedesmal nach Reutlingen mit dem Zug fahren. Bei den schlechten

Finanzverhältnissen des Vereins zahlte ich die Fahrtkosten selbst. Nach dem Kurs konnte man noch nicht gleich nach Hause fahren, sondern mußte in Reutlingen auf den letzten Zug warten. In mancher Sommernacht bin ich auch zu Fuß zurückgelaufen, was immer ein ganz hübscher Nachtmarsch war. Meine Reutlinger Kursteilnehmer waren großenteils sehr anhänglich. Jahrelang habe ich von einzelnen Briefe bekommen, die mir Nachricht von ihren Sorgen und Nöten gaben. Die meisten Lehrer waren nichtkorporierte, die sich an den Kursen beteiligten. Ob auch in Tübingen selbst Kurse abgehalten wurden, kann ich mich nicht mehr entsinnen.

Die Freie Studentenschaft bestand zwar dem Namen nach, spielte aber kaum eine Rolle. Ein junger Schwarzwälder, Johannes Kempf, der in München Freistudent gewesen war, gab sich große Mühe, aber der Boden war schwierig und dornenvoll. Kempf, der im Weltkrieg gefallen ist, war ein prachtvoller, aufrechter Mensch, der mutig seinen Weg ging und innerlich ganz gut auf Naumann eingestellt war. Herman Kranold, ein ewig zwischen Juristerei und Medizin hin und her schwenkender Mann, suchte ihn nach Kräften zu unterstützen, war aber seiner Persönlichkeit nach für den schwäbischen Boden nicht geeignet. Im privaten Verkehr war Kranold dagegen ungeheuer interessant. Er war der beste Shakespearekenner, der mir begegnet ist. Er hatte eine wunderbare Bibliothek, sehr viele und schöne Ausgaben von Shakespeare und eine Riesenliteratur über ihn. Das ungeheuer Menschliche an den Shakespeareschen Gestalten ist mir in vielen Diskussionen mit Kranold erst ganz klar geworden. Später traf ich ihn wieder in einem Gremium des Preußischen Landkreistages – er war in der Zwischenzeit sozialdemokratischer Landrat in Sprottau geworden, ich habe aber vergessen, welches Studium er abgeschlossen hat. Er galt jedoch als guter Landrat.

Anstelle der Tätigkeit in der Freien Studentenschaft, um deren Arbeit ich mich nicht allzuviel kümmerte, mit deren Verbänden ehemaliger Freistudenten ich jedoch sowohl in München als auch in Berlin und Stuttgart in reger Fühlung blieb, trat der Akademisch-Sozialwissenschaftliche Verein Tübingen. Dieser war sehr rege, umfaßte eine stattliche Anzahl von Studierenden aus der juristischen und staatswissenschaftlichen Fakultät und hatte auch die Professoren zu Mitgliedern und die Jüngeren von ihnen zu regelmäßigen Versammlungsbesuchern. Tagungsort war ein Nebenzimmer im Museum. Vorsitzender war ein älteres Semester namens Silbereisen[132], der als Diplomingenieur ausgebildet noch Volkswirtschaft studierte. Er widmete sich der Sache mit großem Eifer, verstand es auch, gute Besichtigungen in der württembergischen Industrie zu veranstalten. Er wurde später Vorstandsmitglied der Salamander A.G. in Kornwestheim, hat aber, trotzdem er eine glänzende soziale Stellung innehatte, durch Selbstmord geendigt.

Auf Wunsch einiger mir nahestehender Dozenten, kümmerte ich mich auch um die Vereinsarbeit, da Silbereisen manchem der Herren zu stark unter dem literarischen Einfluß Wilbrandts[133] stand und man »unter der Hand« gern dagegen ein gewisses Gegengewicht schaffen wollte. Einmal gab es eine stürmische Auseinandersetzung wegen Aufnahme eines Studenten, von dem bekannt war, daß er sich schon in einer sozialdemokratischen Organisation betätigt hatte. Da der Betreffende außerdem Jude war, was nach den Statuten des Vereins keinerlei Hinderungsgrund sein durfte, gab es eine heiße Debatte darüber. Ich setzte mich natürlich für die Zulassung ein, da ich dem vorgebrachten Grund keinen Grund zur Nichtaufnahme sah, den vielleicht latent vorhandenen Antisemitismus aber unter keinen Umständen gelten lassen wollte. Mein Standpunkt setzte sich durch und der Heißumstrittene wurde aufgenommen. Es war Paul Hertz[134], der später als sozialdemokratischer Reichstagsabgeordneter die finanzpolitischen Fragen bearbeitete und zusammen mit Brüning und Popitz die Reichsfinanzpolitik jahrelang aufs stärkste beeinflußt hat[135]. Der kleine Tübinger Zwischenfall blieb Hertz in Erinnerung, und als ich ihn zum ersten Mal als Vertreter des Städtetages aufsuchte, hat er mich sofort auf Tübingen angesprochen. Für den Städtetag hat sich die Sache soweit günstig ausgewirkt, als ich Hertz in diesen Jahren jederzeit aufsuchen und mich mit ihm besprechen konnte. Typisch jüdisch im Aussehen, schmal, engbrüstig, mit schwarzem, etwas gelocktem Haar, war er von außerordentlicher persönlicher Bescheidenheit und zurückhaltender Art. Scharfsinnig, kenntnisreich, spielte er in der Partei eine große Rolle. Aus der immer stark radikalen Organisation des Zentralverbandes der Handlungsgehilfen hervorgegangen, hat er als Redakteur der »Leipziger Volkszeitung« nichts an Radikalismus verloren.

Im Gegenteil, die Leipziger galten immer als besonders radikal. Kein Wunder, daß Hertz daher bei der Unabhängigen Sozialdemokratischen Partei landete. Als deren Vertrauensmann kam er im November 1918 ins Kriegsernährungsamt und war dann eine Reihe von Jahren Berliner Stadtverordneter. Im Reichstag gehörte er nach der Fusion der SPD an, war deren finanzpolitischer Sachverständiger und verlor viel von seinem Radikalismus. In den Unterhandlungen war er immer zunächst streng sachlich, unterrichtete sich über die Problemstellung. Sobald er die Sache übersah, setzten politische Überlegungen bei ihm ein, er erwog dann, ob und wie weit eine bestimmte Stellungnahme für ihn politisch tragbar war, dann kam die Überlegung, wie sich etwaige andere Koalitionsparteien dazu stellen. Er war, solange seine Partei der Regierung angehörte , immer sehr regierungstreu und pflegte immer zu fragen: Was sagt Popitz dazu? Genau wie umgekehrt Popitz fragte: Was sagt Hertz dazu? Als Hertz Student war, fühlte er sich im größeren Kreis seltsam unsicher und hielt sich immer sehr zurück.

Von einer politischen Betätigung innerhalb der Studentenschaft ist mir nie etwas bekannt geworden. Tübingen wäre dafür wahrscheinlich auch ein schlechter Boden gewesen, da jede Korporation mehr oder weniger abgestempelt war und man höchstens bei den Korps nicht wußte, wohin der einzelne gehörte, aber die Grundeinstellung selbstverständlich als monarchisch und regierungsfreundlich vorausgesetzt werden konnte. Eine politische Versammlung entsinne ich mich nur einmal in Tübingen besucht zu haben, als Friedrich Payer während des Wahlkampfes im Januar 1912 sprach. Die Versammlung war überfüllt, meist Einheimische, aber auch Studenten darunter. Der Wahlkreis war Payer sicher. In der Diskussion sprach ein völkischer Student, der Payer alle möglichen Sünden vorwarf. Die Versammlung johlte ziemlich bald, insbesondere die Gogerei, die »ihren Payer« nicht angegriffen sehen wollte. Dieser war auch recht ungehalten und hat den armen Studenten fürchterlich abgekanzelt.

Die Professoren waren teils nationalliberal, teils Süddeutsche Volkspartei. Diese besaß in Rechtsanwalt Liesching einen hochangesehenen ortsansässigen Führer, der im Reichstag und im württembergischen Landtag eine vortreffliche Rolle spielte. Daß im November 1918 die Revolution in Württemberg einen relativ vernünftigen Lauf nahm und daß sich die Auseinandersetzung mit dem Königshaus in würdigen Bahnen vollzog, ist wesentlich mit sein Verdienst. Ich habe gern und oft in seinem Haus verkehrt und ihn als einen vortrefflichen Mann hochgeschätzt.

Hatte ich in Berlin bis zum Schluß die wesentlichen juristischen Vorlesungen gehört, so daß mir der Weg zum Referendarexamen offenstand, so reizte es mich auf einmal, möglichst rasch mein Doktorexamen zu machen, das heißt, zu zeigen, ob ich eine selbständige wissenschaftliche Arbeit anlegen, durchführen und abschließen könnte. Zur Vorbereitung schien es notwendig, alle Vorlesungen zu hören, die zum Examen notwendig waren, da es hier als unerläßlich galt, die von den örtlichen Größen vertretenen Auffassungen genau kennenzulernen. Der Führer der staatswissenschaftlichen Fakultät war Carl Johannes Fuchs, geborener Nürnberger, damals ungefähr 46 Jahre alt, von Freiburg als Nachfolger des alten Schönberg[136] berufen. Fuchs war ein großer, stattlicher Mann mit einem großen Vollbart, der bis dahin eine gute akademische Laufbahn vor sich gebracht hatte. Selbst Schüler Knapps, mit diesem und andern Schülern wie Wittich[137] eng befreundet, hoffte er, Tübingen als Durchgangsstation zu erleben und wie viele seiner Vorgänger auf dem volkswirtschaftlichen Lehrstuhl seiner Vorgänger in München oder gar Berlin zu endigen. Das Schicksal hat es anders mit ihm gewollt, und er blieb in Tübingen hängen.

Fuchs war in der Agrargeschichte reiner Knappschüler, und er hat in seiner Untersuchung über die Epochen der deutschen Agrargeschichte einen sachlich und pädagogisch ausgezeichneten Überblick gegeben. Agrarpolitik, Wohnungsfrage und Heimatschutz waren bis dahin seine Hauptarbeitsgebiete gewesen, dazu kam sein von Brentano so unterschätztes Büchlein über die Volkswirtschaftslehre in der Sammlung Göschen. Fuchs' Stärke waren seine Eigenschaften als Lehrer. Er las für den Durchschnittsstudenten ein ausgezeichnetes Kolleg, sauber gearbeitet, auf dem laufenden wenigstens annähernd mit der Literatur, gut vorgetragen. Seine Vorlesung vermittelte dem Juristen mehr als ausreichende Kenntnis, dem Spezialstudenten gab sie einen wertvollen Überblick über das von ihm zu beherrschende Material. War er auch kein himmelsstürmender Forscher, kein Mann umstürzlerischer oder gar nur auffallender Formulierung, so war er der gegebene Lehrer in bester Ausgabe. Alle wissenschaftliche Arbeit schwankt ja immer darum herum, ob die Universitätsdozenten mehr Forscher oder mehr Lehrer sein sollen. Die Vereinigung von beiden Eigenschaften in einer Person wird immer selten sein, denn die Zahl echter Forschernaturen und guter Lehrer ist viel geringer als man annimmt. Die Zahl wirklich guter Hochschullehrer ist nicht überwältigend, da ja die angeborene pädagogische Begabung nicht allzu häufig anzutreffen ist. Fuchs war sicherlich seiner Grenzen, ein großer Forscher zu werden, bald bewußt. Seine Arbeiten zeigen dies deutlich, denn nie hat er versucht, die ihm innewohnenden Grenzen zu überschreiten, nie hat er sich an Probleme herangemacht, an deren Lösung er gescheitert wäre. Um so mehr bildete er sich als Lehrer aus und hat da eine große Begabung bewiesen. Der Student fühlt es bald heraus, ob jemand als Marktschreier auftritt oder ob ein anständiger und wahrhaftiger Mensch vor ihm steht.

Bei Fuchs konnte man das Gefühl der Sauberkeit und Anständigkeit seiner wissenschaftlichen Gesinnung sofort spüren, und damit wurde er ein guter Lehrer. Seine Vorlesungen über die allgemeine Volkswirtschaftslehre und über Wirtschaftsgeschichte waren sehr instruktiv. Sie waren solide handwerkliche Arbeit, ohne an die elegante Eloquenz Brentanos, an die souveräne Beherrschung des Stoffes und der Form durch Schmoller, an die kluge theoretische Begriffsbildung Adolph Wagners heranzureichen. Fuchs wollte aber auch nicht mehr aus sich machen, als er mit Sicherheit zu geben vermochte. Alles Brillierende, alles nur auf den Eindruck Abgestellte, war ihm ganz fremd. Seine Neigung galt besonders der ländlichen Wohlfahrtspflege und Heimatpflege. Beide waren während der Industriealisierung Deutschlands stark vernachlässigt worden. Gab es denn auf dem Land Notstände, die eine besondere Wohlfahrtspflege rechtfertigten? War denn nicht alles in bester Ordnung? und Heimatpflege – war es denn nicht ganz gleichgültig, wo ein Schornstein oder ein Staudamm oder eine Überlandleitung durch die Landschaft ging? War es denn nicht viel wichtiger, daß die Einrichtungen geschaffen wurden? Es ist unbestreibares Verdienst von Fuchs, daß er beide Fragenkreise richtig erkannt hat und mit Nachdruck darauf hinwies, daß ländliche Wohlfahrtspflege – wie es von Sohnrey[138] schon getan hatte – ebenso notwendig wie städtische sei, und immer wieder betonte, daß gerade solche Maßnahmen dazu beitragen müßten, die Agrarkrise zu lindern und die Landflucht einzudämmen. Heimatschutz zu dem er durch seinen Freund Schultze-Naumburg[139] angeregt wurde, erschien ihm aber, und mit Recht, als unerläßliche Notwendigkeit, um die Spuren der Industrialisierung sich auf dem Land nicht weiter ausbreiten zu lassen und die vorhandenen Naturschönheiten zu schützen.

In der Erkenntnis der auf dem Wohnungsgebiet vorhandenen Mißstände und deren Beseitigung, sah er die dringendste soziale Frage der Vor- und erst recht der Nachkriegszeit. Auch hier war alles klar, sauber, beherrscht, sozialpolitisch maßvoll und vernünftig. Sein Heim war sehr gepflegt, er besaß eine selten schöne Sammlung japanischer Holzschnitte und Malereien, an der er mit innerer Freude hing und die in immer wechselnder Aufmachung vorzuführen und zu erläutern er nie müde wurde. Er las sogar einmal über ostasiatische Kunstprobleme, hat aber die Vorlesung meines Wissens nicht wiederholt, weil ihm die Kunsthistoriker die Exkursion in fremdes Gebiet übelgenommen haben.

In seinem Haus herrschte einfache, aber freundliche Gastlichkeit. Oft habe ich ihn nach Seminarabenden nach Haus begleitet und noch bei einem Glas Bier oder Wein mich mit ihm vertraut über Doktoranden, Dissertationen, Tagesfragen unterhalten. Er litt sehr unter der Kinderlosigkeit seiner Ehe. Seine Frau war eine feine und bedeutende Persönlichkeit, sehr für Repräsentation geeignet, die auszuüben sie jedoch von Jahr zu Jahr weniger in der Lage war, da ihr Gehörleiden sie stark behinderte und ihr die Teilnahme an Gesprächen fast unmöglich machte. Im Verein für Sozialpolitik, dessen stellvertretender Vorsitzender er wurde, spielte er bei der sachlichen Arbeit eine seinem Wesen entsprechende Rolle, an theoretischen Debatten hat er sich nie beteiligt, dagegen auch dort stille und gute sachliche Arbeit geleistet. Die von ihm gehaltenen Referate und die von ihm ausgegebenen Schriftenbände sprechen davon.

Sein Gegenstück, und in manchem auch sein Gegenspieler, war Robert Wilbrandt. Der um zehn Jahre jüngere Gelehrte, Sohn des Schriftstellers Adolf Wilbrandt[140] und der Hofburgschauspielerin Auguste Baudius, von beiden Eltern künstlerisch und literarisch belastet, selbst ein bißchen Wiener, war Privatdozent in Berlin gewesen, dann von Schmoller, wie boshafte Menschen behaupteten, nach Tübingen fortgelobt worden, da Schmoller keinen so sozialistisch sich gebärdenden Nachwuchs in Preußen gebrauchen konnte. Ursprünglich Schüler von Dilthey[141] hatte sich Wilbrandt dort als Privatdozent habilitiert, über Heimarbeit, Frauenfrage, Konsumgenossenschaften gearbeitet und war immer mehr an die Probleme des Sozialismus und der Ertragsverteilung in der Wirtschaft herangekommen. Er war sehr gefühlsbetont, strenge kritische oder historische Betrachtungen lagen ihm gar nicht, aber ein gefühlsbetonter Sozialismus, den er im Zug der Zeit politisch durch die Sozialdemokratie vertreten sah. Hätte er nach 1933 unbelastet durch seine Vergangenheit mit Lehren neu anfangen können, so hätte sehr vieles im Nationalsozialismus, besonders der stark voluntaristische Zug darin, seiner Art gelegen.

Ein sehr hübsches, etwas mädchenhaftes Gesicht, eine etwas künstlerisch saloppe Art des Anzugs, ein sehr gepflegter Stil und angenehme Vortragstechnik machten sein Kolleg von der ästhetischen Seite her sehr angenehm und übten eine starke Anziehung auf die Damenwelt aus. Aber der Stil und die Vortragstechnik durften nicht darüber hinwegtäuschen, daß der Inhalt sehr uneinheitlich und aus durchaus heterogenen Quellen zusammengestellt war. Er hat später einige theoretische Arbeiten veröffentlicht, die alle den gleichen Fehler hatten. Seine kleine Schrift »Als Nationalökonom um die Welt« zeigt die Vorzüge seiner Begabung am deutlichsten. Mit feinster stilistischer Formulierung hat er seine nicht über den Durchschnittsreisenden hinausgehenden Betrachtungen wiedergegeben. Hätte das Büchlein ein Journalist geschrieben, der nicht mehr sein wollte, dann hätte man seine helle Freude daran haben können.

Obgleich die Konjunktur nach 1918 für seine politische Grundeinstellung durchaus günstig war, hat er doch ebensowenig wie Fuchs die große Professur erreicht, seine letzte Station war Dresden.

Seine »spezielle Volkswirtschaftslehre« hätte ich mir schenken können, aber mit Rücksicht auf das Examen habe ich sie mir angehört, freilich nicht ohne heimlich mehr als einmal den Kopf zu schütteln. Seine Vorlesung über »Sozialismus und die deutsche Politik«, die er später unter dem Namen »Marx« wiederholt hat, war insofern ein Ereignis, als zum erstenmal in dieser Formulierung an einer deutschen Hochschule gelesen wurde. Ich habe damals Wilbrandt wegen seiner Fragestellung und Formulierung in unzähligen

Diskussionen verteidigt, weil ich es als sachlich richtig ansah, daß die Studenten über diesen Fragenkreis eine Unterrichtung erfahren sollten. Daß diese Auffassung auch in der Studentenschaft nicht ohne heftige Gegenmeinung blieb, versteht sich von selbst.

Grundsätzlich war es aber richtig und notwendig, denn wenn erst einmal eine Bewegung zur Massenbewegung geworden ist, dann ist es nicht nur ein Recht dieser Bewegung, daß sie innerlich zu beanspruchen hat, dem akademischen Nachwuchs nicht verschwiegen zu werden, sondern es liegt auch im wohlverstandenen Staatsinteresse, daß sich die akademischen Kreise, und gerade diese, mit einer solchen Erscheinung auseinandersetzen. Wie und von welchen Persönlichkeiten, das ist eine andere Frage. Es soll auch nicht anders geschehen als in historisch-kritischer Betrachtung, das heißt, nicht in einem einfachen Lobgesang, sondern in einer Erklärung des Werdens, der Voraussetzungen, der Umstände, der soziologischen Begründung und zugleich, soweit notwendig, deren Widerlegung und Gegenargumente.

Nach dieser Richtung hat es Wilbrandt sicherlich nicht an gutem Willen zu einer objektiven Darstellung, vielleicht aber am objektiven Können, gefehlt. Jedenfalls war aber sein Versuch an und für sich richtig, und aus meiner grundsätzlichen Einstellung zu Lehr- und Forschungsfreiheit habe ich im großen und kleinen Kreis mehr als einmal seine Vorgehen verteidigt.

Es entsprach übrigens der damals in Württemberg herrschenden Freiheit, die das Ministerium Weizsäcker – Pischek auch sonst einnahm[142]. Denn im gleichen Jahr, 1911, war in Stuttgart der sozialdemokratische Stadtverordnete Dr. Lindemann mit einer ganz geringen Stimmenminderheit in der Stadtvorstandswahl gegen meinen späteren Chef Lautenschlager unterlegen[143]. Im Landtag nahm er als Abgeordneter die Angelegenheit auf und fragte die württembergische Staatsregierung, ob sie ihn im Fall seiner Wahl bestätigt hätte. Der königliche Innenminister Pischek gab die diplomatische Auskunft, daß der Ausgang der Wahl der kgl. Staatsregierung die Beantwortung dieser Frage erspart hätte. Das war diplomatisch ganz richtig, wahrscheinlich wäre die Bestätigung nach damaliger Auffassung erfolgt. Ich kann übrigens aus jahrelanger Zusammenarbeit mit Herrn Dr. Lindemann noch nachträglich die bestimmte Erklärung abgegeben, daß die Staatsregierung einen so lammfrommen, konservativen und ängstlichen Oberbürgermeister für Stuttgart nicht ein zweites Mal hätte finden können.

Eine besonders gute und inhaltsreiche Vorlesung bot Hermann Julius Losch[144] über die berufliche und soziale Gliederung der Bevölkerung des Deutschen Reichs. Losch, der in Murrhardt geboren ist und mit meinem Vater gut bekannt war, der durch sein im Jahr 1890 errichtetes Murrhardter Werk jahrelang zweimal wöchentlich dorthin gefahren ist, war auf ungewöhnlichem Weg zur Statistik gekommen, er war nämlich Stiftler und hatte ursprünglich Theologie studiert. Wie viele der schwäbischen Stiftstheologen war er aber durch die Theologie nicht befriedigt und hatte sich der Statistik zugewandt. Er war zuerst Direktor beim württembergischen statistischen Landesamt und später dessen Präsident. Die Publikationen dieses Amtes, die er herausgegeben hat, zeichnen sich sowohl durch bemerkenswerte Vollständigkeit der Erfassung der wesentlichen Gebiete der württembergischen Volkswirtschaft als auch durch die Lebendigkeit ihrer Darstellung aus. Seine besondere Gabe bestand darin, aus dem statistischen Material bestimmte Vorgänge der Wirtschaft lebensnah zu gestalten. Die württembergischen Jahrbücher für Statistik und Landeskunde und die monatlichen Mitteilungen des statistischen Landesamts sind ganz ausgezeichnete, im In- und Ausland vielbeachtete Publikationen. Losch war auch schriftstellerisch tätig und hat mit seinen »Unerwarteten Geschichten« einen schriftstellerischen Beitrag geliefert, der für den schwäbischen Humor charakteristisch ist. Zu seiner eigenen politischen Entspannung, gab er eine zeitlang eine hektographisch vervielfältigte Monatsschrift *Trauschauwem* heraus, in der er zu politischen Tagesfragen kritisch-satirische Stellung nahm und sich seine Schmerzen wörtlich vom Leib schrieb. Eine Zeit lang war in Stuttgart auch die Auffassung verbreitet, die im »Schwäbischen Merkur« zur Veröffentlichung gelangenden »Bürgergespräche«, gezeichnet mit Schartenmayer, dem Pseudonym unter dem auch Friedrich Theodor Vischer geschrieben hat, stammten aus seiner Feder.

Durch eine Heirat mit einer Amerikanerin finanziell unabhängig, war Losch ein schwäbisches Original ganz besonderer Prägung. Seine stille Liebe gehörte wohl der Politik. Aber ein einmaliges Gastspiel auf diesem Gebiet hat mit einem solchen Mißerfolg geendigt, daß er über diesen Vorfall für den Rest seines Lebens schwieg. Er hatte nämlich in den 90er Jahren einmal im Wahlkreis Backnang als Kandidat der süddeutschen Volkspartei sich um ein Mandat für den Württembergischen Landtag aufstellen lassen. Der Wahlkreis Backnang ist, abgesehen von der Stadt Backnang, wo eine hochbedeutende Lederindustrie ihren Sitz hat, überwiegend landwirtschaftlich. Losch soll nun in diesem Wahlkreis sehr eifrig agitiert haben, aber mit ganz neumodischen gelben Lederstiefeln ausgestattet, auf die er sehr stolz war und auf die sich die Bauern sehr ablehnend verhielten. Man sagte jedenfalls noch Jahrzehnte später, daß er seinen glänzenden Durchfall nur seinen glänzenden gelben Stiefeln verdankt habe. Im übrigen war er ein »Raisonneur«, das heißt eine besondere Art von Nörgler. Zwischen Himmel und Erde, vom

Wetter angefangen über Regierungen, Parlamente, Professoren, Studenten, Zeitungen, Lehrbetrieb, Straßenbau, Kanalisation, Literatur, Theater, Kunst, Weinbau, den Wandertrieb der Zugvögel, Geschichte wußte er an jedem Vorgang eine Flut von spöttischen Bemerkungen anzubringen, die irgendwie, irgendwann einmal geistvoll, witzig und zutreffend waren. Er konnte das solange fortsetzen, bis er zum Schluß auf die Uhr sehend plötzlich sagte: »So, jetzt müsse mr aber aufhöre, s'isch Zeit ond mir machets doch net anders.« Manchmal mußte er selber über »soi saudumms G'schwätz« lachen, wobei man nie wußte, wo bei ihm der Spott aufhörte und der Ernst anfing. War im allgemeinen seine Nörgelei nicht ohne Witz und mit einer gewissen gutartigen Selbstironie erfüllt, so gab es auch Augenblicke, wo er geradezu bösartig werden konnte und keineswegs mit ihm zu spassen war. Der Übergang war bei ihm mitunter ganz plötzlich, aber er konnte dann ebenso rasch wieder ganz freundlich werden.

Auf seine Universitätskollegen war er im allgemeinen sehr schlecht zu sprechen, er hielt sie für aufgeblasen, hochmütig, borniert, eingebildet, dünkelhaft – sagte das auch immer bei seinen seminaristischen Übungen sehr deutlich. Im Grund war er von manchen dieser Eigenschaften selbst nicht frei. Sehr intelligent, sehr belesen und mit viel natürlichem Witz begabt, war er hinter all seinem Spott anderen gegenüber für sich selbst von einer mimosenhaften Empfindlichkeit, vergaß nie die leiseste Kritik oder Unterlassung irgendeiner einmal von ihm als notwendig oder erwünscht bezeichneten Geste, trug solche Dinge jahrelang nach und kam immer wieder darauf zurück. Er war höchst produktiv, aber faul, konzentrierte Arbeit lag ihm nicht, er arbeitete sehr rasch, war aber nicht bereit, mit großer Ausdauer an der gleichen Sache lange zu sitzen. Ich habe nur einen Menschen gekannt, den er wirklich gern mochte, das war sein Münchener Kollege Zahn, persönlich ein sehr reizvoller, liebenswüdiger Mensch und bedeutender Statistiker, mit dem er sich gut vertrug.

Ich selbst bin immer gut mit ihm ausgekommen, er hat auch wissenschaftlich und menschlich sich immer sehr freundlich auf mich eingestellt und manches eingesteckt, was er sich von keinem anderen hätte sagen lassen. Wenn es einmal gar nicht mehr ging, dann sagte ich lachend: »Ich kenne einen gewissen Professor Losch, der würde jetzt sagen …«, und dann kam die Äußerung, die er sagen würde, in seiner Formulierung, die je mehr sie ihm in seiner Formulierung gesagt wurde, desto mehr seinen Beifall errang. Freilich durfte man das nur riskieren, wenn man allein war, war ein Dritter dabei, war es unmöglich.

An sonstigen Vorlesungen hörte ich noch eine bei dem Privatdozenten Ludwig Stephinger über Börsenwesen. Die Vorlesung war schlecht, sie war wohl aus verschiedenen Kollegheften zusammengestellt. Gar nichts Einheitliches, sondern ein Feld-, Wald- und Wiesenkolleg.

Um so interessanter war Stephinger. Sohn eines bayerischen Gutsbesitzers, hatte er eine bewegte Laufbahn hinter sich. Er war damals als Privatdozent schon über vierzig Jahre alt, aber er hatte allen anderen voraus, daß er eine Unmenge Berufe erlebt und durchgemacht hatte. Nachdem er das Abitur gemacht hatte, war er auf die Kriegsschule gegangen und Offizier geworden. Er brachte es bis zum Hauptmann und wurde wegen Krankheit verabschiedet. Dann studierte er katholische Theologie, die ihn aber insoweit nicht befriedigte, als er wohl nicht gern das Keuschheitsgelübde abgelegt hätte. Er wandte sich daher gleichzeitig auch dem Studium der Philosophie zu, geriet in die Nähe von Kant und daher zeitweise in heftige Konflikte mit sich selbst, da er die

Brücke zwischen dem heiligen Augustin und Kant nicht finden konnte[145]. Dann wurde er Redakteur in einem Verlag in München, später Redakteur in Berlin. Kurze Zeit nachher war er Generalsekretär beim Rheinischen Bauernverein, dessen Vorsitzender meines Erinnerns eine Zeitlang ein Graf Spee – ein Verwandter des bei den Falklandinseln später Untergegangenen – gewesen ist[146]. Seine Tätigkeit brachte ihn da mit volkswirtschaftlichen Fragen in Berührung und mit den Großgrundbesitzern in manchen Konflikt. Er löste ihn dadurch, daß er wieder zu studieren anfing und diesmal Staatswissenschaften. Schüler Knapps, führte ihn sein Weg nach Tübingen, wo er sich mit einer höchst bedeutenden Schrift über die Geldlehre Adam Müllers 1909 habilitiert hatte[147].

Sein häufiger Berufswechsel hatte ihm große Elastizität gegeben. Seine Kenntnisse stammten aus den verschiedensten Lebenskreisen. Seine Lebenserfahrung ging weit über den Durchschnitt anderer akademischer Lehrer hinaus. Er war materiell in einer sehr bedrückten Lage, hatte wohl auch aus der Offizierszeit her noch lange sich auswirkende Verpflichtungen. Seine Privatdozentenzeit muß für ihn mehr als einmal höchst qualvoll gewesen sein, da er nur auf die Einnahmen aus seiner Vorlesung angewiesen war. Er wohnte schlechter als die meisten Studenten und hatte daher auch große Hemmungen, auszugehen oder einen Studenten zu sich in sein Zimmer zu lassen, das damals im Industrieviertel von Tübingen lag und wirklich von nicht zu übertreffender spartanischer Einfachheit und Kärglichkeit war. Seine Lebensweise war so dürftig, daß er sich den Grund zu einem langjährigen Magenleiden sicherlich in dieser Zeit geholt hat. Aber er tröstete sich mit dem Augustin und den Entbehrungen, die dieser sich auferlegt hat. Das war des Schicksals Rache an ihm für die guten Zeiten. Dabei war er ein fröhlicher Mensch, fleißig, gründlich, gewissenhaft. Als er merkte, daß seine Vorlesung doch zu primitiv war und den Studenten, die schon etwas mehr wußten als die reinen Anfänger, zu wenig bot, änderte sich das mit einem Schlag. Er baute diese und andere Vorlesungen neu auf, ganz selbständig, suchte manches neu zu gruppieren und ging dabei streng systematisch zu Werk. Methodik und Systematik interessierten ihn überhaupt ganz außerordentlich, und er hat einige beachtliche Arbeiten über die Methodologie veröffentlicht, von denen ich im Interesse ihrer Verbreitung gewünscht hätte, sie wären im Ausdruck etwas einfacher. Aber diese seine Arbeiten waren bei ihm gleichzeitig der ehrliche Ausdruck für sein inneres Ringen um wissenschaftliche Erkenntnis, mit deren Erlangung er sich unermüdlich und mit größtem Ernst abmühte. Nichts ist ihm leicht in den Schoß gefallen. Weder Dozentur noch wissenschaftliche Arbeiten, weder Pädagogik noch die Ausarbeitung einer Vorlesung fiel ihm von Haus aus wohl sehr leicht. Er las sehr viel, zu seinem Kummer waren seine Sprachkenntnisse, vor allem im Englischen, nicht über das Schulmäßige hinausgediehen, sein Griechisch und Lateinisch waren bedeutend vollkommener, so daß er Mühe hatte, die großen Engländer, von denen ihn Ricardo immer stark beschäftigt hat, im Urtext zu lesen.

Da ich selbst viel Freude an methodologischen Fragen hatte, kam ich darüber in Unterhaltung mit ihm und wir freundeten uns rasch und intensiv an. Ich war für ihn eine Verbindung mit der Jugend. Dem Korporationsstudententum stand er ablehnend, ja eigentlich hilflos gegenüber. Denn da er anfing, mit seiner Zeit zu sparen – »Ich bin da, wo sie mit 24 sein werden«, sagte er mir oft – wollte es ihm nicht einleuchten, daß man mit seiner Zeit einmal im Leben auch verschwenderisch sein darf und daß dies sogar zum Leben und zur Entwicklung gehört. Es gab wohl keine Frage, die wir nicht im Laufe der Zeit miteinander in seinem oder meinem Zimmer oder bei fast täglichen Spaziergängen miteinander erörtert hätten. Stephingers Einfluß auf meine eigene wissenschaftliche Arbeit ist insofern von besonderer Bedeutung geworden, als er zu strenger Logik und Systematik zwang und keinerlei Seitenpfad gehen ließ. Er war in seiner logischen Unterweisung unerbittlich. Seine an der katholischen Theologie und Scholastik wie an Kant gleicherweise geschulte Methodik zwang ihn dazu, auch bei anderen das gleiche Maß von logischer Schulung als selbstverständlich vorauszusetzen, das ihm selbst eigen war. Ich bin ihm für die strengen und nachhaltigen Unterweisungen auf diesem Gebiet immer dankbar geblieben und habe es als wesentlich empfunden, daß er gerade diese Seiten so stark betont hat, die Schmollers Stärke nicht waren. Sein Bestreben war, aus der Praxis der Wirtschaft eine ökonomische Theorie zu entwickeln, die aus innerer Logik sich imstande sah, allgemeingültige Grundbegriffe zu geben.

Als Ludwig Stephinger in Tübingen eine außerordentliche Professur bekam, hat der akadmisch-sozialwissenschaftliche Verein ihm einen Kommers gegeben. Die Kommilitonen gaben mir den Auftrag, die Festrede zu halten, und ich war so gezwungen, alle bis dahin erschienen Arbeiten Stephingers durchzuackern. Ich habe dann, an Schmollers Darstellungskunst einigermaßen geschult, eine Rede gehalten, die eine akademische Antrittsrede über Ludwig Stephinger hätte sein können. Denn nicht nur, daß der Auftrag der Kommilitonen mich reizte, ich wollte Stephinger selbst einen Teil meiner persönlichen Dankbarkeit antragen, in dem ich seine bis dahin gewonnen wissenschaftlichen Erkenntnisse zusammenfassend vortrug. Da die beiden Fakultäten, die Juristen und die Staatswissenschaftler, Kanzler und Dekane an der Spitze vollzählig anwesend waren, und auch sonst sehr viele Dozenten, war es für Lehrer und Schüler ein großer Erfolg, und ich war nicht wenig stolz, daß Stephinger sich wie ein Kind freute und Rümelin mir nachher sagte, das sei einmal ein interessanter Vortrag gewesen, und er müsse mir sagen, daß es ihn gefreut habe, wie ein Student die zusammenfassende Darstellung eines lebenden Gelehrten habe geben können, ohne in Übertreibungen zu verfallen und ohne Byzantinismus, sondern rein wissenschaftlich. Aus dem Munde Rümelins war dieses ein mächtiges Lob. Auch die Kommilitonen waren sehr zufrieden. Leider besitze ich das Manuskript dieser Rede nicht mehr – ich habe es damals an Stephinger gegeben und von ihm trotz allen Suchens nicht mehr zurückbekommen. Ich erinnere mich nur, daß die Tübinger Chronik einen ziemlich ausführlichen Bericht gebracht hat.

Diese Veranstaltung hatte übrigens eine amüsante Nebenerscheinung. An der Universität war damals der Sohn des württembergischen Thronfolgers Herzog Philipp Albrecht als Studierender eingetragen und besuchte zusammen mit seinem militärischen Begleiter, Major von Sonntag, juristische und volkswirtschaftliche Vorlesungen. Der junge Herzog war in der Studentenschaft sehr beliebt, da er sich eines zurückhaltenden Wesens befleißigte und sehr bescheiden auftrat. Herzog Albrecht hatte sich nun zu dem Kommers angesagt, und es war damit eine freundliche Ehrung für Stephinger mitverbunden, daß der künftige Landesfürst an einem ihm zu Ehren stattfindenden Kommers teilnahm. Der Vorstand des Vereins zerbrach sich den Kopf darüber, ob die königliche Hoheit vor dem zu ehrenden Professor begrüßt werden müsse oder nach ihm. Solche Fragen der Etikette waren natürlich sehr schwierig. Ich erklärte sehr einfach, man wolle doch Stephinger ehren, also müsse man diesen zuerst begrüßen, dann käme selbstverständlich die königliche Hoheit, dann Rektor, Kanzler und Dekane. Der Herzog sei ein Kommilitone, den zu erwähnen sich gehörte, aber nicht an erster Stelle, wenn man aus akademischem Anlaß einen Professor ehren wolle. Ich weiß nur, daß man im Vorstand lange darüber gestritten hat und daß ich es dann so machte, wie ich vorgeschlagen hatte. Der Herzog nahm es als selbstverständlich auf, und sagte mir am Abende ein paar freundliche Worte. Er saß rechts von Stephinger, ich links von ihm und neben mir der Rektor, Professor von Heck. Stephinger freute sich lange über den Abend, der Erfolg war ihm zu gönnen, vor allem auch, weil sich seine materielle Lage dadurch verbesserte, er nun ein kleines aber doch sicheres Einkommen bekam. Das von mir angeschnittene Thema »Stephinger als Gelehrter« wurde von ihm und mir in streng wissenschaftlicher Weise noch manchesmal durchgesprochen. Der vertraute Verkehr mit ihm hat mich unendlich gefördert.

Gerade als ich nach Tübingen kam, hatte Richard Thoma[148] einen Ruf nach Heidelberg angenommen. Die Studentenschaft sah den jungen und frischen Dozenten sehr ungern scheiden, obgleich er nur kurze Zeit in Tübingen gewesen war. Es zog ihn und seine junge lebenslustige Frau nach der badischen Heimat. Tübingen war für viele Professoren eine Durchgangsstation, auf der sie gerne eine Reihe von Jahren halten mochten, dann aber weiter eilten. Dazu mag die in Württemberg herrschende nicht besonders gute Bezahlung der Hochschulprofessoren ihren Teil beigetragen zu haben. Schuld an dem raschen Wechsel war aber auch, daß das Königreich Württemberg an Universitätsprofessoren traditionsgemäß ebensowenig den Titel »Geheimrat« verlieh, wie an Rechtsanwälte den Titel »Justizrat«. Lag bei diesen aber ein Beschluß der Anwaltskammer zugrunde, keinen anzunehmen, so war es bei den Professoren nicht ein freier Entschluß der Universität, sondern der Regierung, da sie diesen Titel auch sonst in der Beamtenschaft nicht eingeführt hatte. Deshalb sind nicht allzuwenige Dozenten zum Weggehen veranlaßt worden, weil die Regierungen der berufenden Universitäten mit einer solchen Auszeichnung winken konnten. Die einzige Auszeichnung, die in Tübingen zur Verfügung stand, war der mit einem Orden verbundene persönliche Adel, den der Sitte gemäß der scheidende Rektor beim Abgeben seines Amtes erhielt.

Man mag sich zu solchen Fragen stellen, wie man will – ich habe schon damals gelernt, daß die Menschen Wert auf so etwas legen, Frauen und Männer, und daß ein einzelner Mensch oder ein einzelner Staat sich nicht gegen diese Schätzung äußerer Auszeichnungen stellen kann. Wie richtig dieser Eindruck war, habe ich viele Jahre später immer wieder beobachten können. Es war einer der schwersten Fehler der Weimarer Verfassung, daß sie dieses psychologische Problem bewußt vernachlässigt hat und sich mit Adlerschild und Goethemedaille, in Preußen mit der Steinplakette, einen längst nicht ausreichenden Ersatz verschaffen hat.

An dem am 21. Juli 1911 stattgefundenen Abschiedskommers zu Ehren von Thoma habe ich teilgenommen. In meinem Kommersbuch steht sein Name an diesem Abend eingetragen. Auch ein Telegramm, das Losch, der abwesend war, an ihn geschickt hat: »Wenn auch in Stuttgart bleibt mein Soma, mein Pneuma neigt sich vor dem Pneuma Thoma[149].«

Der Zufall brachte es mit sich, daß ich ein paar Jahre später heitere Urlaubstage am Bodensee mit Thoma und seiner Frau zubrachte.

Freundliche Beziehungen aus dieser Zeit haben zu regelmäßigem Austausch unserer Veröffentlichungen geführt, und mancher Brief ist über Verwaltungsfragen hin und her gegangen.

An juristischen Vorlesungen hörte ich deutsches Verwaltungsrecht und Verwaltungslehre bei Sartorius[150]. Dieser war, wie Fuchs und Stephinger, gebürtiger Bayer. Er war über Marburg und Greifswald nach Tübingen gekommen, das er nicht mehr verlassen sollte und wollte. Ein grundgescheiter, kenntnisreicher Mann, war seine Liebhaberei mehr praktische Verwaltungstätigkeit als wissenschaftliche Arbeit. Er hatte zwar in seiner Aufstiegszeit einige kleinere Arbeiten veröffentlicht, war aber dann zum literarischen Stillstand gekommen. Dagegen übte er gern als Rektor, als Mitglied des Württembergischen Verwaltungsgerichtshofs und des Württembergischen Staatsgerichtshofs eine richterliche Tätigkeit aus, die ihm viel Freude bereitete. Jahrelang war er der Vertreter der Universität in der Ersten Württembergischen Kammer. Seine Vorlesungen waren als Examensvorbereitung und zur Ausbildung des praktischen Verwaltungsbeamten sehr geeignet. Er war auch im Privatleben sehr humorvoll und hatte in seinem Haus viele Gäste. Seine Faulheit war sprichwörtlich. Wir hatten ihn einmal in einer Kneipzeitung angetrieben: »Demnächst erscheint die Sammlung staatswissenschaftlicher und verwaltungsrechtlicher Gesetze in xter Auflage. Das Vorwort ist gänzlich verändert.« Als er herausbekam, daß diese leicht boshafte Formulierung von mir stammte, lud er mich nach einiger Zeit zu einem Glas Bier ein und überreichte mir die Sammlung mit einer Widmung: »Das Vorwort ist gänzlich verändert.« Als ich später berufliche Erfolge hatte und unter die leitenden Verwaltungsbeamten Deutschlands gelangt war, hat er mich einmal in Berlin im Rathaus aufgesucht und sich herzlich über den alten Tübinger gefreut.

Praktische Übungen machte ich bei Wilbrandt, Losch, Fuchs, der sein Seminar gemeinsam mit Stephinger abhielt. Es entsprach der Lage der Verhältnisse, daß im allgemeinen von den Seminarteilnehmern Referate aus ihren besonderen Arbeitsgebieten abgehalten wurden, die gleichzeitig die Seminarleiter wie die Teilnehmer über die Aufgabe der Spezialuntersuchung wie über die Ergebnisse unterrichten sollte. So bekam der regelmäßige Seminarteilnehmer einen Überblick über die Arbeitsgebiete der anderen, lernte deren Probleme und Techniken kennen, konnte sich an Diskussionen beteiligen und auch so wiederum praktisch üben. Es kam dabei natürlich sehr viel auf die Geschicklichkeit des Seminarleiters an, die Studenten richtig anzuleiten und aus ihnen herauszuholen, was nach Lage ihrer Vorbildung zu erwarten stand. Das kleinste Seminar, der Zahl der Besucher und dem Raum nach, in dem es untergebracht war, war das von Losch.

Statistik ist nie ein sehr beliebte Fach gewesen, obgleich ihre Arbeitsergebnisse für die Führung der öffentlichen Verwaltung immer unerläßlich geworden sind. Aber es ist gemeinhin die Auffassung verbreitet, daß man das von allein kann und daß es da nichts zu lernen gibt. Losch, der mich als seinen unbezahlten Assistenten behandelte, verstand die Technik ausgezeichnet. Ohne in eine übersteigerte Betrachtung der mathematischen Hintergründe der Statistik einzugehen, hat er an praktischen Beispielen seinem kleinen Kreis von Zuhörern es klar zu machen verstanden, wie man es machen muß und worauf es ankommt. Vor allem die gewissenhafteste Vorbereitung der Anlage und der Aufarbeitung hat er immer wieder eingeschärft. Die Art, wie er die Dinge, scheinbar auch die trockensten, anfaßte und zu beleben wußte, machte die als trocken verschrieenen Übungen bei ihm höchst lebendig. Wer bei ihm sich regelmäßig beteiligte, hat wirklich etwas gelernt. Ich habe über einig württembergische Fragen gearbeitet und die Aufgabe gehabt, dabei die Schlüsse vorzutragen, die aus bestimmten statistischen Unterlagen gezogen werden können. Losch hat sorgsam und mit Recht darauf geachtet, daß man sich ganz an die Grenzen hält, die in den Zahlen liegen, d. h. daß man alles herausholte, was darinnen enthalten ist, aber auch nicht einen Buchstaben mehr. Das erschien mir vorbildlich und ich habe, wo immer ich mit Statistiken zu tun hatte, bei wissenschaftlichen Arbeiten und bei Verwertung von Zahlen, die andere mir zur Auswertung vorgelegt haben, mich immer streng an die Losch'schen Grundsätze zu halten bemüht, vor allem auch immer nach Möglichkeit die Anlage einer statistischen Erhebung sorgfältig überlegt. Das kann nach meiner Erfahrung gar nicht sorgfältig genug geschehen. Die Eindrücke, die ich bei diesen Übungen gewonnen habe, haben mich später in der praktischen Arbeit, bei zahlreichen und recht langwierigen Verhandlungen mit den deutschen Städte-Statistikern und als Dezernent des Berliner Städtischen-statistischen Amtes stark beeinflußt. Büchner, der Leiter des Berliner Amtes fühlte sich immer »glücklich« einen Referenten zu haben, der etwas von der Sache verstand. Nun, ganz so groß wird sein Glück nicht gewesen sein, aber in einem Punkt habe ich ihm helfen können, einen bestimmten Teil der an allzu viel Stellen in Berlin zersplitterten Kommunalstatistik bei ihm zusammenzufassen. Dies tat ich aus der inneren Überzeugung heraus, daß die Bearbeitung möglichst an einer Stelle unter statistisch fachmännisches Personal besser und richtiger erfolge, als dezentralistisch, die ein Interesse am Ergebnis haben und deswegen weniger gewissenhaft vorgehen könnten. Dieser Gesichtspunkt sollte gerade bei statistischer Organisation in Verwaltung und Großwirtschaft aufs stärkste beachtet werden.

Wilbrandts Seminar war mehr auf Betrachtung und Pflege guter Form eingestellt. Seinen damaligen Neigungen entsprechend, ließ er eine große Anzahl von Untersuchungen über Probleme aus dem Gebiet der Heimarbeit und der Frauenarbeit machen. Das war, da sich bald ein gewisses Schema herausbildete, für Doktoranden um so leichter, wenn sie ein Gebiet wählten, das ihnen aus persönlichen Gründen nahe lag oder zu dem sie aus persönlichen Beziehungen besondere Verbindungen hatten. Auf die Dauer war diese Art von Arbeit für die nicht unmittelbar interessierten nicht gerade sehr abwechlungsreich. Wilbrandt hat in seinem schon 1906 veröffentlichtem Buch über die Frauenarbeit nicht ganz mit Unrecht darauf verwiesen, daß gerade das spezielle einer solchen Frage unwahrscheinlich sei, in Vorlesungen gehört zu werden. Der Leser muß sich an die Literatur halten und an das Leben. Infolge der von ihm hauptsächlich zur Erörterung gestellten Probleme waren verhältnismäßig viele Damen in seinem Seminar. Die hübscheste von ihnen, Christel Sandler aus München, war leider auch die Dümmste. Dafür war sie zweifellos an der ganzen Universität die bestangezogene Frau – abgesehen von der Frau des Universitätsreitlehrers Fritz, einer Französin. Man sagte Christel manche Eskapade mit dem derzeitigen Häuptling der Schwaben nach, sie war aber darin nicht sehr konservativ und auch Stephinger soll nach Tübinger Gerüchten in ihrem Stammbuch stehen. Tochter eines Münchener Dozenten hat sie bald nach Verlassen der Universität einen Privatdozenten in Kiel geheiratet. Ihre Jugend hat sie jedenfalls genossen...

Im Wintersemester 1911/12 beschränkte ich mich daher darauf, nur das an Vorlesungen zu hören, was mir für die Examensvorbereitung unerläßlich erschien. Ich hörte daher nochmals Spezielle Volkswirtschaftslehre und Finanzwissenschaft bei Fuchs, »Allgemeine« bei Stephinger, bei dem ich eine eben von ihm ausgearbeitete Vorlesung über gewerbliche Arbeiterfragen und Sozialismus auf seinen Wunsch mitbelegte, um ihm meine Meinung über diese Vorlesung zu sagen. Bei beiden besuchte ich auch die seminaristischen Übungen. Bei Sartorius belegte ich Deutsches Reich und Landesstaatsrecht. Der Nachfolger Thomas, Smend[151], kam erst in diesem Semester nach Tübingen.

Auch an den Übungen bei Sartorius beteiligte ich mich. Meine Hauptaufgabe war die Fertigstellung meiner Arbeit, die im Konzept fertig vorlag, also im November 1911.

Ich glaube, es war in der Nacht vom 10. November, als ein heftiges Erdbeben Tübingen und die der Schwäbischen Alb vorgelagerte Landschaft heimsuchte. Ich erinnere mich noch ganz genau an viele Einzelheiten, vor allem die auffallende Unruhe unseres Hundes Ernstele, der den ganzen Abend ohne jeden sichtbaren Grund jämmerlich geheult hatte. Ich saß auf, neben mir eine Spirituslampe stehend, plötzlich wackelte alles im Zimmer, die Bilder rutschten an den Wänden, das Bett bewegte sich, Bücher fielen um, Türen wurden aufgerissen, ich nahm mein Manuskript unter den Arm, die Aktentasche unter den anderen, löschte die Lampe schnell aus und stürzte auf die Nauklerstraße. Aus allen Häusern kamen die Menschen, die öffentliche Beleuchtung, die in Tübingen sowieso nicht besonders üppig war, versagte. Alles lag im Dunkel. Die Menschen kamen großenteils wenig bekleidet aus den Häusern. Frauen, Kinder, Greise, Tiere heulten, schwächere Stöße folgten nach. Jeder sprach mit den anderen, Getümmel herrschte. Viele glaubten, der Jüngste Tag sei gekommen, manche fingen an zu beten. Ich ging mit Bekannten, nachdem wir uns entschlossen hatten, zunächst nicht in die Wohnung zurückzukehren, in die Stadt, die Wilhelmstraße hinunter. Züge von Leuten, nur mit dem Notwendigsten bekleidet, kamen uns aus der Stadt entgegen. Viele wollten auf den Österberg, dort sei man sicherer, andere wollten vor allem von den Häusern weg, da sie glaubten, bei einem weiteren Stoß würden diese einfallen und alles unter sich begraben. Wir gingen – ich mit meiner Arbeit immer unter dem Arm, in die Neckarmüllerei, wo sich bald noch mehr Leute einstellten. Jeder sprach, trank, saß mit jedem. Alle Hemmungen fielen weg – es war eine Volksgemeinschaft. Soviel ich mich erinnere, ist außer einigen beschädigten Stühlen und Zimmergegenständen – Uhren fielen mehrfach von den Wänden – Menschen nichts passiert. Aber die Aufregung war unvorstellbar und hielt noch lange an. Es war ein unsichtbarer Feind, den alle fürchteten.

Am 29. Februar 1912, einem der seltenen Schalttage, habe ich mein Examen mit »sehr gut« im Schriftlichen, mit »gut« im Mündlichen bestanden. Am Mündlichen trug das Völkerrecht schuld: Irgendeine der in der Theorie so umstrittenen Fragen über den Flaggenwechsel auf hoher See während einer Kampfhandlung, die durch eine Haager Vereinbarung geregelt war, wußte ich zwar, aber nicht die Gründe, die von den verschiedenen Nationen zur Begründung ihres Standpunktes angeführt wurden. Die Hauptsache war jedoch der Erfolg mit der Arbeit im Schriftlichen, und der war ja erreicht.

Der Verlag Enke in Stuttgart brachte mein Buch heraus. Ich erinnere mich noch genau an meine erste Unterhaltung mit Herrn Kommerzienrat Enke[152], der mir mit trostreichen Worten klar machte, daß er mir natürlich kein Honorar zahlen könne, und daß ich noch sehr gut und preiswert wegkäme, wenn ich eine große Anzahl von Frei- und Rezensionsexemplaren umsonst bekäme. Ich hatte auch gar nicht mit einem Honorar gerechnet, obwohl mir später von der Leyen sagte, daß er mir vermutlich bei Julius Springer bessere Bedingungen herausgeholt hätte[153]. Nun ging also das erste eigene Erzeugnis in die Welt hinaus. Das Echo war sehr freundlich ...

Während der Frühjahrsmonate war ich zunächst in Wiesbaden, wo meine Eltern zu Kur weilten. Dann bin ich nach Südfrankreich und habe mich in Nizza, Marseille, Carcasson, Nîmes, Arles an der Blauheit des Himmels und der Heiterkeit der Menschen erfreut. In Marseille machte die Buntheit seines Lebens und der Menschen einen besonderen Eindruck. Eine Fahrt über die *Grandes Corniches* und an die italienische Riviera mit schönen Tagen in Genua schloß sich an.

Dann arbeitete ich wieder ein ganzes Jahr in Tübingen: Sommersemester 1912 und Wintersemester 1912/13. Ich beschränkte mich in dieser Zeit im Wesentlichen auf die rege Beteiligung an den Seminaren von Fuchs, Wilbrandt, Stephinger und hörte zur Ergänzung meiner eigenen Studien bei Adickes Geschichte der neueren Philosophie und bei Österreich die philosophischen Systeme der Gegenwart[154]. Adickes, der als Nachfolger Sigwarts nach Tübingen berufen war, war ausgesprochener Kantianer. Seine Vorlesung brachte mir über Kant systematischere Kenntnisse, als ich sie mir bis dahin selbst erworben hatte. Österreich war vielseitiger und gab über die gegenwärtigen philosophischen Strömungen einen belehrenden Einblick. Meine Tätigkeit bei den Arbeiterunterrichtskursen in Reutlingen übte ich aus, auch meine Mitarbeit im sozialwissenschaftlichen Verein. Ich wohnte die ganze Zeit in der Grabenstraße und begann nun eigentlich planmäßig wissenschaftlich zu arbeiten. Hatte ich schon in den letzten zwei Semestern mich mehr und mehr an das Quellenstudium gemacht, die großen Nationalökonomen durchzuarbeiten begonnen, so setzte ich diese Tätigkeit in wachsendem Maße fort. Daneben arbeitete ich ziemlich viel in Geschichte, die ich insoweit besonders benötigte, als ich die nationalökonomischen Theorien und ihre allgemeinen Probleme in ihre Zeit hineinzustellen versuchte, in der die Theorien entstanden sind.

Ich war nämlich zu der Überzeugung gelangt, daß auch Theorien Kinder ihrer Zeit sind. Gewiß gibt es ewige, absolute Wahrheiten, sie liegen wohl ausschließlich auf religiösem und philosophischem Gebiet. Es gibt auch ewige ökonomische Gesetze: Wenn der Mensch hungert, braucht er Mittel und Wege, seine Bedürfnisse zu befriedigen. Aber die Theorien wie diese Bedürfnisbefriedigung erfolgt, sind abhängig von den verschiedenartigsten Umständen. Zeit, Ort und Art der Handlung sind historisch bedingt, darüber hinaus wirken sich nichtökonomiosche Voraussetzungen und Umstände ebenfalls ökonomisch aus. So suchte ich englische Verhältnisse zu studieren, wie sie zur Zeit Adam Smiths, Ricardos und Karl Marx' lagen, französische, deutsche, und aus diesen Umständen heraus die Theorien zu begreifen. Verfährt man nämlich so, und dies ist mir heute noch klarer als damals, dann kommt man sehr rasch zur Erkenntnis von der Zeitbedingtheit jeder Theorie. Man sieht das bei Adam Smith und Karl Marx, wenn man feststellt, daß eben ihre Theorie sich auf ganz bestimmte Voraussetzungen der damaligen englischen Volkswirtschaft aufgebaut hat, die sich aber später wieder verändert haben. Man kommt so zu einer Kritik von Marx durch Marx selbst. Denn wenn die Voraussetzungen sich ändern, dann fallen auch die Schlüsse. Ich hätte bestimmt, wenn ich bei der wissenschaftlichen Arbeit geblieben wäre, den bis jetzt noch nicht durchgeführten Versuch unternommen, eine Geschichte der volkswirtschaftlichen Lehrmeinungen zu schreiben und aus den Zeitumständen, unter denen die Verfasser gelebt haben, ihre Theorien zu begründen. Da die deutsche Volkswirtschaftslehre das tragische Schicksal besitzt und besaß, keine Geschichte der volkswirtschaftlichen Lehrmeinungen ihr eigen nennen zu können – die von Damaschke hat keinen Anspruch auf wissenschaftliche Qualifikation, die von Spann 1916 veröffentlichte ist nur ein erster Versuch, die einzige, die es gibt, ist die Oppenheimer'sche Übersetzung des französischen Lehrbuchs von Charles Gide und Charles Rist – so entsprach eine solche Problemstellung einem dringenden wissenschaftlichen Bedürfnis[155]. Freilich konnte ich mit knapp 22 Jahren an die Lösung dieser Frage noch nicht herangehen. Aber ich sah eine Aufgabe und bereitete mich darauf vor, sie einmal in Angriff nehmen zu können.

Fuchs selbst hatte mir den Rat gegeben, auch an Wilbrandt etwas Anschluß zu suchen. Dieser war darüber verstimmt, daß in Franz Gutmann wieder ein Knappschüler Privatdozent geworden war – und nun stand auch ich schon vor den Toren. Ich arbeitete deswegen auch in seinem Seminar und hielt einen von ihm als musterhaft bezeichneten Vortrag über Sidney und Beatrice Webbs Buch »Problem der Armut«[156]. Der Kreis der Fabier, dem das Ehepaar Webb angehört, wie auch Bernhard Shaw und Lloyd George, war etwas, was leider in Deutschland fehlte und wofür weder der Verein für Sozialpolitik noch die Gesellschaft für soziale Reform einen ausreichenden Ersatz boten.[157] Die *Fabian Society* vertrat in England, nicht an die sozialistische Partei gebunden, den praktisch und theoretisch bedeutsamen Gedanken, daß ein Sieg sozialistischer Gesellschaftseinrichtungen abhänge von einer vorausgehenden demokratischen Schulung, Erziehung und Organisation der Arbeiter in Vereinen und Genossenschaften, in Gemeinde und Grafschaft.

Durch ihren Einfluß ist die englische Gewerkschaftsbewegung und die *Labour party* von allem politischen Radikalismus entfernt geblieben und nie marxistisch gewesen. In die Darstellung und kritische Auseinandersetzung mit diesem Buch habe ich eine ebensolche des Bernhardschen über unerwünschte Folgen der deutschen Sozialpolitik mit hineingearbeitet. Durch diese Arbeit kam ich auch in engeren gesellschaftlichen Verkehr mit Wilbrandt, dessen Frau Lisbeth, eine reizende und anziehende Österreicherin, leider einige Jahre später verstarb.

In engem persönlichen Verkehr stand ich mit Franz Gutmann, dessen erste große Arbeit über das französische Geldwesen im Kriege (18780– 1878) leider weder im Krieg noch nachher die Beachtung und Würdigung gefunden hat, die auch uns Deutschen viel Lehrgeld hätte ersparen können. Das ist das Tragische an solcherlei Gelehrtenarbeit, daß die Staatsmänner und verantwortlichen Politiker nicht aus ihnen lernen. Franz Gutman war ein feiner, strebsamer, überaus fleißiger Mann, dessen junge Frau ich aus München kannte. Er ging später nach Jena, Breslau und Göttingen.

Wir blieben die ganzen Jahre hindurch in freundschaftlicher Berührung und tauschten unsere Schriften und unsere Meinung regelmäßig miteinander aus. Er war ein Typ bester deutscher Gelehrtenart, kenntnisreich und bescheiden.

Meine sonstigen eigenen Arbeiten umfaßten kleinere Studien aus meinem eisenbahntariflichen Gebiet, darüber hinaus lag es nahe, sich mit württembergischen Fragen zu beschäftigen. Um einen möglichst guten Einblick in die Gesamtverhältnisse Württemberg zu bekommen, beschäftigte ich mich mit landwirtschaftlichen Kreditfragen und mit Bankfragen. Auch überlegte ich mir ein Thema, das ich als Habilitationsarbeit in Aussicht nehmen könnte. Meine Untersuchung über die preußischen Eisenbahntarife hatte mich mit der allgemeinen Eisenbahnliteratur vertraut gemacht und mir die engen Zusammenhänge zwischen der allgemeinen Wirtschaftspolitik und den Tariffragen gezeigt. Württemberg, die Heimat Friedrich Lists, seufzte schwer unter dem wachsenden Defizit seines Staatshaushaltes und der Last seiner von Baden mit geringeren Betriebskosten und von Bayern mit größeren Verhältnissen vielfach konkurrierenden

Eisenbahnen. Dies brachte mich auf den Gedanken, die Frage der Beziehungen zwischen Staat und Eisenbahnen einmal an dem württembergischen Beispiel nachzuprüfen. Alles, was ich in dieser Zeit an Studien über die württembergischen Fragen trieb, sollte mich auf die Behandlung der Hauptfrage vorbereiten. Aber manche dieser Fragen waren so umfassend, daß sie selbständig behandelt wurden. Die Freude an der Arbeit war groß, und ich konnte mich gleichzeitig mit verschiedenen Fragen beschäftigen. Nachdem ich mich entschlossen hatte, die wissenschaftliche Betätigung weiter zu treiben und mich wenn möglich dem akademischen Lehramt zu widmen, wollte ich durch eine möglichst umfassende Ausbildung durch mich selbst eine gute Grundlage gewinnen. Scheinbare Nebentätigkeit führte zu einer neuen Arbeit.

War ich in Tübingen nicht mehr sehr um die dort ziemlich kümmerliche Freistudentenschaft bemüht, so war ich mit München und Berlin in engeren Beziehungen geblieben, teils durch den Briefwechsel mit Gerlich, teils durch den mit Gutmann. Eine Untersuchung Winklers über die soziale Frage der deutschen Hochschulstudentenschaft in Prag unter besonderer Berücksichtigung der Wohnungsverhältnisse zeigte erschütternde Zustände. Es drängte sich die Frage auf, ob die Ergebnisse der Prager Untersuchung als typisch auch für die reichsdeutschen Verhältnisse anzusehen seien oder nicht. Diese Frage konnte eigentlich niemand beantworten, weil eine genaue Kenntnis der sozialen Lage der Masse der deutschen Studentenschaft durchaus fehlte. Mir erschien es notwendig, diese Untersuchung allgemein an allen Hochschulen vorzunehmen, einschließlich der Technischen. Es war zu vermuten, daß die deutsche Studentenschaft eine keineswegs gleichartige soziale Schichtung aufwies, sondern stark differenziert war. Meine Absicht ging dahin, Personenstand, wirtschaftliche Lage und Wohnungsverhältnisse zu erfassen und die Hochschulbehörden zur Mithilfe bei der technischen Durchführung zu gewinnen. Ohne deren Unterstützung erschien mir die Durchführung einer so umfassenden Erhebung und deren Bearbeitung von vornherein unmöglich. Der am 13. / 14. Mai 1913 in Weimar stattfindende 7. Bundestag des Freistudentischen Bundes nahm zwei Referate, von Ingenieur Thimm und Dr. Corwegh, Leipzig, entgegen, die sich mit der studentischen Wohnungsfrage beschäftigen. Ich hatte dazu schon im April die Einsitzung einer Kommission beantragt, die das erforderliche Material sammeln sollte. Diese Kommission sollte, mit dem Recht der Zuwahl ausgestattet, beauftragt werden, mit den deutschen Staatsregierungen, studentische Organisationen und Verbänden, dem Verein für Sozialpolitik und sonstigen hervorragenden Sozialpolitiker zur erfolgreichen Durchführung in Verbindung zu treten ...

Dieser Antrag, der angenommen wurde, endigte damit, daß der neuen Kommission Thiem, Corwegh, Berensohn, Privatdozent Dr. Mahlberg, Prof. Dr. Richard Passow und ich angehörten[158].

Nachdem ich die Übernahme des Vorsitzes abgelehnt hatte, wurde auf meinen Vorschlag Passow zum Vorsitzenden gewählt, da ich die Vertretung des Ausschusses nach außen, durch einen Ordinarius für richtig und notwendig erachtet hatte, mit Rücksicht auf die mit anderen Verbänden und Hochschulbehörden zu führenden Verhandlungen. Mahlberg trat nach kurzer Zeit wegen zu starker Belastung aus, dagegen traten Walter Guttmann und Bernhard Harms[153] ein. Die Geschäftsführung wurde mir übertragen, bis ein endgültiger Geschäftsführer bestellt sein würde. In München hatte eine von katholischen Studenten ausgehende Bewegung sich ungefähr um die gleiche Zeit mit diesen Fragen beschäftigt. Ihr geistiger Führer war Dr. Carl Sonnenschein[160] aus Mönchengladbach. Mit der Münchener Gruppe verhandelte ich wegen gemeinschaftlichen Vorgehens, mit den Hochschulen, die durch Geheimrat Dr. Conrad[161] in Halle vertreten wurden, einmal bei diesem. Außer mit meinem Freund Walter Guttmann, bin ich mit verschiedenen der damaligen Kommissionsmitglieder in dauernder wissenschaftlicher Fühlung geblieben. Mit Passow durch das Interesse an gemischtwirtschaftlichen Unternehmungen, mit Harms auf verschiedenen Gebieten. Passow, von Geburt Mecklenburger, war Privatdozent in Frankfurt gewesen, kam dann nach Aachen und später über Kiel nach Göttingen. Er hat besonders Fragen der Aktiengesellschaft und der Konzerne bearbeitet. Ich stand immer im Schriftenaustausch mit ihm.

Harms war ohne Abitur an die Universität gekommen, hatte es nachgeholt und sich 1903 in Tübingen habilitiert. Wenige Jahre später war er Ordinarius in Hohenheim und 1908 nach Kiel berufen worden. Dort hat er sich besonders mit weltwirtschaftlichen Fragen beschäftigt und ganz große organisatorische Arbeit geleistet. Zum Aufbau seines weltwirtschaftlichen Instituts hat er große Beträge in der Wirtschaft freizumachen verstanden und durch Wort und Schrift unermüdlich für die Anerkennung der Bedeutung der weltwirtschaftlichen Probleme gearbeitet. Er war ein Organisator ganz großen Stils und hat überall, wo er auftrat, durch seine frische zupackende Art jede von ihm unterstützte Bewegung außerordentlich gefördert. Seine Tätigkeit auf dem Gebiet der staatswissenschaftlichen Fortbildung und als Vorsitzender der Friedrich-List-Gesellschaft sichern ihm in der Ausbreitung wirtschaftswissenschaftlicher Kenntnisse außerhalb der Hochschule eine dauernde führende Rolle. Temperamentvoll, immer neuen Anregungen zugänglich, war er ein unter Hochschullehrern selten anzutreffender Typ organisatorischer Beweglichkeit und frischen Zupackens. Von manchen deswegen als nicht ganz voll genommen, habe ich dieses Urteil über ihn nie zu teilen vermocht, im Gegenteil seine vielseitige Beweglichkeit stets immer sehr hoch eingeschätzt. Nach 1933 zog er verbittert über sein erzwungenes Ausscheiden nach Berlin. Er hat es nie ganz verschmerzt, daß man ihn, der voll von nationalem Wollen war und seine ganze Lebensarbeit im Dienst der weltwirtschaftlichen Geltung Deutschlands hingegeben hatte, aus dem Amt entfernte.

Mit dem Schluß des Wintersemesters war ich von Tübingen weggegangen. Es schien mir richtiger, nochmals an eine andere Universität zu gehen als dort noch als Student weiterzubleiben, wo ich mich in absehbarer Zeit habilitieren wollte. In einer kleinen Stadt ist es schwer, nach Ablegung des Examens noch weiter zu studieren, da man da in eine schwierige Stellung zwischen Professoren und Studenten geraten kann. Die einen sehen in einem den heranwachsenden künftigen Kollegen, aber doch nicht ganz, die anderen sehen in einem nicht mehr den gleichgestellten Studenten, aber auch noch nicht den künftigen Dozenten. Man steht gewissermaßen zwischen beiden. Aus diesem Grund erschien es mir zweckmäßig, nochmals zu wechseln. Nach kurzer Überlegung entschied ich mich für Berlin, wo ich mich sehr wohlgefühlt hatte, und wo mich manches jetzt noch mehr anzog als früher. Auch war es für mich notwendig, über eine Reihe von weltanschaulichen und persönlichen Fragen zu einer Klärung zu kommen; diese hoffte ich in der Großstadt mit ihrem Untergehen in der Masse leichter zu finden als in Tübingen, wo man mit jedem Schritt, auch mit jedem privaten, unter Kontrolle stand. Nach dieser Richtung stand ganz Tübingen unter der scharfen Überwachung von Frau Professor Jacob, der Frau eines nicht sehr bedeutenden Historikers[106].

Alle Energie, die ihm fehlte, war auf seine Frau konzentriert. Tochter eines Geheimrats Schlemmer aus Straßburg, war sie selbst im Besitz zweier Töchter – infolgedessen war sie ständig auf Mannschau und sammelte zu diesem Zweck Material, indem sie jede Information, die sie auch aus den trübsten Quellen erhalten konnte, aufnahm, ver- und bearbeitete und ihren Zwecken entsprechend verwertete. Kein Schritt eines sie interessierenden Menschen blieb ihr verborgen – alle Dozenten stöhnten über ihr Schandmaul, der Mann war hilflos. Ich hatte sie irgendwo einmal kennengelernt und war dann von ihr eingeladen, aus Neugier einmal in die Höhle der Löwin gegangen. Aus einem mir nie klar gewordenen Grund hatte sie plötzlich einen Narren an mir gefressen. Ich wurde mit Einladungen überschwemmt, sagte ich ab, bekam ich sofort eine Nachricht von ihr, warum ich denn nicht gekommen sei. Mir war es bei der Sache nicht recht gemütlich. Plötzlich erklärte sie mir einmal, daß sei mich bis Weihnachten 1913 verloben wolle. Denn wenn ich mich im nächsten Jahr habilitieren wolle, müßte ich eine Frau haben, die nach Tübingen passe. Ich war sprachlos, sagte ihr aber, daß ich mir meine Frau schon selber suchen wolle, verschwieg ihr aber, daß sie – jedenfalls für mich und von mir aus gesehen – schon da war. Sie wurde dringlicher und deutlicher. Ich machte ihr dann ganz unvermittelt und überraschend meinen Abschiedsbesuch und dankte ihr – einen großen Rosenstrauß überreichend – für ihre Gastfreundschaft. Dringende wissenschaftliche Arbeit zöge mich nach Berlin. Sie hat sich über diesen Schreck zunächst gar nicht erholen können und ich sehe noch heute ihren rot gewordenen Kopf vor mir. Aber ich war von bezaubernder Liebenswürdigkeit und wir schieden in Frieden.

4 Private Studien in Berlin 1913
Begegnung mit Sombart

Meine Übersiedlung nach Berlin erfolgte dieses Mal unter anderen Umständen. Beladen mit dem Doktorhut geschmückt, gaben die junge Würde und die Anwartschaft auf die erstrebte wissenschaftliche Laufbahn einen vermehrten inneren Halt und größere Sicherheit. Hatte ich auch mit meinen 23 Jahren noch nichts für die Unsterblichkeit getan, so hatte ich doch das Gefühl, meine Zeit nützlich angelegt zu haben und gut vorangekommen zu sein. Mein Entschluß stand fest, auch im neuen Semester tüchtig zu arbeiten, möglichst einige Arbeiten zu veröffentlichen und meine Pläne wegen Ausarbeitung einer Habilitationsschrift zu verdichten. Von meinen früheren Dozenten nahm ich die Beziehungen zu Ludwig Bernhard sofort wieder auf, der sich über meine Tübinger Arbeit sehr freute und mir die Habilitierung in Berlin empfahl. Dies war sicherlich für mich bedeutend schwieriger, da dies in der philosophischen Fakultät zu erfolgen gehabt hätte und meine philosophischen Kenntnisse zwar für einen Studenten nicht schlecht, aber für eine Fakultätsdiskussion nicht ausreichend gewesen wären. Ich ließ die Frage ihm gegenüber zunächst offen, dachte aber nach wie vor weiter an Tübingen, wo ja auch die Lebenshaltungskosten viel niedriger waren und ich infolgedessen wirtschaftlich unter allen Umständen leichter tun würde.

Bei Schmoller, der mit Ende des Wintersemesters emeritiert wurde, kam ich in den Kreis seiner engeren Schüler, die er vielfach bei sich zu Hause oder im staatswissenschaftlichen Seminar versammelte. Ich habe in diesen Monaten von seiner Art als Lehrer, von seiner überragenden Sachkenntnis und von seiner Gabe, den einzelnen da zu fördern, wo es darauf ankam, daß er gefördert wurde, nachhaltigen Eindruck gewonnen. Er war ein Psychologe ganz großen Formats, und die Behandlung der Probleme durch ihn und unter seiner Leitung waren höchst anregend. Seine Kunst, Menschen und Verhältnisse darzustellen, erschloß sich mir immer mehr, je mehr ich selbst über Einzelkenntnisse verfügte. Mag Brentano auch in mancher Hinsicht Recht gehabt haben, daß Schmollers Hauptwerk ein Sonnenuntergang sei – ein Sonnenuntergang ist etwas Herrliches, zeigt er eben doch noch einmal die strahlende Schönheit des Himmelsgestirns in gesammelter Kraft. Diese gesammelte Kraft lag aber über Schmoller in dieser Zeit. Fern von jeder ehrgeizigen Regung, hat er nur noch das Bestreben gehabt, einem kleinen Kreis von Menschen aus seiner Lebenserfahrung und Lebensschulung heraus an wissenschaftlichen Werten zu übermitteln, was ihm das Übermitteln wert zu sein schien.

In nähere Beziehung trat ich in diesem Semester auch zu Sering, den der mit ihm befreundete Fuchs mir noch aus Tübingen besonders empfohlen hatte. In seinem schönen Heim in der Luciusstraße in Dahlem habe ich manchen reizvollen Abend zugebracht. Seine frische und temperamentvolle Art, von einer starken inneren Wahrhaftigkeit erfüllt, war höchst anziehend ...

Ich ging jedoch, um auch dem umstrittensten Mann kennenzulernen, an die Handelshochschule, wo Sombart damals noch lehrte. Er war ein glänzender Redner, ein großartiger Schriftsteller, der nur sehr schwer daran litt, daß er zu leicht sprach und schrieb. Ich will damit sagen, daß seine Worte und seine schriftlichen Arbeiten nicht die innere Reife enthielten, die sie nötig gehabt hätten. Im eigentlichen Sinne des Wortes ein eitler Mensch, hat Sombart aus einem Geltungsbedürfnis, das er in seinen antisemitischen Perioden den Juden vorzuwerfen leicht bei der Hand war, immer den Wunsch gehabt, in der Leute Mund zu sein. Ob das durch Gerede über seine Frauen – er war ein schöner Mann und großer Frauenfreund – oder über seine wissenschaftlichen Veröffentlichungen geschah, war ihm im Grunde gleichgültig. Die Hauptsache war, daß er im Mittelpunkt stand. Glänzender Redner, hatte er die Gaben des großen Verführers. Er hatte eine Idee, die ihn irgendwie anpackte. Dann stellte er Behauptungen auf und begründete sie mit dem Material, das ihm passend erschien. Was ihm am Material nicht paßte, wurde weggelassen oder so zurechtgebogen, daß es paßte. Für den wissenschaftlichen Fachmann erschien dann eine völlig einheitliche und geschlossene Beweisführung, die durch allgemeine Kritik nicht zu erschüttern war. Man mußte dann ein Buch schreiben und Punkt für Punkt widerlegen, das erschien aber als Nörgelei und Kleinlichkeitskrämerei und hatte natürlich nur die Minderheit derer zu Lesern, die vorher das Sombartsche Gift in sich aufgenommen hatten. Seine rasche Arbeitsweise verführte ihn häufig zu groben Irrtümern. Seine Schriften sind voll von Widersprüchen und Unzulänglichkeiten.

Mit den Jahren ist er nicht ruhiger geworden, sondern eher noch explosiver. Es steht im Widerspruch zu seinem eigenen Leben, wenn er einmal seinem Sozialismus ein Wort Dunoyers als Motto vorsetzt: »*Je ne propose rien, je n'impose rien, j'expose!*«[163] Seine schlimmste Entgleisung war sein Buch »Händler und Helden«, in dem er die Deutschen als das auserlesene Volk dem englischen Händlergeist gegenüberstellt. Unvergessen wird mir die Diskussion zwischen

Sombart und Oppenheimer bleiben, die auf dem deutschen Soziologentag in Berlin im Oktober 1912 stattgefunden hat, an dem ich von Tübingen aus teilgenommen habe. Oppenheimer hatte ein sehr breit angelegtes Referat über die rassentheoretische Geschichtsphilosophie gehalten, in dem er Gobineau und Chamberlain aufs schärfste angriff und widerlegte[164]. Er war ein Schreiber und kein Redner. Zwischen Sombart und Oppenheimer spitzte sich die Frage darauf zu, ob man einen Ochsen zu einem Schaf umwandeln könne. Sombart warf Oppenheimer vor, ob, wenn er so erbittert die Rassentheorie bekämpfe, er nicht selbst ein Interessierter sein sollte? Dieser Versuch zur persönlichen Diffamierung war echt Sombart.

Max Weber, wohl der größte Soziologe, den Deutschland zu dieser Zeit hervorgebracht hat und eine geniale und genialistische Gelehrtennatur von schöpferischem Rang, löste die ganze Frage, indem er sie formuliert: Sind bestimmte historisch, politisch, kulturell, entwicklungsgeschichtliche relevante Differenzen nachweislich ererbt und vererbbar, und welches sind diese Unterschiede? Er führte dann aus, daß man auf den meisten Gebieten diese Frage noch nicht einmal stellen, geschweige denn beantworten könne.

Sombart hat auf der Tagung durch die Art seiner Polemik gegen einen so feingesinnten Menschen wie Oppenheimer bei jedem rechtlich und objektiv denkenden Zuhörer einen überaus peinlichen Eindruck hervorgerufen. Ich habe zwar die meisten seiner Arbeiten gelesen, aber sie nie für voll genommen, so anziehend einzelne Partien immer gewesen sein mögen. Merkwürdig war, daß gerade die Handelshochschule Berlin einem so exponierten Mann wie Sombart, der sich immer wieder neu exponierte, einen volkswirtschaftlichen Lehrstuhl anvertraut hat. Aber einmal berufen, machte er das uneingeschränkte Rechte der Lehrfreiheit für sich geltend...

Meine zweite Berliner Zeit hielt mich in enger Verbindung mit alten Berliner Freunden, vor allem mit Walter Guttmann, der damals offiziell in Posen als Amtsrichter tätig war, aber doch viel und regelmäßig in Berlin war. Neue Freunde kamen wenig dazu, da ich meine Zeit sehr sorgfältig einteilte und viel arbeitete. Zu enger persönlicher Freundschaft habe ich mich immer nur schwer entschlossen...

In Berlin selbst war in diesem Sommer viel los. Im Mai waren Zar Nikolaus und das englische Königspaar in Berlin, um der Hochzeit der einzigen Tochter des Kaisers, Prinzessin Viktoria Luise, mit dem Prinzen Ernst August von Cumberland beizuwohnen. Ich bemerkte von den Festlichkeiten nur die Ausschmückung der Straßen, sonst hatte ich kein Interesse...

Einen umfassenden Briefwechsel hatte ich mit Regierungsrat a. D. Professor Endres[165], hauptamtlichem Dozenten an der Handelshochschule Mannheim. Diesem hatte ich die Tarifarbeit zugesandt, ihn gelegentlich persönlich kennengelernt und sein Interesse geweckt. Er zog mich zu den verschiedensten Arbeiten heran und gab mir immer neue Anregungen... Insbesondere sollte eine große Denkschrift die dringend notwendige Vereinheitlichung der Gütertarifpolitik behandeln, bei der ich einen der Hauptabschnitte bearbeiten sollte. Das Angebot ging dahin, daß ich mich für zwei Jahre nach Mannheim verpflichten sollte, meine tägliche Mitarbeit sollte sich auf fünf Stunden belaufen, daneben sollte ich in der freien Zeit das Recht haben, für mich wissenschaftlich zu arbeiten. Mein Wohnort konnte auch Heidelberg sein, mit der Möglichkeit mich dort oder in Mannheim zu habilitieren. Für jeden Fall sollte ich ein festes Honorar von RM 1500 erhalten.

Das Angebot von Endres kam für mich ganz überraschend. Zunächst hatte ich Bedenken, da ich mich reichlich unsicher fühlte, eine so große und schwierige Arbeit, wie die vorgesehene über das gesamte Gütertarifwesen zu übernehmen. Stephinger riet mir dringend zu, ebenso Ludwig Bernhard, der es in Anbetracht meiner Jugend als eine glänzende Vorbereitung für die Universitätslaufbahn bezeichnete, sich einmal so intensiv mit einer praktischen Frage der Verkehrspolitik wissenschaftlich zu befassen.

Anfang Juli 1913 fand die abschließende Besprechung in Mannheim statt, die zu einer vollen Verständigung über die äußeren Bedingungen und den Arbeitsplan geführt hat. In diese Pläne kam jedoch ein Umstand hindernd in den Weg: Ich wurde bei einer Nachmusterung als bedingt tauglich für den Heeresdienst bezeichnet und mußte damit am 1. Oktober zwecks Ableistung meines Einjährigen Jahres einrücken. Ich hatte mich gleich nach Beendigung des Gymnasialbesuches 1908 zum Eintritt in das in Cannstatt in Garnsion liegende Artillerieregiment No. 13 gemeldet, man hatte mich jedoch zurückgestellt. Jetzt im Juli hatte man zwar auch noch Bedenken wegen meiner starken Kurzsichtigkeit, wollte aber doch einen Versuch mit mir machen. Meine Pläne wurden dadurch durchkreuzt. Aber ich tröstete mich rasch. Endres schrieb mir humorvoll, ein Jahr ginge ja rasch vorbei, in Frankreich seien es drei. Stephinger nahm den philosophischen Standpunkt ein, daß die verschiedensten Bestätigungen für uns ganz gut seien, unseren inneren Menschen zu entwickeln, und das käme ja dann auch wieder der Wissenschaft zugute. Ich versuchte, in Cannstatt angenommen zu werden, aber erfuhr wiederum eine Ablehnung. So suchte ich in Dillingen an der Donau bei den Chevaulegers[166] anzukommen, was mir mit einiger Mühe auch gelang. Auch dort hatte man Bedenken wegen meiner Augen, standen doch genügend Einjährige zur Verfügung, die unbedingt tauglich waren. Erst durch den energischen Hinweis, daß ich doch irgendwo ankommen müsse, gelang es mir, den Widerstand des Oberstabsarztes zu überwinden und auf den 1. Oktober 1913 die Genehmigung zum Eintritt zu erhalten.

5 Kurzes Intermezzo bei der Kavallerie 1913

Dillingen hatte mir bei einem kurzen Besuch ausgezeichnet gefallen. Es war ein bayerisches Landstädtchen, in dem bayerischer Barock vorherrschte. Das Stadtbild war höchst einheitlich. Die Umgebung war rein landwirtschaftlich, die Stadt selbst hatte als Hauptindustrie einige blühende Brauereien, die einen erheblichen Absatz in der Stadt und deren näheren Umgebung haben mußten. Das Reiterregiment spielte natürlich beim Verbrauch eine erhebliche Rolle. Die Zahl der Einjährigen war gering, in der laufenden Dienstzeit waren es sechs, für die kommende waren es mit mir zwei. Nach den Erkundigungen, die ich eingezogen hatte, war das Verhältnis der Offiziere zu den Einjährigen sehr angenehm und leger. In Bayern war es üblich, daß die Einjährigen die ersten Wochen in der Kaserne schliefen, in der Regel mit jüngeren Unteroffizieren zusammen. Waren diese sechs Wochen vorbei, so konnte man außerhalb der Kaserne wohnen, sich einen Burschen halten und aß mit dem Offizierkorps gemeinschaftlich im Kasino.

Mein Entschluß stand fest, war ich nun zum Soldatsein bestimmt, so wollte ich es auch richtig sein und alles mitmachen, wie es sich gab. Selbstverständlich war es mir, daß ich meine Pflicht bis zum Äußersten tun wollte, denn ich wollte unter keinen Umständen irgendwie auffallen, vor allem nicht im negativen Sinn. Da ich reiten konnte, war es mir nicht weiter bange. Während meines Aufenthaltes in

Dillingen sicherte ich mir ein bisher von einem andern Einjährigen bewohntes Zimmer ein einem gemütlichen Haus, das mir sehr gut gefiel. Jedenfalls war ich bei meiner Abreise recht zuversichtlicher Stimmung. Da ich nochmal nach Berlin zurückkehren mußte, um meine Angelegenheiten dort abzuwickeln, benutzte ich den Umweg über Leipzig, um die dort stattfindende internationale Buchmesse zu besuchen. Der Eindruck, den ich von dieser ersten großen Ausstellung internationaler Art hatte, die ich in Deutschland kennenlernte, war stark.

In Berlin löste ich meine Wohnung im August 1913 auf, packte wieder einmal meine ganzen Bücher zusammen und war noch einige Wochen in Stuttgart. Der Abschied von Berlin fiel mir nicht leicht. Ich war nie ein Preußenhasser gewesen, hatte durch Schmoller und eigene Studien größte Achtung vor der preußischen Geschichte bekommen und hatte, obwohl ich mich als Schwabe fühlte, meine besten Studienfreunde unter Preußen und Norddeutschen gefunden. Die Stadt bot mir große Reize, obwohl ich mehr als einmal heftige Sehnsucht nach den Hügeln Stuttgarts und des Schwabenlandes verspürt hatte. Aber der Rhythmus der wachsenden Weltstadt und das Gefühl ihres eigenen Lebenstempos, der internationale Charakter mancher Einrichtungen und das Zusammenströmen der politischen und mehr und mehr auch der wirtschaftlichen Fäden hatten mich beim zweiten Aufenthalt noch stärker beeindruckt als in meinen ersten Semestern. Dazu war die Ungezwungenheit des persönlichen Lebens und er eigenen Lebensführung gekommen, die man mit 23 Jahren gern hat und die ihre eigenen Reize besitzt. Auch die Art zu arbeiten konnte ich unter diesen Voraussetzungen in Zeit und Ort meiner eigenen Neigung anpassen. Ich hatte daher allen Grund, nicht ohne wehmütige Gefühle von der mir lieb gewordenen Stadt

Abschied zu nehmen. Der Gedanke, daß ich einmal später wieder nach Berlin zurückkehren könnte, kam mir nicht einen Augenblick.

Am 30. September 1913 traf ich in Dillingen ein. Am Abend mußte ich gleich – allerdings in Zivil – an einem Abschiedsessen der Einjährigen teilnehmen, deren Dienstzeit im kgl. bayerischen Chevaulegerregiment No. 8 mit diesem Tag zu Ende ging. Ich bekam einen leichten Schreck, als ich sah, welche Mengen Bier da von einzelnen vertilgt wurden. Am 1. Oktober trat ich meinen Dienst an. Bei der Nachuntersuchung merkte ich sofort, daß der Oberstabsarzt gar keine Freude an mir hatte, war doch im Jahr vorher einem kurzsichtigen Einjährigen irgend ein Unfall im Dienst zugestoßen. Ich wohnte in der Kaserne in einem großen Zimmer mit fünf Unteroffizieren, machte meinen Stalldienst, putzte mein Pferd, lernte militärisch reiten und mich benehmen, wie es sich für einen Militärsoldaten gehört. Alle vierzehn Tage kam ich zum Arzt, der immer etwas an mir entdeckte, was ihm nicht gefiel. Das einzige, was mir nicht gefiel, war der Dienst mit dem Karabiner, meine Schießleistungen waren unter jedem Hund, ich traf nichts oder nur aus Zufall. Ich habe es übrigens auch später in dieser Kunst nie zu etwas gebracht. Der Oberstabsarzt meinte, meine Kurzsichtigkeit würde es verhindern, daß ich es zu etwas bringen würde, er entließ mich nach eingehender Untersuchung als dauernd garnisionsdienstunfähig, und die kurze militärische Periode war zu Ende. Ich denke aber gern an diese Zeit zurück und glaube, daß es mir in dem Regiment recht wohl gefallen hätte. Die Einblicke, die ich in die gutmütige, aber derbe bayerische Volksseele tun konnte, waren jedenfalls recht nachhaltig.

6 Private Studien in Stuttgart 1913–1914
Konflikt mit den Eltern – Kriegsausbruch

So war ich nach knapp sechs Wochen wieder soweit wie vorher, aber doch ungünstiger. Meine Verbindung mit Mannheim wegen der Stelle war abgebrochen. Die Stelle, die für die nächsten zwei Jahre recht angenehm gewesen wäre, war anderweitig besetzt. Für Tübingen war die Arbeit noch nicht fertig, kurz ich empfand etwas Unordnung in meinem bürgerlichen Dasein. Nach einer Besprechung mit Stephinger in Tübingen, beschloß ich zunächst, in Stuttgart zu bleiben und mich – unter Ablehnung der von Mannheim wiederholten Einladung, eine große Arbeit über Gütertariffragen zu machen – ganz auf die von mir in Aussicht genommene Habilitationsschrift zu konzentrieren.

Ich mußte mich zu Hause erst eingewöhnen. Der streng bürgerliche Haushalt meiner Eltern fiel mir schwer. Noch schwerer, daß ich erst eine ziemlich schwierige Erziehungsarbeit leisten mußte, um meinen Eltern klarzumachen, daß ich kein Kind mehr war und daß ich eine weitgehende Selbständigkeit beanspruchte, um überhaupt dableiben zu können. Es wurde auf die Minute pünktlich um 12 Uhr 30 zu Mittag gegessen. War ich nicht pünktlich da, was naturgemäß sehr häufig vorkam, so war die Verstimmung schon fertig. Ich war eben gewohnt, ganz souverän über meine Zeit zu verfügen. Machte mir das Arbeiten an einem Tag besonderen Spaß, so blieb ich eben an der Arbeit sitzen, auch wenn es spät wurde. Das Essen war mir dann ganz gleichgültig. Dafür hatte mein Vater wenig Verständnis, bei ihm ging Pünktlichkeit über alles. Arbeiten konnte, oder richtiger, mußte man immer können. Das war für ihn nicht eine Angelegenheit von Stimmungen, sondern von Energie. Brachte ich die Energie nicht auf, pünktlich zu Haus zu sein, dann war die ganze Sache nichts wert und ein solcher Mangel an Energie auch sonst bedenklich. Ich habe lange gebraucht, mich gegen diese Auffassung erfolgreich zu wehren, hatte aber schließlich doch die »Energie«, mich durchzusetzen.

Ich arbeitete nun an einer Geschichte des Württembergischen Staatskredits und war bestrebt, von der Erhebung Württembergs zum Königreich 1806 bis zum Jahr 1913 oder 14 eine zusammenhängende Darstellung zu geben. Dieses Jahrhundert württembergischer Geschichte hatte die Einführung der Eisenbahnen gebracht, die Auseinandersetzung mit Preußen, den Anschluß an den Norddeutschen Bund, die Teilnahme am Krieg von 1870/71 und die Entwicklung von mehr als vierzig glücklichen Friedensjahren. Es war eine umfassende, in sich abgeschlossene Zeit mit den verschiedensten wirtschaftlichen Problemen, die eine einheitliche Behandlung noch in keiner Form erfahren hatten. Das von mir im Lauf der nächsten Monate gesammelte Material war außerordentlich umfassend.

Dazwischen liefen andere kleinere Arbeiten. Ich machte eine Untersuchung über die studentische Wohnungsfrage fertig, die ich in Form eines Vortrags, dann in einer selbständigen Broschüre veröffentlichte. Im ersten Abschnitt behandelte ich die studentische Wohnungsfrage in der Vergangenheit, schilderte die sozialen Verhältnisse bis zur Reformation, das Bursenwesen und die Veränderungen im Reformzeitalter. Dieser Teil machte mir besondere Freude. Sein Ergebnis war, daß seit dem Ende der Bursenherrlichkeit das Einzelzimmer als Grundlage des studentischen Wohnungswesens in Deutschland geblieben ist. Das Reformationszeitalter und die ihm folgende Verwandlung des gesamten geistigen und sozialen Lebens bilden den Wendepunkt von obrigkeitlichem Zwang und Aufsicht zur akademischen Freiheit und zur Selbstverantwortung. Im zweiten größeren Abschnitt stellte ich den sozialen Aufbau der Studentenschaft seit der Reichsgründung und ihre wirtschaftlichen Verhältnisse dar, um dann die Mißstände im studentischen Wohnungswesen und die Wege zu ihrer Besserung zu behandeln. Ich hatte die Freude, daß die Studie auch als wissenschaftliche Untersuchung eine ausgezeichnete Aufnahme fand. *Schmollers Jahrbuch* schrieb (1915, S. 1553) u.a.: »Die Schrift kann wegen der gründlichen Durcharbeitung der behandelten Literatur und der formvollendeten Darstellung in die ersten Reihen sozialstatistischer Monographien gestellt werden.« Mehr hätte ich wirklich nicht erwarten können.

Aber obgleich ich mich auf meine Hauptarbeit konzentrieren wollte, blieben die Anregungen zu weiteren Arbeiten nicht aus. Ein von Ferdinand Enke geplantes Werk über Industrieförderung übertrug mir den wichtigen Abschnitt über verkehrspolitische Industrieförderung. Der Aufsatz sollte den gesamten Verkehr, zu Lande, Wasser und in der Luft behandeln und im Oktober 1914 fertig abgeliefert sein. Gleichzeitig beabsichtigten Endres und ich gemeinschaftlich, ein »Handbuch der Verkehrswissenschaften« herauszubringen, das unter Umständen jährliche Ergänzungen erhalten sollte. Der sehr eingehend besprochene, von mir stammende und durchgearbeitete Plan, fand in Dr. Paul Siebeck[167] in Tübingen einen verständnisvollen Förderer; er entsprach auch einem wirklichen Bedürfnis. Die Verhandlungen, die ich schriftliche und mündlich mit Dr. Siebeck, dem Inhaber des Mohrschen Verlages geführt habe, führten zu einem befriedigenden Ergebnis. Siebeck stellte nur eine Bedingung, daß Harms nicht als Mitarbeiter in Betracht käme. Er schrieb mir sehr offenherzig am 17. Juli 1914, daß er sich genötigt gesehen habe, vor zwei Jahren alle seine Beziehungen zu ihm abzubrechen. Läge es so, daß das Handbuch ohne die Mitarbeit von Herrn Harms nicht erscheinen könne, so müßte er auf die Verlagsübernahme verzichten. Obgleich ich mit Harms in Berührung stand – er hatte mich sogar zu der am 20. Februar 1914 anläßlich des Regierungsjubiläums des Kaisers stattfindenden Eröffnungsfeier des Instituts für Seeverkehr und Weltwirtschaft an der Universität Kiel feierlich eingeladen, ohne daß ich jedoch daran teilgenommen hätte – kam ich mit Endres überein, von einer Aufforderung an Harms abzusehen. Auch diese Arbeit unterblieb durch den Ausbruch des Krieges.

Das Material für meine große Arbeit fand ich, soweit es sich um Akten handelte, bei der württembergischen Staatsschuldenverwaltung. Diese eigentümliche Einrichtung, die die Aufnahme und Verwaltung der Staatsschulden führte, war eine Einrichtung der württembergischen Landstände und somit eine besondere Art der Selbstverwaltung. Es gibt kein zweites Beispiel in der deutschen Geschichte dafür, daß Organe der Ersten und Zweiten Kammer, also der Volksvertretung, die Schulden eines Landes eingehen und verwalten. Dieses Maß der Selbstverwaltung war außergewöhnlich, die Regierung führte nur eine sehr lose und lockere Aufsicht. Praktisch hatte sich natürlich im Lauf der Zeit doch das Gewicht der Regierung einen maßgebenden Einfluß zu verschaffen verstanden, aber der staatsrechtliche Zustand war völlig eigenartig. Hier wurde mir von Oberfinanzrat Goeller, einem ständischen Beamten, alles gewünschte Material zur Verfügung gestellt. Da ich aber nicht einfach Zahlen bringen wollte, sondern gleichzeitig eine Darstellung der

Entwicklung der allgemeinwirtschaftlichen, ja soweit nötig auch der politischen Verhältnisse, hatte ich nicht nur die ganze Literatur, sondern auch wichtige Zeitungen wie den »*Schwäbischen Merkur*« und den »*Beobachter*« durchgesehen. In den mir von Ministerialdirektor von Blossing zur Verfügung gestellten Akten des württembergischen Finanzministeriums fand ich ergiebige Unterlagen, besonders über die jahrelangen Beziehungen zu dem Bankhaus M. A. Rothschild in Frankfurt am Main. Endlich sah ich auch durch die wesentlichen Verhandlungen der württembergischen Ersten Kammer. Monatelang hatte ich auf der Landesbibliothek Stuttgart gearbeitet und mich durch eine Flut von Material hindurchgeackert. Kam ich manchmal fast zum Erliegen, so half mir ein liebes Gesicht, das mir gegenüber saß, um mir Abschriften zu machen: das des Mädchens, das ich herzlich liebte, und das an dem Fortgang der Arbeit ein ebenso großes Interesse nahm wie ich selbst. Es wollte nämlich meine Frau werden – ist es auch geworden, allerdings nicht auf Grund dieser Arbeit.

Von November 1913 bis in den Juni 1914 habe ich diese Studien getrieben. Eine kurze Unterbrechung im Frühjahr brachte mich mit meinen Eltern an die italienische und französische Riviera. Ich hielt es aber nicht lange aus, da mich die Arbeit zu sehr beschäftigte. Im Juli diktierte ich die ganze bis dahin im Entwurf fertiggestellte Arbeit, der außer einer Einleitung ein zusammenfassendes Schlußkapitel fehlte. Ende Juli war ich damit fertig. Rund 600 Schreibmaschinenseiten stark, liegt die Arbeit seitdem unveröffentlicht da. Bücher haben ihre Schicksale. In den kritischen Julitagen 1914 schrieb ich das Vorwort ...

Seit der Ermordung des österreichischen Thronfolgers war die Luft in Europa gewitterschwanger[168]. Täglich wuchs die Unsicherheit über das, was zwischen Österreich und

Serbien sich abspielen würde. Aber nur wenige dachten an einen allgemeinen europäischen Krieg. Gerade die wirtschaftlichen Kreise waren es, die glaubten, daß die Verflechtungen des Welthandels zu eng geworden seien und infolgedessen zuviel Gemeinsamkeiten zwischen den Nationen vorlägen, als daß das Risiko eines Krieges von irgendeiner der beteiligten Nationen eingegangen würde. Die außenpolitischen Spannungen der letzten Jahre waren wiederholt schon viel größer gewesen, ohne daß es zu einer gewaltsamen Entladung in Europa gekommen wäre ...

Mit der im Juli herrschenden Hitze nahm die Erregung zu. Ich war allein zu Hause, meine Eltern zur Kur in Karlsbad, meine geliebte Freundin in England. Schon hatte ich alle Vorsorge getroffen, sie nach Fertigstellung meiner großen Arbeit – unserer großen Arbeit – zu besuchen, um einige Wochen der Ausspannung miteinander zu verbringen. Der Kaiser war und blieb auf seiner gewohnten Nordlandreise. War das nicht ein weithin sichtbares Zeichen, daß Europa trotz aller Aufregungen ruhig bleiben werde? Nichts rührte sich, die Wirtschaft ging ihren gewohnten Gang. Keinerlei Maßnahmen waren sichtbar, die auf eine kriegerische Entladung deuteten. Am 26. Juli lief der englische Vermittlungsvorschlag ein. Die österreichisch-serbische Angelegenheit sollte einer Konferenz der vier europäischen Großmächte unterbreitet werden. Ein spürbares Aufatmen ging durch das Land. Bethmann Hollweg wollte diesen Weg nicht, ein russischer Vorschlag zielte auf unmittelbare Verhandlungen zwischen Wien und Petersburg ab. Telegramme hin und her. Man stand vor den Zeitungsdruckereien, wartete auf jedes Extrablatt. Von Stunde zu Stunde änderte sich das Bild. England bleibt neutral? Frankreich bleibt neutral? Italien bleibt neutral? England, Frankreich? Alle solchen Nachrichten erschienen mir unglaubwürdig, aber unter den wenigen Menschen, mit denen ich in diesen Tagen zusammenkam, stand ich allein. Erst als am 28. Juli Österreich-Ungarn eine vollendete Tatsache schuf und Serbien den Krieg erklärte – obwohl die serbische Antwort auf das österreichische Ultimatum alles wirklich Wesentliche zugestanden hatte – da wuchs die Sorge um das kommende Schicksal. Noch gehen die Vermittlungsversuche weiter. Deutschland tritt in Wien für eine Begrenzung der Besetzung auf Belgrad ein, Sir Edward Grey[169] befürwortet dort die gleiche Maßnahme, regt aufs neue eine Viermächtekonferenz an. Endlich ergeht am 30. Juli von Berlin eine nachdrückliche Mahnung an Wien, die Vermittlung der Großmächte anzunehmen. Österreich nimmt am 31. Juli an, teilt dies aber erst am 1. August mit. In der Zwischenzeit rollt das Rad weiter, am 26. Juli beginnt Rußland mit der Kriegsvorbereitung, am 31. Juli ergeht der Befehl zur Gesamtmobilmachung. Noch gehen beruhigende Erklärungen hin und her, aber schon glaubt keiner mehr dem anderen.

Ich telegrafiere seit Tagen an meine Eltern, an Marie. Kaum ein Telegramm kommt durch, nur Marie erfährt, daß sie vielleicht bei der englischen Filiale von Werner & Pfleiderer[170] Geld bekommen könne, um die Kosten der Heimreise zu bestreiten. Am 31. Juli erklärt der Kaiser den Zustand drohender Kriegsgefahr, am 1. August folgt die Allgemeine Mobilmachung und die Kriegserklärung an Rußland. Am 31. Juli wird in Paris Jean Jaurès[171] ermordet, der noch kurz zuvor in der Schweiz für den Frieden Europas gearbeitet hat. Die Ereignisse überstürzen sich. Am 4. August war der allgemeine europäische Krieg im Gang.

Seitdem haben die Archive Europas gesprochen. Jedes Land hat seine Weiß-, Blau-, Gelb-, Rot-Bücher veröffentlicht. Die Behauptung von der Alleinschuld Deutschlands und der deutschen Regierung ist sinnlos und verlogen. Das deutsche Volk, wurde vor vollendete Tatsachen gestellt, wie wohl jedes der beteiligten Völker. Das deutsche Volk, in seiner übergroßen Mehrheit, wollte den Krieg nicht, wahrscheinlich war es bei andern Völkern nicht anders. Das deutsche Volk, in seiner übergroßen Mehrheit wußte nichts von General Bernhardi[172] und seinen Büchern, die im Ausland seit Jahren als der unzweideutige Beweis für den Kriegswillen des deutschen Volkes hingestellt worden waren. Ich hatte nie – und die meisten Deutschen ebensowenig – ein Buch von Bernhardi in der Hand gehabt, und ich kann nur sagen, der ganze Kreis von Menschen, mit denen ich zusammengekommen war, hatte diese Bücher nie gelesen, sondern sie immer nur als die Schreibereien eines einzelnen Generals angesehen, der sich wichtig machen wollte.

Das deutsche Volk glaubte im Juli 1914 an die Friedensliebe des Kaisers und an die Tatsache, daß es angegriffen worden sei. Es setzte sich in einmütigem Aufflammen seiner Friedensliebe zur Wehr, um sein verletztes Recht zur Selbstbehauptung zu verteidigen. An Angriffsziele glaubte kein Mensch. Aus dieser Stimmung war der Geist des deutschen Volkes einheitlich, geschlossen, von einer wunderbaren Begeisterung erfüllt. Am 4. August erfolgte die Sitzung des Reichstages im Schloß. Das Wort des Kaisers: »Ich kenne keine Parteien mehr!« entsprach der Stunde[173]. Es gab die Stimme der ganzen Nation wieder. Die Inschrift, die jetzt der Reichstag erhielt, spiegelte die gleiche Auffassung wieder: »Dem Deutschen Volk.« Es fehlte die Fortsetzung, die Umwandlung in die befreiende Tat. Daran ist das deutsche Volk zerbrochen, daß keine Führung da war, die es verstand, diesen prächtigen Worten die richtigen Handlungen folgen zu lassen ...

Daß man den Krieg als Verteidigungskrieg zu führen entschlossen war, änderte nichts an der Tatsache, daß man ihn im Westen als Angriffskrieg führen wollte. Der Einmarsch in Belgien – begleitet von der heißumstrittenen Erklärung Bethmann Hollwegs[174], die Kriegserklärung Englands, die diesen Einmarsch als willkommenen Vorwand für eine längst beschlossene Entscheidung nahm, wurden in ihren politischen Auswirkungen zunächst nur von wenigen erkannt.

Ich habe so gut wie keine Gelegenheit gehabt, mich in diesen Tagen mit anderen Menschen über diese Fragen zu besprechen. Aber ich erinnere mich noch, wie sehr mich die Kriegserklärung Englands getroffen hat, da ich mir über die Zähigkeit des englischen Gegners, über seine Kriegsmöglichkeiten, nicht im Zweifel war. Der Kriegsplan des Generalfeldmarschalls von Schlieffen[175] war mir in großen Umrissen bekannt, da seit Jahren über ihn gesprochen worden war. Ich sah, daß Änderungen erfolgten, legte mir Fragen vor, warum man nicht an den Kanal vorstieß. Ich fand keine Antwort darauf, beruhigte mich, daß die Männer mit Verantwortung es schon wüßten. Es klingt wie ein nachträgliches Besserwissen, wenn ich heute nach 26 Jahren davon schreibe; aber es entspricht den Tatsachen, daß ich mich rein als Laie darüber beunruhigte, daß man nicht an den Kanal vorstieß. Im übrigen habe ich mich auch in den kritischen Tagen von der allgemein verbreiteten Spionenfurcht, von den Nachrichten über Brunnenvergiftungen, freigehalten. Ich habe auch nie die Haßgesänge mitgemacht, die bald darauf das deutsche Volk vergessen ließen, daß es eine gemeinsame Kultur geschaffen hat, zu der jedes Volk seinen Beitrag geliefert hat. Ich hielt es für meine Pflicht, mich als Kriegsfreiwilliger zu melden.

Beim Artillerieregiment in Cannstatt lehnte man mich ab, bei dem Infanterieregiment in Stuttgart lehnte man mich ab. Alle Versuche blieben vergeblich. Der Andrang war überall so groß, daß ein Blick auf meinen Militärpaß, und eine

Nachuntersuchung zur Ablehnung führten. Ich wollte aber unter allen Umständen meinen Beitrag zur Verteidigung Deutschlands liefern. Ich schrieb an die Stadtverwaltung, an die Handelskammer Stuttgart, ob nicht infolge der Einberufungen eine Verwendungsmöglichkeit bestünde. Die Stadtverwaltung gab mir die Antwort, zur Zeit sei kein Bedarf, ich sei jedoch vorkommendenfalls vorgemerkt. Bei der Handelskammer kam ich, nachdem mehrere wissenschaftliche Hilfsarbeiter einberufen waren, an. In der Zwischenzeit waren meine Eltern zurückgekehrt. Mitte August auch Maria, völlig erschöpft und aufgelöst von den Strapazen des Aufenthaltes in England und der Heimreise über den Kanal in das Aufmarschgebiet. Es hat Wochen gedauert, bis sie sich wieder erholt hatte …

7 Beginn der beruflichen Karriere 1914 – 1915
Aufsehenerregende Denkschrift – Verlobung

In der Zwischenzeit hatte ich meine Arbeit bei der Handelskammer Stuttgart aufgenommen. Die Handelskammer war eine öffentlich-rechtliche Organisation der Industrie und des Handels des Wirtschaftsbezirkes Stuttgart. Sie war eine Selbstverwaltungskörperschaft und beruhte auf Zwangsmitgliedschaft der im Bezirk gelegenen Firmen, mit dem Recht auf Umlageerhebung. Aufsichtsinstanz war die kgl. Württembergische Zentralstelle für Gewerbe und Handel, deren Leiter Staatsrat von Mosthaf[176] war. Vorsitzender der Handelskammer Stuttgart war Geheimer Kommerzienrat Schiedmayer[177], ein Mitinhaber der weltbekannten Pianofortefabrik. Seine Stellvertreter waren Kommerzienrat Cornelius Kauffmann und Kommerzienrat Krais[178]. Kauffmann war Inhaber einer Metallwarenfabrik in Feuerbach, Krais Inhaber einer Großdruckerei. Syndikus der Handelskammer war Dr. Ernst Klien, ein Sachse, der wenige Jahre vorher als Nachfolger von Professor Dr. F. C. Huber berufen worden war[179]. Huber, den ich im Haus meines Vaters kennengelernt hatte, war eine bedeutende, aber schwierige Persönlichkeit gewesen. Er besaß ein außergewöhnliches Wissen auf wirtschaftlichem Gebiet, kannte die Verhältnisse des Bezirkes genau und war an allgemein volkswirtschaftlichen Kenntnissen und in der Kunst der Darstellung der weitaus überwiegenden Mehrzahl seiner Kammermitglieder weit überlegen. Die im Jahre 1910 veröffentlichte Festschrift zum fünfzigjährigen Bestehen der württembergischen Handelskammern zeigt seine Begabung für die zusammenfassende Behandlung und Darstellung im besten Licht. Auch sonst hat Huber eine Reihe höchst lesenswerter Beiträge geschrieben, insbesondere auch auf dem Verkehrsgebiet. Seine Stellung innerhalb der Kammer war jedoch im Lauf der Jahre durch seine krankhafte Rechthaberei den Kammermitgliedern gegenüber unhaltbar geworden, und er schied nach langwierigen Auseinandersetzungen aus. Ich glaube, daß mein Vater, die fachlichen Qualitäten Hubers schätzend, sich große Mühe gegeben hat, dieses Ausscheiden in einigermaßen erträglichen Formen zu gestalten. Auch der Abfindungsvertrag mit Huber war von meinem Vater stark beeinflußt. Trotzdem erinnere ich mich, daß auch er, der Huber lange die Stange gehalten hatte und ihn wegen seiner Fähigkeiten ungern gehen ließ, ihn zum Schluß nicht mehr halten konnte und wollte, obwohl sein Einfluß weitreichend war und er Vorsitzender der wichtigsten Kommissionen der Kammer war.

Ernst Klien, Hubers Nachfolger, war wohl in vielen Punkten das Gegenteil von Huber. Gut aussehend, war Klien ein wendiger, beweglicher Mann, der es gut verstand, seine Meinung unaufdringlich zu vertreten und vor allem die Behandlung seines Vorsitzenden, des alten Herrn Schiedmayer in psychologischer Weise und guten Formen handzuhaben wußte. Klien war an wirklicher Kenntnis der Verhältnisse des Bezirks wahrscheinlich Huber längst nicht gewachsen, wohl auch nicht an allgemeinen wirtschaftswissenschaftlichen Kenntnissen. Er übertraf ihn jedoch weit an Geschicklichkeit des Auftretens im Umgang mit Behörden und an stilistischer Begabung. Gerade auf diesem Gebiet war er für mich im täglichen Verkehr ein ausgezeichneter Lehrherr. Die unermüdliche Ausfeilung von Schriftsätzen, die manchmal ans Pedantische reichende Peinlichkeit der Formulierung, wie sie Klien übte und anwandte, gab mir insoweit dauernden Gewinn, als ich dabei lernte, wie wichtig es sei, alle Schriftsätze so abzufassen, daß sie auf den Empfänger in der erstrebten Richtung nicht nur durch das sachliche Gewicht ihrer Ausführungen, sondern auch durch ihre psychologische Einstellung auf den vermuteten Gedankengang des Empfängers ihre Wirkung ausübten. Nach dieser Richtung konnte ich bei Klien außerordentlich viel lernen, denn diese Kunst verstand er hervorragend. Er selbst schrieb einen leichten, flüssigen Stil, und verstand es dabei, einen konzilianten Ausdruck zu finden, auch wenn er gegenteilige Meinungen zu vertreten oder gar eine Ablehnung auszusprechen hatte.

Mein Einarbeiten in die Tätigkeit hat der Bürovorsteher Heidenreich sehr erleichtert, der in allen praktischen Fragen außerordentlich gut Bescheid wußte, stets hilfsbereit war und die Akten der Kammer im Kopf hatte. Hier beherrschte er sie sogar vollkommen, besser als in seiner Registratur, die, wie auch an anderen Stellen in Württemberg, keineswegs besonders durchgebildet war und sich nicht immer auf der erwünschten Höhe befand. Er verfügte auch über eine ausgezeichnete Kenntnis der Verhältnisse der Firmen und der für die Erledigung dr laufenden Angelegenheiten jeweils zuständigen Personen. So lernte ich sehr rasch einen neuen, mir fremden Betrieb kennen.

Die meiste Arbeit war zunächst Tagesarbeit, Auskünfte über die durch den Krieg herbeigerufene Verkehrsbeschwerung, Postabfertigung mit dem Ausland. Bald aber kamen auch andere Fragen, die auch eine wissenschaftliche Behandlung erforderten. Klien selbst erschien morgens in der Regel ziemlich spät, während ich mich streng an die allgemeinen Bürostunden hielt und nicht genug Arbeit bekommen konnte. Schon kurze Zeit nach meinem Eintritt wurde mir die ganze eingehende Post vorgelegt und dann von mir mit dem Bürovorsteher besprochen. Die einfachen, formularmäßig zu erledigenden Dinge wurden diesem zur endgültigen Erledigung übergeben. Die sonst vorliegenden Eingänge wurden in zwei Teile zerlegt. Diejenigen, die ich gleich bearbeiten konnte, blieben bei mir und wurden gleich erledigt, indem ich die Antworten abdiktierte und sie Klien zur Unterschrift vorlegte. Die komplizierten Fragen wurden zwecks Besprechung mit Klien zurückgelegt, der dann darüber entschied, welche Dinge von ihm oder von mir bearbeitet werden sollten. Mittags um 12 Uhr 30 erschien ganz pünktlich der Vorsitzende zwecks Unterzeichnung der Post, hauptsächlich der Behördeneingaben. Klien hielt ein ganz knappes Referat über den Inhalt, der Vorsitzende unterschrieb dann. Ich erkannte bald, daß Klien ein Meister in der Art der Berichterstattung an seinen Vorsitzenden war. Er erreichte fast immer die Unterschrift, manchmal freilich auch durch einen kleinen Trick, indem er die komplizierten und langen Schreiben an den Schluß stellte. Dann wollte Schiedmayer nämlich nach Hause und las die großen Sachen vielfach nicht mehr durch, sondern unterschrieb. Grundsätzliche Fragen wurden zumeist vorher durch Besprechungen in einer Kommission geklärt und dann, soweit notwendig auch im Plenum beraten.

Die Referate teilten sich die Kommissionsvorsitzenden, Kammermitglieder und die Geschäftsführung. Bald durfte ich auch kleinere Referate in den Sitzungen der verschiedenen Gremien halten. Klien war in solchen Sachen nicht kleinlich, sondern verstand es durchaus, sich in die Verfassung eines Mitarbeiters zu versetzen. Über Mittag pflegte er eine ausgedehnte Pause zu machen, blieb aber am Abend entsprechend länger, was mir weniger sympathisch war, da ich den Beginn der Bürozeit pünktlichst einhielt.

Ich lernte bei dieser Arbeit eine ganze Menge. Nicht nur, daß ich das Ineinandergreifen von Geschäftsführung und Tätigkeit der eigentlichen Träger der Selbstverwaltung beobachten konnte, ich bekam auch einen ausgezeichneten Einblick in die wirtschaftliche Struktur des ganzen Kammerbezirkes. Ich sah gleich zu Beginn die Auswirkungen mancher der improvisierten kriegswirtschaftlichen Maßnahmen. Ich lernte die Fragen von Abgrenzung von Industrie und Handwerk, die wegen der Mitgliedschaft zur Handels- oder Handwerkskammer für die betroffenen Betriebe von finanzieller Bedeutung war. Ich führte dabei eine sich gut bewährende Neuerung ein, indem ich enge Verbindung mit der Handwerkskammer aufnahm, oft auch gemeinschaftliche Besichtigungen mit dieser zusammen durchführte und mich stets bemühte, auf dem Weg der Verständigung zu einer Regelung zu kommen. Entscheidungen vom grünen Tisch aus suchte ich zu vermeiden. Auch sonst suchte ich und fand rasch Fühlung mit den jeweils in Betracht kommenden Kammermitgliedern, oder, weil dieses von Klien nicht immer gern gesehen wurde, mit den Firmen selbst. Auch mit den alten Herren kam ich gut aus. Schiedmayer war wohl über seine Glanzzeit hinweg, aber Krais war, trotzdem er nicht mehr der Jüngste war, geistig sehr beweglich und stets bestrebt, aus dem großen Schatz seiner wirtschaftlichen Erfahrungen Rat zu erteilen.

Kauffmann war ein Draufgänger, dem wissenschaftliche Begründung durchaus fernlag und der auch keine Linie hielt, sondern heute so, morgen anders entschied. Mit den Referenten der Zentralstelle für Gewerbe und Handel bekam ich bald guten Kontakt. Der führende Kopf war dort Staatsrat von Mosthaf, ein aus dem württembergischen Verwaltungsdienst hervorgegangener Beamter von hervorragender Sachkenntnis, zuverlässig im Urteil, als Charakter untadelig, ehrlicher Gesinnung und innerer Anständigkeit. Mosthaf hat sich um die Förderung der württembergischen Industrie in stiller, unaufdringlicher, jahrzehntelanger Arbeit außerordentliche Verdienste erworben. Er war im äußerlichen Auftreten mehr als bescheiden, stand etwa im Vergleich mit gleichgestellten Beamten des Reichs oder Preußens darin weit hinter diesen zurück, aber an Sachkenntnis wurde er von keinem übertroffen. Er hat mit Recht in Württemberg eine führende Rolle gespielt und als Leiter seiner Behörde, die praktisch das Wirtschaftsministerium darstellte, auch im Parlament hohes Ansehen genossen. Ein sicherlich auf Grund seiner echten inneren Frömmigkeit vielen Erscheinungen des modernen Lebens ablehnender Mann, hat er auch zur Arbeiterschaft immer verständige Beziehungen zu unterhalten gewußt und ihren Sorgen immer eine aus warmem Herzen kommende Bereitschaft entgegengebracht. Er war der beste Typ schwäbischen Beamtentums, den man sich denken kann, ein würdiger Nachfolger des von Württemberg mit Recht unvergessenen F. v. Steinbeis[180].

Im übrigen sah ich bald aus dem täglichen Verkehr mit den verschiedensten Firmen, daß von einer kriegswirtschaftlichen Vorbereitung oder Planung keine Rede sein konnte ...

In der Zwischenzeit wuchs die Erkenntnis, daß die Verhältnisse in der Versorgung der Bevölkerung mit Getreide und Mehl nicht so weitergehen konnte. Es zeigten sich Preissteigerungen und höchst ungute Verhältnisse im Getreidehandel. Das Material bei der Handelskammer häufte sich, und Ende des Jahres entschlossen wir uns, in einer umfassenden Eingabe auf die Unhaltbarkeit der Zustände hinzuweisen. Auch hatten einzelne Verbrauchergruppen schon angefangen, sich mit diesen immer sichtbarer werdenden Schwierigkeiten zu befassen und Vorschläge auf Abhilfe zu machen. Das Verdienst, einen ganzen Plan durchdacht zu haben, gebührt Klien und mir gemeinsam. Die Formulierung stammt großenteils von mir. Wir kamen auf den Gedanken, man müsse sich zu einer einheitlichen Organisation der ganzen Getreidewirtschaft entschließen, dürfe nichts halbes machen, wenn man nicht aus Ernährungsgründen den Krieg verlieren wolle. Wir arbeiteten wochenlang an einer Denkschrift, die Ende Dezember 1914 oder Anfang Januar 1915 der Zentralstelle für Gewerbe und Handel, sowie dem Deutschen Industrie- und Handelstag vorgelegt wurde. Sie erregte außerordentliches Aufsehen, da in ihr zum erstenmal von privatwirtschaftlicher Seite der Gedanke einer planwirtschaftlichen Tätigkeit auf dem Gebiet der Versorgung der Bevölkerung mit dem wichtigsten Nahrungsmittel ganz offen und unverhüllt ausgesprochen wurde. Die Beweglichkeit des Reichsamtes des Innern den immer drängenderen Fragen der zivilen Kriegswirtschaft gegenüber war nicht an rasche Entscheidungen gewöhnt, pflegte Enqueten zu veranstalten und Erhebungen zu machen, dann dieses Material zu Denkschriften zu verarbeiten. Unser Vorschlag suchte dem Rechnung zu tragen, indem er gleich einen Organisationsplan enthielt, der den wirtschaftlichen Verhältnissen Rechnung trug. Es zeigte sich auch schon damals an der zentralen Stelle, daß die rein verwaltende Tätigkeit der normalen Bürokratie nicht ausreiche, um mit den sich täglich ändernden wirtschaftlichen Fragen fertig zu werden.

Etwa acht Tage vor Weihnachten hatte ich in später Abendstunde in meinem Arbeitszimmer in der Handelskammer den Besuch eines großen, gut aussehenden Mannes, der eigentlich Klien sehen wollte. Dieser befand sich jedoch auf seiner Hochzeitsreise, so daß der späte Besucher zu mir geführt wurde. Es war der Oberbürgermeister der Stadt Stuttgart, Karl Lautenschlager. Die deutschen Städte hatten damals in ihrer Gesamtorganisation, dem Deutschen Städtetag, beschlossen, als Weihnachtsgeschenk für die im Osten kämpfenden Truppen in Form der »Hindenburgspende« ihrer Einwohnerzahl entsprechend eine Stiftung zu machen, die in warmen Pelzmänteln für das Heer bestehen sollte[181]. Lautenschlager kam, um wegen der Art und Weise der Beschaffung der seitens der Stadt Stuttgart aufzubringenden Anzahl mit der Handelskammer Fühlung zu nehmen. Ich entschuldigte mich, daß er mit mir vorlieb nehmen müsse. Ich entwickelte ihm einen vorläufigen Plan und versprach, innerhalb kürzester Frist einen genauen Vorschlag an die Stadtverwaltung zu überreichen. Innerhalb von 24 Stunden hatte ich, nach Rücksprache mit den führenden Firmen, die dafür in Betracht kamen, einen Plan ausgearbeitet und dem Oberbürgermeister übersandt. Die Stadt hatte hierbei die endgültige Entscheidung über die Vergabe und den zu zahlenden Preis. Alle betreffenden Fachkreise waren herangezogen. Die Handelskammer und die Stadt prüften gemeinschaftlich die Preise, die Lieferfristen waren genau festgelegt. Kurz, es war in kurzer Zeit eine Menge Arbeit geleistet worden.

Kaum hatte der Oberbürgermeister die Vorschläge in Händen, so meldete er sich auch schon telefonisch, um sich zu bedanken. Er sagte mir sehr freundliche Worte und lobte die Raschheit und Exaktheit der Vorschläge. Wäre Klien anwesend gewesen, so hätte ich diese Bekanntschaft nicht gemacht, die kurze Zeit nachher sich so entscheidend für meinen ganzen Lebensweg auswirken sollte. Mit Recht kann ich daher sagen, daß ich einem Zufall und Hindenburg meinen ganzen Lebensweg zu danken habe!

In diesen Tagen war ich selbst, neben meiner Arbeit, aufs stärkste erfüllt von der Entscheidung, die ich – im Stillen seit langem feststehend – nun auch nach außenhin bekanntgeben wollte: von meiner Verlobung mit Marie Scholl. Unsere Freundschaft, seit Jahren bestehend, war längst so innig und hatte zu einer solchen seelischen Verbundenheit geführt, daß wir beide uns seit langem klar waren, daß wir uns heiraten wollten. Ich habe nie eine besondere Freude daran gehabt, die Liebesbriefe anderer Menschen zu lesen. Immer habe ich den Standpunkt eingenommen, daß es sich dabei um die feinsten, zartesten und persönlichsten Beziehungen zweier Menschen handle, in die, nachträglich als Außenstehender, Einsicht zu nehmen niemand ein Recht habe. Obwohl ich alle Briefe meiner Braut und Freundin seit 1908 besitze und sie einen wertvollen Teil unserer Entwicklung enthalten, sehe ich keine Veranlassung von dem eben dargelegten Standpunkt abzuweichen, gerade weil es sich um meine Frau und mich handelt. Im Nachlaß meines Vaters fand ich einen Brief, den ich schon am 12. August 1914 meinen Eltern geschrieben hatte. Er lautet:

Liebe Eltern!

Ich hatte gestern Abend eigentlich vor, mit Euch über eine Privatangelegenheit zu sprechen, von der ich annehmen darf, daß sie Euch nicht weiter überrascht. Aber da es nicht möglich war, möchte ich es Euch auf dem Wege, auf dem derartige Dinge am leichtesten gehen, mitteilen. Außerordentliche Umstände rechtfertigen außerordentliche Schritte. Was ich in normalen Zeiten erst dann getan hätte, wenn meine beruflichen Pläne erfüllt gewesen wären, will ich jetzt, wo – und obwohl – alles Kommende ungewiß ist, dennoch tun, aus dem Gefühl, daß jetzt zusammen sein soll, was zusammengehört. Es ist nicht schwer zu erraten, wer meine Braut sein soll. Marie Scholl und ich sind uns schon seit einem Jahr über unsere Zukunft einig. Nicht in irgendeiner Augenblicksstimmung ist die Entscheidung getroffen, sondern nach ruhiger Überlegung. Aber ich hoffe doch, daß Ihr meine

Wahl billigt. Denn sie ist selbständig als Mensch, stark und gesund in ihrem Denken, schlicht und einfach in ihrem Leben – und hat mich nicht weniger lieb als ich sie. Ich weiß, daß sie Euch die Tochter sein will und wird, die Ihr Euch wünscht. Daß Ihr dadurch den Sohn nicht verliert, sondern – wenn möglich noch stärker an Euch bindet, könnt Ihr versichert sein.

In treuer Liebe
Euer Fritz.

Einwendungen aller Art, die daraufhin gekommen waren, habe ich widerlegt. Sie sind vergessen und vergeben. Ich blieb bei dem, was mir das Glück meines Lebens schien, und ließ mich von nichts davon abbringen. Und am 18. Dezember schrieb ich meinem Vater, der aus irgendeinem Anlaß noch vor Weihnachten nach Berlin gereist war, nochmals folgendes:

Ich selbst will mich am Sonntag auch in die Schlacht wagen – Du weißt welche – doch denke ich, daß es nicht sehr schlimm werden wird, da Marie mir gestern sagte, daß ihre Eltern ganz mit einverstanden seien. Ich hoffe, daß Du Dich auch in das unabänderliche Schicksal fügst und mir – wie Du es immer getan hast – auch diesmal das Vertrauen entgegenbringst, daß ich zu wissen vermag, was ich tue. Ich hoffe, mit all der Liebe und Freundschaft, die ich für Dich habe, daß Du – je näher Du Marie kennen wirst – um so mehr mit meiner Wahl einverstanden bist.

Am Sonntag, den 20. Dezember, ging ich also in die Schlacht, das heißt, ich hielt in feierlicher Form, mit Gehrock und Zylinder, bei meinem zukünftigen Schwiegervater um die Hand seiner Tochter Marie an. Eltern und Braut gaben ihr Jawort. Am Weihnachtsabend haben wir uns verlobt, im Kreise der beiden Familien. Bei der Fülle der Bekannten auf beiden Seiten fehlte es nicht an Glückwünschen, Blumen und Geschenken. Nach glücklichen Feiertagen ging die berufliche Arbeit weiter.

Um meine bürgerliche Existenz zu festigen, entschloß ich mich für die Mitte Januar 1915 zur Ausschreibung gekommene Stellung des Vorstandes des städtischen Statistischen Amtes der Stadt Stuttgart meine Bewerbung einzureichen, die Losch nachdrücklich zu unterstützen versprach. Ich hatte zwar noch nie rein statistisch gearbeitet, aber ich traute mir das, was das völlig verwahrloste Amt erforderte, schon zu. Dr. Roessger[182], der das Amt schlechter verwaltete hatte, als man verantworten konnte, mußte endlich abgehen. Es war nachgerade einer Großstadt unwürdig, welche Verhältnisse auf dem statistischen Amt herrschten, und man sprach längst in allen zuständigen und interessierten Kreisen davon, daß es so nicht weitergehen könne. Losch hatte mich auch zur Bewerbung ermuntert.

Die Stelle wurde im März besetzt, ich erhielt sie nicht, da ich bei meiner anderen, in der Zwischenzeit übertragenen Stelle als unabkömmlich bezeichnet wurde, außerdem die Stadt Wert darauf legte, einen Bewerber zu wählen, der schon als Statistiker gearbeitete hatte. Es war das einzige Mal, daß ich mich um eine Stelle beworben habe und sie nicht erhielt.

Aber es sollte auch dies wieder sein Gutes haben. Der gewählte preußische Regierungsrat Dr. Erich Simon[183], ein gebürtiger Berliner, war ein feiner, anständiger Mann, der über solide Kenntnisse verfügte. Er brachte das Amt bald in Ordnung und machte eine gut geleitete Dienststelle daraus. Den Anforderungen, die an ihn und sein Amt gestellt wurden, insbesondere im Laufe des Krieges nach Übertragung der Preisprüfungsstelle, war er voll und ganz gewachsen. Aus dem völlig verbummelten und verwahrlosten Amtsbetrieb, den er mit lauter unfähigen und überalterten Angestellten vorgefunden hatte, machte er, was irgendwie daraus zu machen war. Trotzdem hat Dr. Erich Simon sich nie ganz in Stuttgart durchgesetzt, seine norddeutsche Art fand sich mit dem Dialekt nicht zurecht. Auch verstand er es nicht immer, mit den Mitgliedern der Verwaltung und Gemeindevertretung die erforderliche Fühlung zu finden. Auch daran trug das Fehlen der schwäbischen Sprachkenntnisse mannigfache Schuld, da es bei der Eigenart der Schwaben und der Stuttgarter unerläßlich ist, sich mit ihnen in der »Landessprache« unterhalten zu können.

So leicht es mir später gemacht wurde, mit den preußischen Dienststellen in Fühlung und enge Zusammenarbeit zu kommen, so schwer wird es umgekehrt einem Norddeutschen unten gemacht. Ich habe mir mehr als einmal, während meiner späteren Berliner Jahre, irgendeine schwierige Verhandlung außerordentlich erleichtert, wenn ich ein paar schwäbische Laute einfließen ließ, und fand stets dafür freundliches Verständnis. Umgekehrt, wenn ein norddeutscher Beamter, oder richtiger ein nichtschwäbischer Beamter, Heimatlaute erklingen ließ, dann war er eben ein »Reigschmeckter«, der im Grund nichts von den Problemen des Landes und des Ortes verstand – im eigentlichen Sinn des Wortes. Die vielfach andere Anwendung der Begriffe »sollen, wollen und müssen« sowie »mögen« geben, je nach der süddeutschen oder norddeutschen Anwendungsart, unter Umständen einer Darstellung einen völlig anderen Sinn. Dazu kommt bei den Schwaben die Langsamkeit des Sprechens, während der Berliner, der Schlesier, der Norddeutsche überhaupt, bedeutend rascher und infolgedessen für den Süddeutschen nicht immer leicht verständlich zu sprechen pflegt. Man sagt nicht mit Unrecht, bis der Schwabe das Wort »Wurscht« ausspreche, habe sie der Preuße längst gefressen! Mag dies auch eine dichterische Übertreibung sein – etwas Wahres ist doch daran. Dazu kommt noch die ganz andere Art der Lebensführung, die andere Küche, andere Einkaufsmöglichkeiten für die Hausfrau, andere allgemeine Lebensgewohnheiten und nicht zuletzt eine ganz andere Art von Gastfreundschaft und Geselligkeit. Dies ist wohl für alle aus Norddeutschland nach dem Süden kommenden Beamten das schwierigste Problem gewesen, daß sie mit ihren Familien so außerordentlich schwer Anschluß gefunden haben.

Richtiger gesagt, war dies keineswegs ein Problem, das etwa nur im Beamtenkreis aufgetaucht ist, Es ging durch alle Gesellschaftsschichten hindurch. Man rühmt zwar dem Süddeutschen und dem Schwaben seine Gastlichkeit nach und sagt von ihm, daß es nirgends so gemütlich zugehe, wie bei ihm. Das trifft aber nur für die Einheimischen zu, denn bis ein Schwabe sein Haus einem Fremden öffnet, können Jahre vergehen, und bis eine schwäbische Hausfrau, die nie außerhalb ihres Landes oder ihrer Stadt gelebt hat, einem Fremden oder gar einer Fremden Zutritt in ihr Haus gewährt, kann ein halbes Menschenleben vergehen. In Berlin habe ich gerade immer das Gegenteil erfahren, da wurde man als Süddeutscher und als Schwabe immer bevorzugt behandelt, als Schwäbin geradezu poussiert[184].

So hatte es Dr. Erich Simon auch gesellschaftlich nicht leicht, sich einen kleinen Kreis zu schaffen. Obwohl er im Laufe der Zeit einigen Anschluß fand, hat er sich doch nie so ganz wohlgefühlt und ist nach ungefähr zehnjähriger Tätigkeit wieder ins preußische Statistische Landesamt in Berlin zurückgegangen. Ich habe ihn da einige Mal auch gesellschaftlich getroffen, aber die alten Beziehungen, die in Stuttgart recht kollegial waren, nicht weiter gepflegt. Er kam mir in Berlin geistig ganz provinziell vor, hatte auch

Verkehr mit Kreisen, mit denen ich keinerlei Berührung hatte.

Die Handelskammer und Klien, wie auch ich, waren durch unsere Getreide- und Mehlbewirtschaftungseingabe in Briefwechsel mit einer Reihe von Männern geraten, denen an der Neugestaltung der Versorgungswirtschaft dringend gelegen war und die nicht ohne Sorge der bisherigen Untätigkeit der Reichsregierung gegenüberstanden. Am 25. Januar 1915 erschien endlich die angestrebte Bundesratsverordnung, die Grundlage für die nun einsetzende Versorgungsregelung abgab. Ich erinnere mich genau, daß ich am 26. oder 27. abends am Esszimmertisch in meinem elterlichen Haus zu meinen Eltern und meiner anwesenden Verlobten sagte, das müsse mal eine interessante Aufgabe sein, eine solche Organisation in einer Stadt aufzubauen und durchzuführen, und ich knüpfte so meine Gedanken daran, wie man so etwas machen könne.

Am 29. erhielt ich von Brentano einen Brief, dem ich auf Veranlassung von Fuchs eine Ausfertigung der Eingabe der Handelskammer übersandt hatte. Ein inhaltsreiches Schreiben, in dem er ausführte, daß er schon am 1. November des vorhergehenden Jahres mit einigen anderen Herren, darunter auch Herr Dr. Lindemann aus Stuttgart, in Nürnberg zusammengewesen sei und daß man dort eine Eingabe gleicher Tendenz an das Reichsamt des Innern beschlossen habe. Brentano schrieb dann weiter: »Damals ist mir, sowohl aus Berlin, als auch aus München, die Antwort erteilt worden, daß das, was wir verlangten, undurchführbar sei. Es erfüllt mich mit trauriger Genugtuung, daß jetzt, drei Monate nach unseren Beschlüssen, die Stellen, die damals unsere Forderungen für undurchführbar erklärt haben, ihnen auf dem Verordnungsweg entsprechen.« Er fürchte, daß die Rücksicht auf die Agrarier die Schuld trage, wenn das, was vor drei Monaten noch eine ausreichende Abhilfe gewesen wäre, jetzt vielleicht zu spät komme.

Zum Glück habe man neuerdings, wie er höre, eine große Getreidezufuhr aus Rumänien erhalten, hoffentlich sei sie ausreichend, um uns über das so lange abgeleugnete Defizit unserer Getreideproduktion hinwegzuhelfen. Und es war ein echter Brentano, wenn er fortfuhr: »Für Bayern, oder resp. seine Regierung, muß es besonders peinlich sein, daß sie genau acht Tage, nachdem sie einen Artikel des Dr. Heim[185] verboten hat, der unseren Nürnberger Forderungen entsprach, nun diesen Forderungen genügen muß. Aber der Mann im hiesigen Ministerium, der diese Dinge bestimmt, ist von paradigmatischer Dummheit, und es geschieht ihm ganz recht, so vor der Öffentlichkeit preisgestellt zu werden.«

Nun, über die Dummheit mancher Referenten, habe ich auch meine eigenen Erfahrungen auf diesem und anderen Gebieten noch machen können.

Am gleichen Tag als ich den Brief Brentanos bekam, hatte ich einen unerwarteten Anruf des Oberbürgermeisters von Stuttgart, ich möchte mich zu einer Besprechung um 11 Uhr bei ihm einfinden. Ich dachte, es wäre wegen der Hindenburgspende. Zu meiner Überraschung fragte mich Herr Lautenschlager, ob ich am 1. Februar zur Stadt kommen wolle, um die durch die Bundesratsverordnung ihr zugewiesenen neuen Aufgaben zu bearbeiten. Der wenige Abende vorher geäußerte Wunsch traf also ganz überraschend erfüllt an mich heran. Ich wurde zunächst Hilfsarbeiter mit einem fortlaufenden Taggeld von RM 10. Wenn mir sein Vorschlag zusage, solle ich mich dem Referenten, Gemeinderat Dr. Dollinger[186], vorstellen. Würde ich diesem gefallen, woran er nicht zweifle, so solle ich ihm unbedingt im Lauf des Tages meine Entscheidung mitteilen. Ich war zunächst sprachlos vor Überraschung, bedankte mich für das Angebot und sagte, wenn mich die Handelskammer gehen läßt und meine Braut einverstanden ist, so würde ich gern annehmen. Lautenschlager begleitete mich noch zu Herrn Dr. Dollinger, mit dem ich mich – etwas ängstlich wegen der fremden Umgebung – längere Zeit unterhielt. Er schien dabei einen günstigen Eindruck zu gewinnen, insbesondere auch, als die Unterhaltung auf Friedrich List kam. Der Vorgänger von Lautenschlager, Oberbürgermeister von Gauß[187], ein begeisterter Anhänger des Gedankens der gemeindlichen Selbstverwaltung, selbst eine starke und kämpferische Persönlichkeit, hatte nämlich in den Treppenaufgang des neuen Stuttgarter Rathauses, das ich an diesem Tag zum erstenmal betreten hatte, eine Gedenktafel zu Ehren Lists, des unermüdlichen Kämpfers der gemeindlichen Selbstverwaltung, anbringen lassen. Auf Dollinger, der selbst ein stark theoretisches Interesse an vielen Fragen nahm und sich als Schüler von Gauß fühlte, muß diese Kenntnis günstig gewirkt haben, denn im Temperament waren wir wesentlich verschieden. Das Ergebnis auch dieser Unterhaltung war ein volles Einverständnis, so daß auf Seiten der Stadt alles geordnet war.

Schwieriger war die Sache bei der Handelskammer, da hatte ich, Klien gegenüber, ein schlechtes Gewissen. Hatte er mich im August zunächst als einen freundlichen Helfer angesehen, so war ich ihm sehr rasch ein nützlicher Mitarbeiter geworden, der sich an der Erledigung der durch Mobilmachung und Krieg stark angewachsenen Arbeit mit Erfolg und nicht ohne Eifer beteiligte. Mein plötzliches Ausscheiden würde ihn vermutlich in Schwierigkeiten bringen, da kein Ersatz zur Verfügung stand und die ganze Arbeitslast auf ihn übergehen würde. Ich ging daher nicht ohne Zögern und mit erheblichen Hemmungen zu ihm, aber er war sehr erfreut über das Angebot, fühlte er sich doch damit geehrt und war sofort bereit, mich auf den 31. Januar freizugeben. Der Oberbürgermeister hatte ihn auch seinerseits nochmal telefonisch darum gebeten. Die Zustimmung von Klien war überaus anständig, da er wirklich in Ungelegenheiten kam und ein Ersatz außerordentlich schwierig zu finden war, außerdem ja auch das Einarbeiten auf erhebliche Schwierigkeiten stieß und dies auch wieder Zeit kostete ...

Die Aufgabe lockte so stark, daß mich auch ein anderer als der gute Eindruck, den ich von Lautenschlager gewonnen hatte, nicht abgeschreckt hätte. So sagte ich noch am gleichen Tag zu. Ich habe diese für mein weiteres Leben entscheidende Annahme nie bereit. In Lautenschlager fand ich einen allzeit hilfsbereiten, stets loyalen und charaktervollen Vorgesetzten, der mir in allen Lebenslagen gleich viel Förderung, Wohlwollen und, im Lauf der Jahre, Freundschaft entgegengebracht hat, wie ich sie mir uneigennütziger und herzlicher nicht hätte denken können. Die Arbeit aber, die ich am 1. Februar 1915 übernommen habe, entsprach in ihrer verwaltungsmäßigen Aufgabe, in der Notwendigkeit, sich wissenschaftlich auf dem laufenden zu halten, und in ihrer politischen, psychologischen Zielsetzung im höchsten Maße meiner persönlichen Veranlagung. Der 1. Februar 1915 bedeutet für mich, daß ich mich beinah zwei Jahrzehnte auf einem Arbeitsgebiet betätigen konnte, auf dem meine persönliche Eignung und die zu lösenden Aufgaben sich bald zu einer Einheit verschmolzen, die in einem Beruf zu finden ein seltenes, aber darum besonderes Erlebnis für jeden Menschen bedeuten. Dieses Zusammenfallen von natürlicher Begabung mit beruflichen Auswirkungsmöglichkeit ist nur einer kleinen Anzahl von Menschen vergönnt. Wer es einmal selbst erlebt hat, darf sich für diese Zeit zu den wirklich Glücklichen rechnen.

8 In der Weimarer Republik
Revolution 1918/19 – Kapp-Putsch 1920

Am Ende des Tages, des 9. November 1918, befanden sich Stuttgart und wohl die meisten Industrieorte Württembergs in Händen der Revolution. Die militärische und bürgerliche Gewalt war an die sozialdemokratischen Parteien, die Gewerkschaften und die Soldaten übergegangen. Demonstrationen hatten auf allen Plätzen in Stuttgart und auch im Land stattgefunden, die größten wohl auf dem Schloßplatz, wo damals Augenzeugen eine Teilnehmerschaft von 100 000 Menschen angegeben hatten – eine wohl etwas übertriebene Zahl. Die Truppen, die im Hof des Waisenhauses untergebracht waren, und die Schloßwache im Wilhelmspalais wurden entwaffnet, auf dem Schloß wehte kurze Zeit die rote Fahne. Eine rein sozialistische Regierung wurde am 9. November gebildet, deren Vorsitz in den Händen des alten Sozialdemokraten Blos und des Unabhängigen Crispien lag[188]. Auswärtiges lag in den Händen von Blos, Inneres in denen von Crispien, Arbeitsminister war Lindemann, Franz Thalheimer, ein wilder Unabhängiger, Kult Heymann, Justiz Mattutat, Krieg Schreiner, der Vorsitzende des Soldatenrats, ein überaus rede- und schreiblustiger Mann, der mit seinen Sonderaufrufen mehrere Tage lang sehr umtriebig war[189]. Gleichzeitig veröffentlichte der General von Ebbinghaus[190] eine Erklärung, daß er, im Einvernehmen mit dem Soldatenrat, mitzuhelfen sich bereit erklärt habe, die militärische Ordnung in Stuttgart aufrecht zu erhalten.

Eine gewaltige, aber unblutige Revolution hat sich vollzogen. Die Republik ist erklärt. Die provisorische Regierung kündigte in einem Aufruf als ihre erste Aufgabe an, eine konstituierende Landesversammlung vorzubereiten. Aufrechterhaltung von Ruhe und Ordnung, Schutz von Eigentum und Leben werden zugesichert. Von den öffentlichen Beamten wird erwartet, daß sie weiter ihre Schuldigkeit tun. Die Bevölkerung des ganzen Landes wird aufgefordert, sich dem von der Stuttgarter Bevölkerung gegebenem Beispiel anzuschließen und in den wirtschaftlich und sonstigen Beziehungen zur Landeshauptstadt keine Stockung eintreten zu lassen. Die provisorische Regierung erbietet zum Schluß ihres Aufrufs, ihren brüderlichen Gruß den Arbeitern und Soldaten aller Länder und fordert sie auf, mit dem revolutionären deutschen Volk solidarisch zu handeln und einen baldigen dauernden Frieden der Gerechtigkeit herbeiführen zu helfen.

Die neue provisorische Regierung war eine Regierung von Sozialdemokraten. Aber schon am 10. November kündigte das neue Regierungsorgan, die *Schwäbische Tagwacht* an, daß die neue Regierung bereit sei, Fachleute zur Weiterführung der Verwaltung ohne Rücksicht auf ihre politische und religiöse Gesinnung heranzuziehen. Sie betonte gleichzeitig, daß die neue Regierung kein Klassenregiment, keinen neuen Absolutismus einer Klasse aufrichten, sondern eine Volksregierung im besten Sinn des Wortes sein wolle. Die provisorische Regierung erfüllte dieses Versprechen und nahm in die Regierung den Nationalliberalen Baumann als Leiter des Ernährungswesens, den Zentrumsmann Kiene für die Justiz und den süddeutschen Volksparteiler Liesching für die Finanzen auf – Mattutat, Thalheimer scheiden daher wieder aus ...[191]

Am Sonntag, den 10. November, waren nachmittags die

Waffenstillstandsbedingungen veröffentlicht worden. Aber nach 51 Monaten Krieg hatten es zwei Tage Revolution fertiggebracht, daß im allgemeinen, mit wenigen Ausnahmen, die ganze Bevölkerung die unerhört harten Bedingungen mit der Gleichgültigkeit aufgenommen hat, die erschütternd war. Die Stunden des 9. November und das ungeheure Erleben dieser Stunden, in denen doch eine Welt zusammenbrach, ist von der Masse, gerade auch der bürgerlichen, in ihrer Tragweite auch nicht entfernt verstanden worden. Im Gegenteil, sie wurden als eine Art Fastnachtsscherz aufgefaßt, als ein Lustspiel, dem man heiteren und lachenden Auges zusehen konnte und an den Stellen, wo es dem lieben Ich gefiel, auch Beifall klatschte. Und bei uns in Württemberg, wo vor wenigen Jahren die *Schwäbische Tagwacht* geschrieben hatte: Würde Württemberg heute Republik, so würde Wilhelm II. zu ihrem ersten Präsidenten gewählt werden, haben gerade solche Kreise, die sich mit Bücklingen und allen erlaubten und unerlaubten Mitteln Titel und Orden zu ergattern gesucht hatten, zuerst vor den neuen Machthaber auf den Bauch gelegen, und, noch ehe man es von ihnen forderte, schwanden die Hoflieferantenschilder dahin wie Butter in der Sonne.

Ich habe in diesen Tagen – obwohl ich nie sein Wesen und seine Art liebte, – auch des Mannes mehr als einmal gedacht, der, in unendlichem Irrtum befangen, trotz allem das Beste für sein Volk gewollt hatte: des Kaisers. Alle Schuld wird auf den Einsamen, dessen Flucht nach Holland mir damals und später gleich unverständlich blieb, geladen – alle Schuld auch von allem Schuldigen – und als solche sah ich das ganze deutsche Volk seit mehreren Generationen an. Niemals wird man mit Recht sagen dürfen, der Kaiser habe wissentlich sein Volk mißverstanden und fehlgeführt. Genial in mancher seiner Begabungen, romantisch in seinen Vorstellungen und in seinen Träumen, ging er zugrunde, weil es das deutsche Volk nicht rechtzeitig verstanden hatte, ein politisches Volk zu werden und sein Schicksal selbstverantwortlich in die Hand zu nehmen. Es war ein gutes und kluges Wort des neuen Reichskanzlers Ebert, wenn er, an alle Beamten und Behörden in Stadt und Land die Bitte um furchtloses und unverdrossenes Weiterarbeiten richtend, hinzufügte, er wisse, daß es vielen schwer werde, mit den neuen Männern zu arbeiten, die das Reich zu leiten übernommen haben, aber er appelliere an ihre Liebe zu unserem Volk …

Scharf zu unterscheiden war zwischen dem Verlauf der Revolution in Württemberg und im Reich. In Württemberg, wo die Verhältnisse wesentlich anders lagen als in Preußen und unter dem alten Regime anerkanntermaßen doch auch ganz gut, anständig und zufrieden gelebt wurde, hatten in der endgültigen provisorischen Regierung im großen Ganzen doch lauter Männer Platz gefunden, die praktisch arbeiten wollten. Neben den Bürgerlichen Liesching, Kiene, Baumann saßen die Merhheitssozialisten Lindemann, Ulrich Fischer[192] – als Nachfolger des rasch ausgebooteten Spartakisten Schreiner – und der alte, im Grunde stark verspießerte Blos sowie der kluge Heymann, Schwiegersohn des Müncheners Auer, ein Mann mit großer Bildung und beträchtlichem Wissen. Alles keine Revolutionäre. Von der Unabhängigen Sozialdemokratischen Partei Crispien, der allerdings politisch mehr als zweideutig war und demagogische Instinkte schlimmster Art besaß. Immerhin war er ja nicht allein.

Nachdem die Beamtenschaft in Gemeinde und Staat sich restlos zur Verfügung gestellt hatte und damit die Arbeitstiere für die neue Regierung bereitstanden, ging nach einigen Kinderkrankheiten die Maschine ihren Gang ziemlich rasch und glatt weiter. Einige Auseinandersetzungen über Abgren-

263

zung der Befugnisse zwischen Arbeiter- und Soldatenräten und Regierungsstellen folgten. Nachdem die Allerradikalsten, der jugendliche Rück[193], und der übergebildete aber arbeitsunfähige Thalheimer ihre bolschewistische Tätigkeit nach Berlin verlegt hatten, ging alles weiter, mitunter in der üblen und herzlich rauhen Tonart, die übrigens auf sozialdemokratischen Parteitagen auch schon vor dem Krieg geherrscht hatte. In den Händen der Regierung blieb die Exekutive, bei den Arbeiter- und Soldatenräten die Kontrolle. Die Regierung gab auch dem immer stürmischer gewordenen Drängen nach Vorverlegung der Wahlen zur Landesversammlung am 26. Januar auf den 12. nach.

Es gereichte mir persönlich zur Genugtuung, daß ich in der ersten großen Bürgerversammlung am 12. November 1918 - meinem ersten politischen Auftreten in der Öffentlichkeit – mit aller Entschiedenheit neben der Forderung nach Aufrechterhaltung der Einheit des Reiches beschleunigte Vornahme der Wahlen zur Landes- und Nationalversammlung gefordert habe, da ich in der raschen Durchführung der Wahlen ein Ventil zur Entladung der politischen Erregung erblickte und außerdem eine Klärung der Mehrheitsverhältnisse durch die Vornahme der Wahlen erhoffte. Waren die Arbeiter- und Soldatenräte eine ziemlich gedankenlose Nachahmung russischer Einrichtungen, so haben sie doch noch einen weiteren Ausbau erfahren durch Schaffung von »Räten geistiger Arbeiter« – geisteskranker Arbeiter, wie das Volk bald spöttisch sagte, Bürgerräten und Ähnlichem. Das waren mir nur die Zeichen der Auflösung der Gemeinsamkeit der Interessen in berufsständische Zersetzung – das Schlimmste, was einem Volk passieren kann. Ich habe deswegen sofort ein Ansinnen, in den Geisterrat gewählt zu werden, aus grundsätzlicher Ablehnung dieses ganzen Gedankens abgelehnt, dagegen in der bereits erwähnten Versammlung den Zusammenschluß der liberalen Parteien zu einer großen freiheitlich-demokratischen Partei vertreten. Dabei, so führte ich aus, dürfte der Hader und der geschichtlich verständliche Ballast zwischen den Parteiführern keinerlei Hindernis bilden, sonst sollten eben die alten Führer abtreten, ein Wunsch, der in den kommenden Wochen hinsichtlich der Einigkeit wenigstens teilweise in Erfüllung ging, in seinem zweiten Teil zum großen Unglück der gesamtdeutschen Entwicklung im wesentlichen unerfüllt blieb…

Zu den Menschen, die damals den Anspruch erhoben, neue Formen und Gesinnungen schaffen zu können, gehörte Dr. Rudolf Steiner, der sich in Stuttgart niedergelassen hatte und, finanziell durch Kommerzienrat Molt und die Waldorf-Astoria Zigarettenfabrik unterstützt, durch Reden und Schriften unablässig für den anthroposophischen Ideenkreis warb[194]. Ich hatte Steiner einige Male im größeren Kreis sprechen hören, ihn aber nicht verstanden, weil meines Erachtens nichts zu verstehen war. Der Zulauf zu ihm wuchs aber ungemein, so daß einmal – ich glaube Lindemann war noch Arbeitsminister – unter dessen Vorsitz eine Besprechung im Arbeitsministerium stattfand, an der Lindemann, Steiner, Molt, dessen Sekretär Wagner und ich teilnahmen. Auf Wunsch Lindemanns stellte ich Steiner einige Fragen, die dieser nach seinem Schema zu beantworten suchte. Ich gab mich damit nicht zufrieden, sondern suchte seine Dreiteilung des staatlichen Lebens – Politik – Wirtschaft – Kultur, und für jeden dieser Kreise den Gedanken einer isolierten Vertretung, als utopisch zu widerlegen. Steiner war einer konkreten Unterhaltung in keiner Form gewachsen. Seine Redensarten vertrugen keine Auseinandersetzung, bei der man Farbe bekennen mußte – er zog sich dann auf den Gekränkten zurück. Aber auch dies half ihm bei mir nichts; ich sagte ihm, der Staat würde jede brauchbare Anregung prüfen, woher sie auch käme, aber sie müsse eben einer Prüfung standhalten. Da hatte er es in seinen großen, überfüllten Versammlungen wesentlich leichter, wo entweder überhaupt keine Erörterung stattfand oder doch nur mit Angehörigen der Sekte, die ihm gläubig anhing und ihn wie einen neuen Heilsbringer verehrte, ohne irgendeine seiner Behauptungen kritisch nachzuprüfen oder auch nachprüfen zu wollen. Tausende von alten Weibern, die mit den Zeitereignissen unzufrieden waren, liefen ihm jahrelang nach, bis sie dahinterkamen, daß auch hinter dieser Lehre nichts war als das leere Behaupten, eine neue Weltgesinnung zu schaffen, und der Versuch, sich an den Dummen, die nie alle werden, zu bereichern.

Ich war ein absoluter Gegner dieser Sache, da ich die Kreise, die dahinter standen, deren Motive und finanzielle Aufwendungen zu gut kannte, und glaubte nicht an die immer wieder behauptete Reinheit der Gesinnung und innere Anständigkeit. Der Mann, die Sache und wie er sie vertrat waren einander würdig. Es handelte sich um nichts als wirtschaftlichen Scharlatanismus, der nach der alten Weise des Doktors Eisenbart bei unbefriedigten Weibern Beifall suchte. Eine Idee wird noch nicht dadurch zu einer Idee, daß man mit dem Pathos eines Propheten behauptet, man habe eine Idee – eine Wursthaut bleibt eine Wursthaut, auch wenn man zu suggerieren sucht, man habe einen Eierkuchen. Das gilt für alle Arten von Pseudopropheten, die in kritischen Zeiten durch die Lande ziehen und behaupten, sie hätten das einzige Rezept, den Himmel auf Erden zu schaffen – nach einiger Zeit merken es meist die Leute und laufen dann dem nächsten Propheten nach. Die geschichtlich und staatspoltisch interessante Frage ist nur, welcher Schaden durch eine solche Bewegung entstehen könne. Aber das Eine hatte Steiner richtig herausgefühlt – dies war gleichzeitig charakteristisch für die suggestive Methode, mit der er arbeitete – daß alle Welt nach einer Idee lechzte, in der sich der neue Mensch Lebensformen schaffen könnte. Innere Sehnsucht nach einem starken Halt, nach einem neuen Weg, einem neuen Ziel erfüllte viele Menschen. Dazu kam die Enttäuschung über den Krieg, seinen Ausgang, den 9. November und den »Frieden« wie er jetzt vor der Tür stand. Der 9. November war doch nur ein »Nein« gewesen, ein »Nicht länger Krieg führen wollen«, ein Ende machen mit dem sinnlos gewordenen Kriegsspielen. Darüber hinaus hatte er kein politisches Ziel gewiesen. Vielleicht war es der große historische Fehler der Revolution vom 9. November 1918, daß sie Halt gemacht hat vor den deutschen Gliedstaaten daß es ihr nicht gelungen war, über das geschichtlich vorhandene hinaus in der staatsrechtlichen Gestaltung des Reiches den allzu stark fühlbaren föderalistischen Gedanken zu überwinden und den Einheitsstaat zu schaffen. Vielleicht wäre auch die außenpolitische Schicksalsgestaltung andere Wege gegangen, wenn der Einheitsstaat aus spontanem Entschluß gekommen wäre und wenn nicht Stimmungen, Mißstimmungen und Rücksichtnahmen auf sie unter der Decke die Schicksalsfrage Deutschlands entscheidend mitbeeinflußt hätten ...

Die Unterzeichnung des Friedens auf Grund des Beschlusses der Nationalversammlung hat mich aufs tiefste beeindruckt[195]. Daß dieser Friede nicht auf die Dauer für Deutschland tragbar sein könne, stand für mich fest – der Kampf um seine Revision mußte mit der Unterzeichnung beginnen. Er konnte nur mit friedlichen Mitteln geführt werden und bot nur dann Aussicht auf Erfolg, wenn das neue Deutschland selbst ein Staat höchsten Rechtes, höchster Sauberkeit und sparsamster Verwaltung wurde, wenn dieses neue Deutschland selbst auch im internationalen Leben ein ausgeprägter Rechtsstaat wurde und sich als Vorkämpfer jeder höheren sittlichen Idee zugewandten internationalen Verständigung betätigte. Darauf muß alle deutsche Politik abgestellt werden, dazu mußte sich alle deutsche Politik jeden möglichen Weges bedienen. Mit dem Säbel zu rasseln schien mir um so sinnloser, als der Säbel aus Pappe war – mit Revanche zu drohen schien mir um so verfehlter, als keine Macht dahinter stand. Man mußte den guten Willen zeigen, zu erfüllen, was nach deutscher Auffassung und Leistungsfähigkeit zu erfüllen möglich war und mußte gleichzeitig den Beweis auf jedem verfügbaren Weg erbringen lassen, daß der Friedensvertrag in jedem Punkt Unmöglichkeiten enthielt. Dies verlangte eine stetige und auf Sicht berechnete Außenpolitik mit großen Zielen, mit führenden Persönlichkeiten, die sich dieser neuen Wege zu bedienen vermochten, mit neuen Verbindungen zu neuen Menschen in allen Ländern, die von der inneren Gerechtigkeit der Forderungen Deutschlands auf gerechte Lösung und einen gerechten Frieden innerlich zu überzeugen waren. Daß dies ein langer Weg werden würde, stand für mich außer Zweifel – daß dieser Weg bei der Niedergeschlagenheit und Interesselosigkeit des Volkes für Außenpolitik höchste Anforderungen an alle stellte war mir ebenso klar.

Wie unendlich schwer der zu beschreitende Weg sein würde, konnte man daran ermessen, daß die Unterzeichnung des Friedens durch die Masse der Bevölkerung gleichgültig und teilnahmslos aufgenommen wurde. Anders nur bei der Intelligenz, die durch die Annahme der entehrenden Friedensbedingungen teilweise eine Massenflucht ins Lager der Rechten begann. Dort begann man ohne jegliche Skrupel, sofort mit Gefühlen an alle nationalistischen Instinkte zu appellieren – eine persönliche Handlungsweise, die so überaus einfach und naheliegend war, aber leider mit Hilfe der politischen Instinktlosigkeit der Deutschen und der deutschen Intelligenz ganz darüber hinwegzutäuschen wußte, daß es doch genau die gleichen Kreise waren, durch deren politisches Verschulden Deutschlands den Krieg verloren hatte, die sich jetzt als Retter des Staates erneut anpriesen, und die Unterzeichner des Friedens binnen kurzer Zeit entgegen der Vereinbarung von Weimar, als Verräter an Deutschland hinstellten. Diese zwischen den Parteien zustandegekommene Vereinbarung, daß niemand aus der Annahme oder Ablehnung des Friedensediktes der Vorwurf nationaler Unzuverlässigkeit gemacht werden sollte, geriet allzu bald in völlige Vergessenheit…

Alle sachliche Arbeit erfuhr aber bald in der gesamten Gemeindeverwaltung eine schwere Störung. Am 13. März 1920 fanden sich in den Morgenzeitungen allgemein gehaltene Meldungen über einen angeblich militärischen Putschversuch in Berlin. Die *Süddeutsche Zeitung* meinte, die Regierung hätte sich die Entlastung wegen des Erzbergerprozesses bestellt![196] Um 10 Uhr trafen aber Mitteilungen ein, aus denen hervorging, daß die Sache keineswegs harmlos war. Man erfuhr, daß an der Spitze der Putschisten der Gründer der Vaterlandspartei Kapp[197] stand, dem Deutschland schon einmal durch seine wilde Agitation unsägliches Unglück verdankte. Traugott von Jagow und Ludendorffs rechte Hand im Zweiten Weltkrieg, Oberst Bauer, wurden als Mitbeteiligte genannt, während Ludendorff selbst sich noch im Hintergrund zu halten schien[198]. Mit Hilfe von junkerlichem und schwerindustriellem Geld scheinen Truppenteile der Reichswehr für einen Putsch gewonnen worden zu sein, die Ministerien waren besetzt. Ob die Minister gefangen waren oder nicht, war nicht zu erkennen, verschiedenartige Gerüchte waren darüber im Umlauf. Die Bevölkerung nahm zunächst die Mitteilung mehr lächelnd, dann aber mit wachsender Entrüstung auf, sie empfand das norddeutsche Vorgehen gerade in dem Augenblick in dem sich die ersten Anzeichen einer wirtschaftlichen Besserung einstellten, als Verbrechen am Vaterland ...

Unabsehbar waren die Auswirkungen, die aus dem tollen Spiel der Rechtsspartakisten entstehen konnten. Das Schicksal des Reiches stand auf dem Spiel. Süddeutschland, in dem die Verärgerung über alle Berliner Dummheiten nicht klein war, war nicht so untrennbar mit dem Reich verknüpft, daß es etwa unter allen Umständen politischen Selbstmord zu begehen entschlossen war. Bayern, Württemberg und Baden erließen durch ihre Staatsregierungen am 13. März einen gemeinsamen Aufruf, indem sie sich hinter die verfassungsmäßige Reichsregierung stellten.

Das Wehrkreiskommando V in Stuttgart setzte sich für die verfassungsmäßige Regierung im Reich und Land ein. Die Reichsregierung selbst erließ unter dem 13. März einen von Ebert, dem Reichskanzler Bauer, Noske, Giesberts, Müller, Koch und Geßler unterzeichneten Aufruf, indem sie eine Darstellung des Putsches und ihre Auffassung zur Lage bekanntgab ...[199]

Noch am gleichen Tag berief Fehrenbach[200], als Präsident der Nationalversammlung, diese im Einvernehmen mit der Reichsregierung auf Mittwoch, den 17. März 1920, Nachmittags 4 Uhr, nach Stuttgart in das Landestheater ein. Sie tagte dort jedoch nicht, sondern nachdem vorübergehend der Plan aufgetaucht war, den Zusammentritt in der Liederhalle vorzunehmen, wurde sie schließlich im Kunstgebäude untergebracht. Die Staatsregierung stellte sich erneut auf den Boden der verfassungsmäßigen Regierung und übernahm, zusammen mit dem Befehlshaber im Wehrkreis V, von Bergmann, deren Schutz. Trotzdem war die Lage keineswegs klar. Über den General Maercker, der in Dresden kommandierte, waren widersprechende Gerüchte im Umlauf, Die preußische Regierung war an einer Stellungnahme verhindert, da die Putschisten die preußische Landesversammlung und die Ministerien großenteils besetzt hatten. Der Generalstreik breitete sich rasch aus, Berlin, Hamburg, Kiel, Leipzig, Frankfurt waren in vollem Streik. Die meisten Militärbefehlshaber stellten sich auf den Boden der Verfassung … Die schwäbische Bevölkerung stand den Ereignissen in Norddeutschland noch immer fassungslos gegenüber. Man fragte sich allenthalben, wie hat das kommen können, und empfand es als ein Versagen der Demokratie, nicht rechtzeitig und ausreichend durchgefahren zu sein. Vor allem hatte sie das Offizierkorps und die Beamtenschaft nicht von den wirklich rekationären Elementen befreit.

In Württemberg fand der Generalstreik keinen Eingang. Die Gewerkschaften, Beamtenorganisationen und Verkehrsbeamten standen »Gewehr bei Fuß«, die Unabhängigen lehnten den Generalstreik ab. Bezeichnend für die württembergischen Verhältnisse war, daß der Bürgerrat die Beschaffung für die Privatquartiere der erwarteten Abgeordneten der Nationalversammlung übernahm. Zum zweiten Mal tagte eine Nationalversammlung in Stuttgart. Daß sie ungestört sollte tagen können, war der ernstliche Wille aller Verantwortlichen. Die württembergische Polizeiwehr unter Hahns[201] Oberleitung übernahm den Schutz der Nationalversammlung, sie stand unbedingt und geschlossen hinter der württembergischen Regierung und der Regierung Ebert-Bauer.

Die Reichsregierung traf am 15. März Mittags um 1 Uhr in Stuttgart ein. Lautenschlager war mit zur Begrüßung am Bahnhof. Die Mitglieder der Reichsregierung wohnten im Hotel Marquardt. Der Reichskanzler Bauer empfing kurz nach seiner Ankunft Pressevertreter – ich wohnte der Besprechung als Pressereferent der Stadt bei. Bauer führte aus, daß die Regierung habe Blutopfer vermeiden wollen, deswegen habe sie Berlin verlassen. Es scheine, daß der militärische Staatsstreich doch nicht ausreichende vorbereitet gewesen sei, weil die Regierung von den Umtrieben vorher Kenntnis erhielt. Die Reichswehr sei zu erheblichen Teilen nicht geneigt, den gewaltsamen Umsturz mitzumachen. Die württembergische Reichswehr, die Wehrkommandos in Kassel, Münster und München stünden auf dem Boden der Reichsverfassung. Bauer erklärte dann, eine ähnliche Haltung nähme General Maercker ein, der bei den Verhandlungen in Dresden dem Reichspräsidenten erklärt habe, daß er nichts unternehmen werde, was gegen die Reichsverfassung sei. Im übrigen war trotz dieser Erklärung die Haltung Maerckers undurchsichtig, offenbar suchte er auf eigene Faust zu »vermitteln«.

Bauer führte dann weiter aus, daß sich die Bewegung hauptsächlich auf preußische Gebietsteile erstrecke, mit Ausnahme des westlichen Industriebezirkes. Die politische Situation, die durch den Putsch hervorgerufen sei, bezeichnete er als trostlos. Es werde nicht lange dauern, bis wir mit einer Intervention der Entente zu rechnen haben. Der Reichskanzler erklärte weiter, wenn es der Regierung, woran nicht zu zweifeln sei, gelinge, in kurzer Zeit die Ordnung widerherzustellen, werde die Reichsregierung mit aller Rücksichtslosigkeit gegen alle vorgehen, die sich an den hochverräterischen Handlungen beteiligt hätten. Mein Eindruck war nicht so günstig – es war ein müder und schwächlicher Mann, der da sprach und den Anforderungen der Stunde an willensstarker Tat nicht entfernt gewachsen schien.

In einer Verlautbarung lehnte die Reichsregierung ein Verhandeln mit den Putschisten ab, weil sie vor dem Volk die Verfassung zu verantworten habe und der Überzeugung sei, daß jedes Verhandeln Mißtrauen und Verwirrung im Volk auslösen würde. Verhandlungen würden die Unordnung nur verlängern. Die Nachrichten aus dem Reich klangen sehr ernst. In Berlin war es zu schweren Zusammenstößen gekommen. An vielen Plätzen kam es zu Gefechten zwischen Reichswehr und Arbeiterschaft. In Hessen und Baden war die Lage wie in Württemberg. In München sollte die Regierung neu gebildet werden. Der Generalstreik wurde in vielen Teilen Deutschlands durchgeführt, doch nicht einheitlich. Baden hatte eine telegraphische Einladung zu einer Besprechung mit Kapp abgelehnt, ebenso Württemberg. In Stuttgart wurde vom 15. ab ein zweitägiger Generalstreik als Demonstration gegen alle Putschversuche von rechts durchgeführt, alle lebenswichtigen Betriebe, die notwendigste Lebensmittelversorgung, Gas- und Wasserwerke, Kraftverkehrsamt, Lebensmittel- und Fernzüge blieben jedoch vom Streik ausgeschlossen. Der Beschluß, die Fernzüge nicht in den Streik miteinzubeziehen, war ausdrücklich mit Rücksicht auf die Mitglieder der Nationalversammlung gefaßt, um diesen die Reise nach Stuttgart zu ermöglichen. Der Bevölkerung wurde amtlicherweise mitgeteilt, daß die durch den Mehrverbrauch benötigten Nahrungsmittel in ausreichendem Maße zur Verfügung gestellt würden, so daß irgendeine Störung nicht zu befürchten sei.

Tatsächlich wickelte sich auch die Verpflegung der Nationalversammlung und der zahlreichen Besucher und Pressevertreter, die aus diesem Anlaß nach Stuttgart kamen, reibungslos ab. Ich hatte im Lauf des Tages mehrfache Besprechungen, teils mit Sozialdemokraten, teils mit Demokraten, darunter dem Parteisekretär Hopf[202], der damals auch Mitglied des Landtages war. Ich wies darauf hin, daß jetzt die Stunde des Handelns bei den Regierungsparteien sei, und daß sie handeln müßten. Es sei notwendig: 1. Sofortiger Zusammenschluß der drei Koalitionsparteien als verfassungstreuer Bund mit gemeinsamen Kandidaten und gemeinsamem Wahlprogramm, 2. baldigste Neuwahlen, zu diesem Zweck schleunigste Verabschiedung der Wahlgesetze, sobald die Nationalversammlung zusammengetreten sei, 3. innenpolitische Säuberung der höheren Staatsbeamtenschaft, die genau so reaktionär sei, wie früher. Verjüngung der Parlamente durch Aufnahme jüngerer, elastischer Kräfte, die ganz auf den Wiederaufbau eingestellt seien.

Geschehe dies, so werde es möglich sein, daß die Mehrheit eine wirklich regierungsfähige Mehrheit bekomme. Sonst wäre erheblich für sie zu fürchten, zumal die Mehrheitssozialdemokratie durch die Ereignisse der letzten zwei Tage und durch das offensichtliche Versagen Noskes hinsichtlich der Behandlung der Reichswehr schwere Verluste an die USP zu befürchten habe. Jeder gab mir einzeln völlig recht – keiner hatte den Mut, die Dinge in diesem Sinn voranzutreiben. Vielleicht wäre der Verlauf der ganzen deutschen Geschichte in diesen Jahren anders geworden, wenn sich wirklich unter dem Eindruck des Kapp-Putsches verfassungstreue Männer zum Handeln entschlossen hätten.

Vor Wochen hatte ich die Parteileitung darauf hingewiesen, die Wahlen möglichst im Mai anzuberaumen, um durch eine allgemeine Wahl das Ventil zu öffnen – nichts war geschehen. Natürlich war die Zahl der politischen Gerüchte in Stuttgart größer als sonst – war man doch plötzlich politischer Mittelpunkt geworden. Nicht nur schaute Deutschland hierher, sondern auch das Ausland zeigte sich hervorragend interessiert, wie die Dinge in Deutschland sich weiterentwickelten. Die französische Regierung entsandte sogar einen eigenen Diplomaten, Herrn André Bruère, nach Stuttgart, um bei der deutschen Regierung einen Geschäftsträger zu haben. Die Haltung der Parteien war, soweit sie nicht der

Regierung angehörten, auch nicht eindeutig. Fest stand jedenfalls, daß Fäden von Kapp auch zur württembergischen Bürgerpartei, oder zu einzelnen Prominenten dieser Partei, gelaufen waren, auch nach Tübingen reichten solche Verbindungen in Professoren- und Korporationskreise hinein, wie aus beschlagnahmten Schriftstücken hervorging ...[203]

Natürlich gab es auch im Reich erhebliche Gerüchte über die Ereignisse in Stuttgart. Angeblich waren »ausländische« Truppen eingetroffen, um die Ordnung aufrecht zu erhalten. Das Gerücht war insoweit wahr, als die badische Regierung 40 oder 50 Gendarmen der württembergischen Regierung zur Dienstleistung in Stuttgart angeboten hatte, um ihren guten Willen zu bezeigen, und dieses Angebot von der württembergischen Regierung angenommen war! Einige ausländische Diplomaten hatten sich in Stuttgart eingefunden um unmittelbare Eindrücke zu gewinnen. Die ganze Welt verfolgte natürlich die Vorgänge in Deutschland aufs gespannteste ...

Die Reichsregierung hatte in Stuttgart schwere Arbeit zu leisten. Losgelöst von ihren Ressorts hatte sie mit Nationalversammlung und Reichsrat, mit Fraktionen und Einzelpersönlichkeiten stundenlange Verhandlungen zu führen, ohne über ausreichende Verständigungsmöglichkeiten mit Norddeutschland zu verfügen. Wie schwierig die Dinge doch, mindestens vorübergehend, lagen, ging daraus hervor, daß auf eine Anfrage des Reichsministers des Innern, Koch-Weser (damals hieß er offiziell nur Koch) an sämtliche Oberpräsidenten über die Lage aus Breslau folgende Antwort erhielt: »Ehemaliger Reichsminister des Innern. Breslau und Schlesien sind in der Hand der Regierung Kapp. Anfragen wie die vom 15. 3. sind daher zwecklos.«

Koch hat mir dieses Telegramm in Stuttgart selbst gezeigt, eine Anzeige gegen den Oberpräsidenten, dessen Namen ich leider vergessen habe, war die Antwort. Doch ist es auch zu diesem Verfahren nie gekommen, dagegen mußte Koch-Weser in einer Pressebesprechung am 17. März zugeben, daß in Schlesien der Aufstand wohl organisiert gewesen sei, auch sonst im Osten wurde die Lage als unübersichtlich bezeichnet. Koch mußte den Satz aussprechen: Überall wo die Reichswehr sich als aufrührerisch erwiesen hat, ist sie von der Arbeiterschaft und den Linksstehenden niedergeschlagen und entwaffnet worden.

Im alten Schloß fand unter dem Vorsitz von Koch in Anwesenheit des Reichspräsidenten Ebert eine Sitzung des Reichsrates statt, in der die meisten Länder vertreten waren. Koch schilderte, wie mir Heymann, der an der Sitzung teilgenommen hatte, nachher erzählte, Entstehung, Verlauf und Zusammenbruch der Meuterei sehr eingehend an Hand des bisher vorliegenden Materials. Der Reichsrat billigte einmütig die Haltung der Reichsregierung und war sich in der Verurteilung der Meuterei mit schärfsten Worten einig. Der Reichsaußenminister Müller-Franken, der in kurzer Zeit den Reichskanzler Bauer ersetzen sollte, sprach über die auswärtige Lage und konnte darauf hinweisen, daß man in Verhandlungen mit der Reparationskommission vor Ausbruch der Meuterei sich in wirtschaftlichen Fragen in gewissem Umfang genähert hatte und daß man insbesondere Aussicht gehabt hatte, sich in der Kohlenfrage zu verständigen. Wenn nun nicht in Deutschland wieder die alten Verhältnisse hergestellt würden, so seien alle Bemühungen um eine Verständigung umsonst.

Am 18. März beschäftigte sich das Reichskabinett in einer Sitzung, an der außer den Reichsministern auch sonst einige politische Persönlichkeiten teilnahmen, mit der durch den Rücktritt Kapps geschaffene Lage. Der Beamtenschaft und der Gesamtbevölkerung wurde der Dank für ihre Treue und gute Haltung ausgesprochen. Da die Rebellen zurückgetreten waren, so hieß es in dem veröffentlichten Beschluß, ist der Grund zu der allgemeinen Streikbewegung weggefallen. Die schaffenden Kräfte Deutschlands werden daher aufgefordert, sich nunmehr für die ungestörte Fortführung des Wirtschaftslebens einzusetzen. Gegen Kapp, Lüttwitz, Jagow, den Admiral von Trotha, Schiele-Naumburg, Pabst, den früheren Rechtsanwalt Bredereck, ein übelbeleumundetes Subjekt, Oberst a.D. Bauer, Kapitän Ehrhard wurde bei der Oberreichsanwaltschaft die Strafverfolgung beantragt[204].

Am Nachmittag fand die denkwürdige Sitzung der Nationalversammlung im Kunstgebäude statt. Von der Kuppel wehte die schwarz-rot-goldene Reichsflagge. Der Zugang war abgesperrt und durch schwere spanische Reiter, sowie durch Reichswehr, Sicherheitskompanien und Gendarmen gesichert. Ich war vorübergehend, unter Benutzung der der Stadtverwaltung zur Verfügung gestellten Karte, einige Zeit auf der Galerie im Kunstgebäude anwesend. Der Sitz des Präsidenten war mit einem Blumenstrauß geschmückt. Die Halle des Goldenen Hirsches machte einen einfachen aber würdigen Eindruck ...

Nach Schluß der Sitzung der Nationalversammlung hatte die Stadt die Reichsregierung und württembergische Staatsregierung, sowie einige führende Parlamentarier, sowie die Innere Abteilung und den Ältestenrat in den Rathauskeller eingeladen. Um die Regierung ungestört zu lassen, legten wir die Veranstaltung in den eigentlichen Keller. Der Beginn des Zusammenseins zog sich stundenlang hinaus, da die Nationalversammlung bis gegen 9 Uhr tagte – die ersten auswärtigen Gäste kamen gegen 9 $^1/_2$ Uhr und wurden durch einen Seiteneingang gegen Ausweis unmittelbar in den Keller geführt. Alle waren durch die Aufregung und angestrengte Arbeit der letzten Tage recht mitgenommen und erschöpft. Aber bei offenem schwäbischen Wein – der edle Jahrgang 1915 stand zur Verfügung –, Saitenwürstchen und Kartoffelsalat hob sich die Stimmung bald.

An dem Haupttischchen, an dem sonst die Rathauskellerkommission ihres Amts waltete, saßen Ebert, Blos, David[205], Lautenschlager, Fehrenbach und ich – ab und zu kamen andere Gäste vorübergehend an den Tisch. Ebert, der ebenso wie Fehrenbach Süddeutscher war, verstand, einen guten Tropfen zu schätzen, und ich kann durchaus bezeugen, daß das Tempo nicht schlecht war, in dem getrunken wurde. Das Tempo war 1, 2, 3 – ein Glas Lautenschlager, zwei Gläser Blos, drei Gläser Ebert. Ich konnte natürlich gut mithalten, da ich als Ratskellerreferent damals auf dem Höhepunkt meiner Leistungsfähigkeit war. Einzelheiten der letzten Tage wurden erörtert. Ebert war sehr sorgenvoll wegen der Nachrichten aus dem Ruhrrevier und drängte nach Berlin zurück. David machte einen sehr klugen und gebildeten Eindruck. Fehrenbach den eines wohlwollenden süddeutschen Anwaltes.

Mit Ebert habe ich ein langes Gespräch über alle möglichen Fragen geführt, ihn interessierte vor allem die Stimmung in der Beamtenschaft und bei den Arbeitslosen. Hier erkundigte er sich ganz genau nach vielen Einzelheiten – wurden wir unterbrochen, so kehrte er nachher immer wieder zur Unterhaltung zurück.

Natürlich lernte ich im Lauf des Abends fast alle Reichsminister kennen, Noske war nicht anwesend, da sein Rücktritt bereits feststand. Giesberts, Bells[206], Müller-Franken saßen auch abwechselnd am Tisch, von den Demokraten Koch-Weser und Geßler, der als neuer Reichswehrminister vorgesehen war. Koch insbesondere war sehr scharf in seinen Äußerungen gegen die reaktionären Vertreter. An diesem Abend machte ich auch erstmalig die Bekanntschaft mit einem jungen, recht wohlbeleibten elsässischen Oberregierungsrat aus dem Büro des Reichspräsidenten, der durch seine Geschäftigkeit auffiel. Oberregierungsrat Meißner[207], der das seltene Kunststück fertiggebracht hat, von Ebert bis Hitler im Amt zu bleiben und auch, mit in Deutschland seltener Wendigkeit des Charakters allen gleich treu zu dienen. Das dicke, durch Schmisse verunstaltete Gesicht, dessen Robustheit unverkennbar war, und die kleinen, hinter den Brillengläsern listig funkelnden Äuglein haben sich auch während seiner langen Dienstzeit nicht verändert. Hitler mag schon recht gehabt haben, wenn man sich noch im Jahr 1940 erzählte, daß er auf die Frage, warum er den Meißner nicht fortschicke, geantwortet habe: der ist der einzige, den ich nicht entbehren kann, der weiß jeden Geburtstag und vor allem, wie man telegraphiert.

Daß die Zeiten revolutionär waren, ging auch daraus hervor, daß Lautenschlager mich gebeten hatte, unauffällig zu kontrollieren, ob sich niemand eingeschmuggelt habe. Plötzlich machte er mich auf einen jugendlichen Herren aufmerksam, der im Smoking allein herumstand. Lautenschlager rief mir zu: jetzt ist doch ein Kellner da – Kellner waren zur Bedienung nicht da, sondern einige unserer alten, bewährten Ratshausaufwärter – gehen Sie doch einmal hin und stellen Sie fest, wer das ist. Ich führte die Weisung aus, bemerkte aber schon beim Nähertreten, daß der Verdächtige kein Kellner war – stellte mich vorsichtshalber vor, und lernte auf diese Weise den Minister Bolz[208] kennen, der kurz vorher, vom Assessor weg, württembergischer Justizminister geworden und infolge seiner Jugendlichkeit niemand bekannt war. Als Lautenschlager meinen Beicht erhielt, meinte er, nun, es hätte auch anders sein können.

In vorgerückter Stunde war die Stimmung recht lebhaft. Unser schwäbischer Landsmann Moesle, damals Unterstaatssekretär im Reichsfinanzministerium und vorher Finanzamtmann in Waiblingen, enger Mitarbeiter und Freund Erzbergers, war sehr begeistert, wieder einmal gute schwäbische Weine vorgesetzt zu erhalten. Er verlangte nach irgendeinem besonderen Jahrgang, und als er eine Literkaraffe vorgesetzt bekam, brachte er, der körperlich kein Held war, sondern nur eben mittelgroß, das Kunststück fertig, den Krug bis zur Nagelprobe auf einen Schluck zu leeren. Der wackere Schwabe forcht sich nit! Selbst Ebert, der den Vorgang nicht selbst mitangesehen hatte, mußte lächeln, als er von Moesles Leistung hörte, so ernst er sonst den ganzen Abend war, und gab daraufhin das Zeichen zum Aufbruch. Moesle war aber Meister der Situation und meinte, ich könnte der Reichsregierung noch einen Abschiedstrunk an den Zug schicken. Der Wunsch wurde ausgeführt – es wurden einige Flaschen Wein an den Sonderzug gebracht, und als der Zug, der einen weiten Umweg über Hannover machen mußte, in Berlin glücklich angekommen war, hat mir Moesle nochmals den Dank der Beteiligten telefonisch ausgesprochen...

Am Anfang der planmäßigen Hetze gegen den Staat und seinen Bestand, am Anfang der neuen Offensive gegen Republik und Staatsgedanken stand Erzbergers Ermordung[209]. Man konnte sich zu ihm als Staatsmann und als Parteimann stellen, wie man wollte. Für deutsche Verhältnisse war er ein politischer Kopf, der die Aufgabe des Staates und der Stunde, in der er lebte, richtig sah. Er war ein Mann mit rücksichtsloser Energie und Tatkraft, der durch seine Agilität seinen Feinden allzuviel Angriffspunkte bot. Er war auf der Rechten der meistgehaßte Mann. Sein Tod hat die Einigung der sozialistischen Parteien – das war mein erster Eindruck, als ich die Nachricht von seiner Ermordung hörte – außerordentlich beschleunigt. Wie lange würde die bürgerliche Demokratie noch schlafen...?

Der Mord an Walther Rathenau[210], dem ich an sich fremd und kühl gegenüberstand, hat mich aufs tiefste erregt. Es war die Saat, die Helfferich[211] und seine Freunde gesät hatten, die da aufging. Rathenau, so schrieb ich am 25. Juni in mein Tagebuch, mußte sterben, weil er Jude war. Soweit war die geradezu blödsinnige Verhetzung der Rechtskreise gediehen, in diesem »christlichen« Volk, daß der Staat gezwungen war, ohnmächtig zuzusehen, wie einer seiner besten Köpfe wie ein Hund abgeschossen wurde.

Was ich immer als politische Notwendigkeit seit Jahr und Tag gefordert hatte, war jetzt offenkundige staatspolitische Notwendigkeit: die völlige Neugestaltung der inneren Verwaltung – im weitesten Sinn des Wortes. Solange überall die »Alten« den Geist der Demokratie sabotierten, so lange erschien mir jeglicher Versuch zur Schaffung eines neuen Deutschlands aussichtslos und zum Scheitern verurteilt. Notwendig war vor allem, daß der Staat den Willen zu sich selbst, das Vertrauen zu seiner eigenen Kraft empfindet, pflegt und verteidigt. Noch an dem Tag der Ermordung erließ der Reichspräsident eine Verordnung zum Schutz der Republik und die Einsetzung eines außerordentlichen Staatsgerichtshofes zum Schutz der Republik, dessen Mitglieder vom Reichspräsidenten ernannt wurden. Wirth[212] suchte mit außerordentlichem Geschick, die politische Lage zu klären und den Stoß des Linksradikalismus, der die ungeheure Erregung innerhalb der Arbeiterschaft zu seinen Gunsten auszunützen suchte, aufzufangen. Meine Befürchtung ging jedoch dahin, daß auch er, bei aller Geschicklichkeit und bei allem Temperament, an der Arbeit erliegen wird, vor allem, daß er mit der durchgreifenden Reform der Verwaltung und der Universitäten nicht fertig werden würde …

Anmerkungen

[1] Bollinger, Otto von (1843–1909), Jurist, seit 1874 Professor in München.
[2] Elsas, Hugo Dr. (1860–1920), Rechtsanwalt, 1907–1912 Mitglied des Landtages, Vgl. Manfred Schmid (Hrsg.), Auf dem Stuttgarter Rathaus, Erinnerungen von Fritz Elsas (1890–1945). Stuttgart 1990, S. 184f.
[3] Elsas, Karl (1888–1918). Elsas war Mitglied der jüdischen Verbindung Liceria und damals, als Fritz Elsas nach München kam, auch Erster des Vorstandes (= Erstchargierter), der die Verbindung nach außen vertrat.
[4] Hellmann, Friedrich (1850–1916), Jurist, seit 1886 Professor in München.
[5] Amira, Karl von (1848–1930), Jurist, seit 1892 Professor in München.
[6] Gareis, Karl (1844–1923), Jurist, seit 1902 Professor in München.
[7] Brentano, Lujo (1844–1931), Volkswirtschaftler, seit 1891 Professor in München.
[8] Rosenlehner, August Joseph (1874–1927), Historiker, 1903 Privatdozent, 1910 außerordentlicher Professor in München.
[9] Muncker, H. Franz (1855–1926), Germanist, seit 1890 Professor in München.
[10] Smith, Adam (1723–1790), englischer Moralphilosoph und Volkswirtschaftler.
[11] Ricardo, David (1772–1823), englischer Volkswirtschaftler.
[12] Bülow, Bernhard Fürst von (1849–1929), 1900–1909 deutscher Reichskanzler.
[13] Schmoller, Gustav von (1836–1917), Volkswirtschaftler, seit 1882 Professor in Berlin.
[14] Wagner, Adolph (1835–1917), Volkswirtschaftler, seit 1870 Professor in Berlin.
Wagner und Schmoller traten für eine staatliche Sozialpolitik ein,

um die Klassengegensätze zu mildern. Die Vertreter dieser Richtung innerhalb der Volkswirtschaftslehre wurden »Kathedersozialisten« bezeichnet. Sie waren jedoch weniger Sozialisten als Sozialreformer.

15 Fuchs, Carl Johannes (1865–1934), Volkswirtschaftler, seit 1908 in Tübingen.

16 Gabelsberger, Franz Xaver (1789–1849), Stenograph, schuf als erster eine kursive Kurzschrift.

17 Schrey, Ferdinand (1850–1938), Stenograph, Seine »Vereinfachung deutscher Stenographie« (1877) wurde durch das System Stolze-Schrey abgelöst.

18 Heuss, Theodor (1884–1963), Anhänger von Friedrich Naumann (vgl. Anm. 20), 1905–1912 Schriftleiter der Zeitschrift »Die Hilfe«, 1924–1928, 1930–1933 Reichstagsabgeordneter, 1949–1959 erster Bundespräsident.

19 Sahm, Heinrich (1877–1939), 1920–1930 Präsident des Senats der Freien Stadt Danzig, 1931–1935 Oberbürgermeister von Berlin, 1936–1939 deutscher Botschafter in Oslo.

20 Naumann, Friedrich (1860–1919), Pfarrer, Politiker. Naumann schloß sich politisch zunächst der christlich-sozialen Bewegung des Berliner Hofpredigers Adolf Stoeckers (vgl. Anm. 64) an, verließ sie aber nach Differenzen und schloß sich später den Liberalen an. Naumann trug maßgeblich zur Erneuerung des bürgerlichen Liberalismus in Deutschland vor dem Ersten Weltkrieg bei. 1894 gründete er die Wochenschrift »Die Hilfe«. 1907–1919 Mitglied des Reichstages, 1919 Mitbegründer der Deutschen Demokratischen Partei (DDP).

21 Ibsen, Henrik (1828–1906), norwegischer Dichter.

22 Uffenheimer, Albert (1876–?), Mediziner, seit 1906 Privatdozent, seit 1915 außerordentlicher Professor in München, anschließend Direktor der Städtischen Kinderklinik Magdeburg.

23 Pandekten = Sammlung altrömischen Privatrechts.

24 Wotan = höchste germanische Gottheit; dinarisch = Rassetyp im Südosten Europas.

25 koramieren = zurechtweisen, scharf tadeln.

26 Ohr, Wilhelm (1877–1916), Historiker, 1907–1913 Privatdozent in München, anschließend in Frankfurt. Ohr war von 1907–1913 Generalsekretär des Nationalvereins für das liberale Deutschland. Vgl. Werner Link, Der Nationalverein für das liberale Deutschland. In: »Politische Vierteljahresschrift«, 5. Jg., Heft 4, 1964, S. 422–444.

[27] Gerlich, Albert Fritz (1883–1934). Gerlich wurde im Zusammenhang mit dem Röhm-Putsch am 30. 6. 1934 im KZ Dachau ermordet.
[28] Therese von Konnersreuth (1898–1963), eigentlich Therese Neumann, war seit 1926 stigmatisiert, d. h. mit den Wundmalen Christi gezeichnet, und erlebte seitdem in Visionen die Leidensgeschichte Christi.
[29] Kneher, Hans Dr. (1884–1967), nach 1945 Geschäftsführer der Industrie- und Handelskammer Stuttgart und des Landesverbandes Wärme-, Lüftungs- und Gesundheitstechnik.
[30] Lotz, Walter (1856–1941), Wirtschaftswissenschaftler, seit 1897 Professor in München.
[34] Bosch, Robert (1861–1942), Industrieller.
[32] Kneher, Agnes, geb. Haller (1887–1961).
[33] Heimerich, Hermann (1885–1963), Oberbürgermeister in Mannheim 1928–1933, 1949–1955.
[34] Staudinger, Hans Dr. (1889–1980), 1919-1927 im Reichswirtschaftsministerium, 1927–1932 im preußischen Handelsministerium (seit 1929 als Staatssekretär), 1934 Emigration in die USA, 1934–1960 Professor der Wirtschaftswissenschaften an der New School for Social Research in New York. In seinen Erinnerungen: Hans Staudinger, Wirtschaftspolitik im Weimarer Staat. Lebenserinnerungen eines politischen Beamten im Reich und Preußen 1889–1934. Bonn 1982, erwähnt er Elsas nicht.
[35] Braun, Otto (1872–1955), 1920–1932 preußischer Ministerpräsident (außer 1921 und 1925).
[36] Höpker-Aschoff, Hermann Dr. (1883–1954), 1925–1931 preußischer Finanzminister, 1930–1932 Mitglied des Reichstages, 1951–1954 1. Präsident des Bundesverfassungsgerichts in Karlsruhe.
[37] Neumeyer, Karl (1869–1941) Jurist, seit 1908 außerordentlicher Professor in München.
[38] Gutmann, Franz (1879–1941), Wirtschaftswissenschaftler, 1912 Privatdozent, 1918 außerordentlicher Professor in Tübingen, anschließend in Jena, Breslau und Göttingen.
[39] Thoma, Ludwig (1867–1921), Schriftsteller, Zusammen mit dem Verleger Albert Langen Herausgeber der politisch-satirischen Wochenschrift »Simplicissimus«; Gulbransson, Olaf (1873–1958), norwegischer Zeichner, Maler und Karikaturist, seit 1902 beim »Simplicissimus«.
[40] Langen, Albert (1869–1909), Verleger; Björnson, Björnsterne

(1832–1910), norwegischer Dichter, 1903 Nobelpreis für Literatur.

41 Wedekind, Frank (1864–1918), Dramatiker; Roda Roda, Alexander (1872–1945), Schriftsteller; Aram, Kurt (1869–1943), Schriftsteller, Journalist; Eisner, Kurt (1867–1919) Schriftsteller, Ministerpräsident des von ihm im November 1919 ausgerufenen Freistaats Bayern. Wurde am 21. 2. 1919 von Freikorps ermordet; Mühsam, Erich (1878–1934; KZ Oranienburg), Schriftsteller, Essayist.

42 Seuffert, Lothar von (1843–1920), Jurist, seit 1895 in München.

43 Schwerin, Claudius Freiherr von (1880–1944), Jurist, 1907–1914 Privatdozent in München, anschließend in Berlin, Straßburg, Freiburg.

44 Bonn, Moritz Julius (1873–1965), Wirtschaftswissenschaftler, seit 1905 Privatdozent, seit 1914 außerordentlicher Professor in München, 1920–1933 Dozent an der Handelshochschule in Berlin, 1933–1938 an der *London School of Economics*, 1938–1946 Dozent in den USA.

45 Knapp, Georg Friedrich (1842–1926), Statistiker, Wirtschaftswissenschaftler, seit 1874 an der Universität Straßburg, Vater von Elly Heuss-Knapp, der Gemahlin von Theodor Heuss.

46 La Roche, Sophie (1731–1807), Dichterin. Ihre Tochter Maximiliane war die Mutter von Clemens von Brentano; Brentano, Clemens (1778–1842), Dichter; Arnim, Bettina von (1785–1859), Dichterin, Schwester von Clemens von Brentano, verheiratet mit dem Dichter Achim von Arnim (1781–1831).

47 Weber, Max (1864–1920), Volkswirtschaftler und Soziologe, seit 1896 in Heidelberg; Lombard, Johann Wilhelm (1767–1812), preußischer Staatsmann und Politiker.

48 Wenger, Leopold (1874–1953), Jurist, seit 1909 Professor in München.

49 Lipps, Theodor (1851–1914), Philosoph, seit 1894 Professor in München.

50 Mottl, Felix (1856–1919), österreichischer Dirigent.

51 Reinhardt, Max (1873–1943), Theaterregisseur.

52 Binding, Karl (1841–1920), Jurist, seit 1873 Professor in Leipzig; Sohm, Rudolf (1841–1917), Jurist, seit 1887 Professor in Leipzig; Wach Adolf (1843–1926), Jurist, seit 1875 Professor in Leipzig.

53 Hoffmann, Ernst Theodor Amadeus (1776–1822), Dichter, Komponist, Zeichner, seit 1816 Richter am Berliner Kammergericht; Devrient, Ludwig (1784–1832), Schauspieler.

[54] Tattersall (englisch) = geschäftliches Unternehmen für den Verleih von Reitpferden; auch Reitbahn/-halle.

[55] Stresemann, Gustav (1878–1929), 1923 Reichskanzler, 1923–1929 Außenminister. Sein Vater war Besitzer einer kleinen Kneipe (= Budike).

[56] Hermann Molkenthin studierte von 1908 bis 1913 an der Philosophischen Fakultät. Nähere Angaben waren nicht zu ermitteln (freundliche Mitteilung des Universitätsarchivs der Humboldt-Universität).

[57] Zweig, Arnold (1887–1968), Schriftsteller. Zu seinen bekanntesten Werken gehören »Der Streit um den Sergeanten Grischa (1927), »Erziehung vor Verdun« (1935), »Das Beil von Wandsbek« (1947).

[58] Grossmann, Stefan (1875–1935), Schriftsteller, Journalist, gründete 1920 die linke Wochenschrift »Das Tagebuch«. Der Roman »Chefredakteur Roth führt Krieg« war 1928 erschienen.

[59] Hülsen-Haeseler, Georg W. E. B. von (1858–?), General-Intendant des Berliner Hoftheaters.

[60] Wilhelm II. (1848–1921), 1891–1918 König von Württemberg; Shaw, Bernhard (1856–1950), irischer Dramatiker und Schriftsteller; Hartleben, Otto Erich (1864–1903), Dramatiker und Schriftsteller, Sein Stück »Rosenmontag« , Offizierstragödie in 5 Akten, wurde am 3. 10. 1900 uraufgeführt.

[61] Wallot, Paul (1841–1912), Architekt des Reichstagsgebäudes (1884–1894). Auf Anregung des damaligen Reichskanzlers Theobald von Berthmann Hollweg wurde 1916 unter dem Giebelfeld des Gebäudes die Inschrift »DEM DEUTSCHEN VOLKE« angebracht.

[62] Wolff, Theodor Dr. (1862–?), Redakteur, 1903–1907 Mitglied des Reichstages.

[63] Frank, Ludwig Dr. (1874–1914), 1907–1914 Mitglied des Reichstages. Frank galt als einer der profiliertesten Vertreter der jungen Generation innerhalb der SPD vor dem Ersten Weltkrieg.

[64] Stoecker, Adolf (1835–1909), Hofprediger, Politiker. 1878 Gründung der Christlichsozialen Partei. Er benutzte den damals latent vorhandenen Antisemitismus für seine Propaganda. Seine »Berliner Bewegung« wurde zum Sammelbecken der Antisemiten. Gleichzeitig bemühte er sich um Verständnis und Lösung der sozialen Frage, indem er zusammen mit anderen den Evangelisch-Sozialen Kongreß gründete.

65 Laisser-faire, laisser-aller (französisch, etwa: das Gewährenlassen, das Sichgehenlassen) = Schlagwort des Manchesterliberalismus – benannt nach der englischen Stadt Manchester –, der für den unbedingten Freihandel und für schrankenlose Wirtschaftsfreiheit eintritt.
66 Rade, Martin (1857–1940), evangelischer Theologe, seit 1904 Professor in Marburg.
67 Albrecht Guttmann konnte nicht ermittelt werden. Eine Anfrage an das Landesarchiv Berlin wurde negativ beschieden.
68 Liebermann, Max (1847–1935) Maler.
69 Bruckmann, Peter (1865–1937), Gold- und Silberwarenfabrikant, 1915–1933 Mitglied des Landtages in Württemberg, 1922–1933 Vorsitzender der Deutschen Demokratischen Partei (DDP) in Württemberg.
70 Haußmann, Conrad (1857–1922), 1890–1922 Mitglied des Reichstages; Payer, Friedrich (1847–1931), 1877–1917, 1919–1920 Mitglied des Reichstages, 1917–1918 stellvertretender Reichskanzler.
71 Haußmann, Friedrich (1857–1907), 1898–1903 Mitglied des Reichstages.
72 Mayer, Carl (1819–1889), Mitglied der Fortschrittspartei sowie der Württembergischen Demokratischen Volkspartei; Pfau, Ludwig (1821–1894), Journalist. Die Zeitung »Der Beobachter« war 1833 aus dem »Hochwächter« hervorgegangen. 1864 übernahm Mayer die Redaktion der Zeitung, an der auch Pfau mitarbeitete. Die Zeitung blieb für Jahrzehnte das Organ der schwäbischen Demokraten.
73 Haußmann, Robert (1891–1978), Rechtsanwalt und Notar; Göser, Karl (1890–1933), 1916–1927 bei der Stadt Stuttgart.
74 Uhland, Ludwig (1787–1862), schwäbischer Dichter, Literaturwissenschaftler und Politiker.
75 Bismarck, Otto von (185–1898), 1871–1898 Reichskanzler.
76 List, Friedrich (1789–1846), Volkswirtschaftler, Vorkämpfer des Eisenbahnbaus in Deutschland. 1841 erschien sein unvollendetes Hauptwerk »Das nationale System der politischen Ökonomie«.
77 Vischer, Friedrich Theodor (1807–1887), Schriftsteller, Professor für Literaturgeschichte.
78 Schweickhardt, Heinrich (1862–1919), 1903–1912 Mitglied des Reichstages; Liesching, Theodor (1865–1922), 1912–1918 Mitglied des Reichstages, 1918–1922 Finanzminister in Württemberg; Wagner, Hermann (1855–1941), 1907–1912 Mitglied des

Reichstages, 1907–1919 Stadtpfleger bei der Stadt Stuttgart; Storz, Christian (1865–1943), 1903–1912 Mitglied des Reichstages.

[79] Hildebrand, Karl (1864–1935), 1903–1932 Mitglied des Reichstages, 1918–1924 württembergischer Gesandter beim Reich in Berlin.

[80] Hieber, Johannes (1862–1951), 1898–1910 und 1921–1924 Mitglied des Reichstages, 1910–1932 Mitglied des württembergischen Landtages, 1920-1924 Staatspräsident in Württemberg.

[81] Erzberger, Matthias (1875–1921), 1903–1921 Mitglied des Reichstages, 1919–1920 Reichsfinanzminister.

[82] Bebel, August (1840–1913), 1867–1913 Mitglied des Reichstages, Vorsitzender der SPD.

[83] Korfanty, Wojciech (1873–1939), polnischer Politiker, 1903–1912 und 1918 Mitglied des Reichstages.

[84] Delbrück, Clemens von (1856–1921), 1909 Staatssekretär im Reichsministerium des Inneren.

[85] Bethmann Hollweg, Theobald von (1856–1921), 1907–1909 Staatssekretär im Reichsministerium des Inneren, 1909–1917 Reichskanzler.

[86] Liszt, Franz von (1851–1919), Jurist, seit 1899 Professor in Berlin.

[87] Kohler, Josef (1849–1919), Jurist, seit 1888 Professor in Berlin.

[88] Gierke, Otto von (1841–1921), Jurist, seit 1887 Professor in Berlin.

[89] Bornhak, Conrad (1861–1944), Jurist, seit 1900 Professor in Berlin.

[90] Martitz, Ferdinand von (1839–1921), Jurist, seit 1898 Professor in Berlin.

[91] Sering, Max (1857–1939), Staatswissenschaftler, seit 1889 Professor in Berlin.

[92] Wilamowitz-Möllendorf, Ulrich (1848–1931), Altphilologe, seit 1897 Professor in Berlin.

[93] Mommsen, Theodor (1817–1903), Historiker, seit 1858 Professor in Berlin.

[94] Martens, Friedrich Franz (1873–?), Physiker, seit 1906 Professor an der Handelshochschule in Berlin; Leitner, Friedrich (1874–1945), Betriebswirtschaftler, seit 1906 an der Handelshochschule in Berlin.

[95] Sombart, Werner (1863–1941), Wirtschaftswissenschaftler, 1906–1918 Professor an der Handelshochschule in Berlin, 1918–1939 Professor an der Universität in Berlin.

[96] Bewag = Berliner Elektrizitätswerke AG; BVG = Berliner Verkehrsgesellschaft.
[97] Caruso, Enrico (1873–1921), italienischer Tenor.
[98] Davidsohn, Ludwig (1886–1942), Schriftsteller, Journalist, Herausgeber der Zeitschrift »Buch und Bühne. Berliner Blätter für Theater und Literatur«. Ob der Historiker Robert Davidsohn (1853–1937) sein Onkel war, ließ sich nicht ermitteln.
[99] Stephinger, Ludwig (1868–1941), Privatdozent, seit 1912 außerordentlicher Professor für Statistik und Finanzwissenschaften in Tübingen.
[100] Stammler, Rudolph (1856–1938), Jurist. Wahrscheinlich meint Elsas sein Werk »Lehre vom richtigen Rechte« (1902).
[101] Neubecker, Friedrich Karl (1872–1923), Jurist; Hellwig, Konrad Heinrich (1856–1913), Jurist, seit 1902 Professor in Berlin.
[102] Kahl, Wilhelm (1849–1932), Jurist, seit 1895 Professor in Berlin.
[103] Bernhard, Ludwig (1875–1935), Wirtschaftswissenschaftler, seit 1908 Professor in Berlin.
[104] Leyen, Alfred von der (1844–1934).
[105] Leyen, Friedrich von der (1873–1966), Germanist, seit 1906 Professor in München, seit 1921 in Köln.
[106] Beckerath, Erwin von (1889–1964), Wirtschaftswissenschaftler, Professor in Rostock, Kiel, Köln und Bonn; Beckerath, Herbert von (1886–1966), Wirtschaftswissenschaftler, Professor in Karlsruhe, Tübingen und Bonn. 1933 Emigration in die USA und zuletzt Professor an der Universität North Carolina. Die beiden Beckeraths waren Vettern, nicht Brüder, wie Elsas schreibt.
[107] Kardorff, Siegfried von (1873–1945), 1908–1918 Mitglied des preußischen Abgeordnetenhauses für die Freikonservativen, 1920–1932 Mitglied, 1928–1932 Vizepräsident des Reichstages für die Deutsche Volkspartei (DVP). Seine anschließend erwähnte Frau, Katharina von Kardorff-Oheimb (1879–1962), galt als Vertreterin der bürgerlichen Frauenbewegung; Bernstein, Eduard (1850–1932), 1902–1907, 1912–1918, 1920–1928 Mitglied des Reichstages für die SPD.
[108] Lassalle, Ferdinand (1825–1864), Publizist und Politiker, 1863 Präsident des Allgemeinen Deutschen Arbeitervereins, der 1875 in der SPD aufging.
[109] Schmidt, Erich (1853–1913), Germanist, seit 1887 Professor in Berlin.
[110] Dr. Walter Guttmann konnte nicht ermittelt werden. Eine Anfrage an das Landesarchiv Berlin wurde negativ beschieden.

[111] Dove, Heinrich (1853–1931); Cassirer, Paul (1871–1926), Kunsthändler und Verleger; Durieux, Tilla (1880–1971), Schauspielerin. Sie war seit 1910 mit Cassirer verheiratet.

[112] Bäumer, Gertrud (1873–1954), Schriftstellerin, aktiv in der deutschen Frauenbewegung.

[113] Welches Mitglied der Berliner Künstlerfamilie Begas gemeint ist, ließ sich nicht ermitteln.

[114] Printz, Wilhelm (1887–?), 1911–1920 Bibliothekar bei der kulturwissenschaftlichen Bibliothek Warburg in Hamburg, 1919 außerordentlicher Professor in Halle.

[115] Berendsohn, Walter Arthur (1884–1994), 1914–1933 Literaturdozent für Skandinavische Literatur in Hamburg, 1933 Emigration nach Dänemark, anschließend Schweden, 1952–1971 am Deutschen Institut der Universität Stockholm.

[116] Mahrholz, Werner (1889–1931).

[117] Müller-Jabusch, Maximilian (1889–1961), Journalist am »Berliner Tagblatt« und an der »Vossischen Zeitung«, 1927–1940 Pressechef der Deutschen Bank, seit 1946 Mitherausgeber und Chefredakteur des »Abend« (Berlin); Felisch, Hildegard (?–1934); Schwab, Alexander Dr. (1887–1943), Journalist, nach 1933 im sozialistischen Widerstand, 1936 Verhaftung, Zwangsarbeit im KZ Börgermoor, starb im Zuchthaus Zwickau.

[118] Arnim, Bettina von (vgl. Anm. 42).

[119] Anschütz, Gerhard (1867–1948), Jurist, seit 1908 Professor in Berlin.

[120] Bortkiewicz, Ladislaus von (1868–1931), Statistiker, seit 1901 Professor in Berlin.

[121] Zimmermann, Waldemar (1876–1963), Wirtschaftswissenschaftler, 1907 Privatdozent, 1913 Professor in Berlin.

[122] Oppenheimer, Franz (1863–1943), Wirtschaftswissenschaftler und Soziologe, 1909 Privatdozent in Berlin, 1919 Professor in Frankfurt.

[123] Simmel, Georg (1858–1918), Soziologe, Philosoph, 1900 Ernennung zum Extraordinarius in Berlin, 1914 Professor in Straßburg.

[124] Kant, Immanuel (1724–1804), Philosoph.

[125] Heck, Philipp (1858–1943), Jurist, seit 1901 Professor in Tübingen.

[126] Melanchthon, Philipp (1497–1560), Humanist, Mitarbeiter von Martin Luther bei der Bibelübersetzung; Osiander: welches Mitglied der großen Familie Osiander Elsas tatsächlich meint, läßt sich nicht ermitteln, vgl. Hermann Keller: Osiander in Tübingen. In: »Tübinger Blätter« 48 (1961), S. 67–68; Kepler, Johannes

(1571–1630), Astronom; Hahn, Philipp Matthäus (1739–1790); Abel, Jakob Friedrich (1751–1829), Philosoph und Theologe; Hegel, Georg Friedrich Wilhelm (1770–1831), Philosoph; Schelling, Friedrich Wilhelm Josef (1776–1854), Philosoph; Reinhard, Karl Friedrich Graf von (1761–1837), Hauslehrer, Diplomat, 1799 französischer Außenminister; Elben, Christian Gottfried (1754–1829); Hölderlin, Friedrich (1770–1843), Dichter; Baur, Ferdinand Christian (1792–1860), evangelischer Theologe; Strauß, David Friedrich (1808–1874), evangelischer Theologe und Philosoph; Vischer, Friedrich Theodor (1807–1887), Schriftsteller und Literaturwissenschaftler; Zeller, Eduard (1841–1908), Philosoph und evangelischer Theologe; Planck, Karl Christian (1819–1880), Philosoph; Sigwart, Christoph Eberhard (1830–1904), Philosoph; Ziegler, Theobald (1846–1918), Philosoph und Pädagoge.

[127] Während Elsas Studienzeit in Tübingen war Hermann Haußer (1867–1927) Oberbürgermeister in Tübingen.

[128] Wislicenus, Wilhelm Gustav (1861–1922), seit 1902 Professor der Chemie in Tübingen.

[129] Wurster, Paul (1860-1923), evangelischer Theologe, seit 1907 Professor in Tübingen.

[130] Rümelin, Max von (1861–1931), Jurist, seit 1895 Professor in Tübingen; Rümelin, Gustav von (1815–1889), Statistiker, Politiker, seit 1870 Kanzler der Universität Tübingen.

[131] Schäffle, Albert Eberhard Friedrich (1831–1903), Wirtschaftswissenschaftler, 1860–1868 Professor in Tübingen.

[132] Silbereisen, Robert Dr. (1885–1933), 1919–1929 Direktor der Salamanderwerke in Kornwestheim.

[133] Wilbrandt, Robert (1875–1954), Wirtschaftswissenschaftler, seit 1908 Professor in Tübingen.

[134] Hertz, Paul (1881–1961), 1920–1933 Mitglied des Reichstages, 1933 Emigration, 1949 Senator in Berlin.

[135] Brüning, Heinrich (1885–1970), 1924–1933 Mitglied des Reichstages, 1930–1932 Reichskanzler; Popitz, Johannes (1884–1945), 1925–1929 Staatssekretär im Reichsfinanzministerium, 1932 Reichsminister ohne Geschäftsbereich und kommisarischer Leiter des preußischen Finanzministeriums, 1933–1944 preußischer Finanzminister, im Zusammenhang mit dem Attentat auf Hitler hingerichtet.

[136] Schönberg, Gustav Friedrich (1839–1908), Wirtschaftswissenschaftler und Jurist, seit 1873 Professor in Tübingen.

[137] Wittich, Werner (1867–1937), Wirtschaftswissenschaftler.
[138] Sohnrey, Heinrich Friedrich Ludwig (1859–1948), Lehrer, Schriftsteller, Begründer der ländlichen Wohlfahrtspflege.
[139] Schultze-Naumburg, Paul (1869–1949), Architekt, Kunstschriftsteller. 1904–1913 Vorsitzender des »Deutschen Bundes Heimatschutz«, 1930–1940 Direktor der Weimarer Kunstschule, seit 1933 NSDAP-Abgeordneter im Reichstag.
[140] Wilbrandt, Adolf (1837–1911), Schriftsteller, 1881–1887 Direktor des Burgtheaters in Wien.
[141] Diltehey, Wilhelm (1833–1911), Philosoph, Geisteswissenschaftler, seit 1882 Professor in Berlin.
[142] Weizsäcker, Karl Freiherr von (1853–1926), 1906–1918 Ministerpräsident von Württemberg; Pischek, Johann von (1843–1916), 1893–1912 Innenminister von Württemberg.
[143] Lindemann, Hugo (1867–1950), 1918/1919 kurzzeitig Arbeits- und dann Innenminister von Württemberg, 1920–1933 Professor und Direktor am Forschungsinstitut für Sozialwissenschaften in Köln; Lautenschlager, Karl (1868–1952), 1911–1933 Oberbürgermeister der Stadt Stuttgart.
[144] Losch, Hermann Julius (1863–1935), Mitarbeiter beim Statistischen Landesamt, 1918 Direktor, 1922 Präsident.
[145] Augustinus, Aurelius (354–430), lateinischer Kirchenlehrer und Bischof.
[146] Spee, Maximilian Graf von (1861–1914), seit 1912 Befehlshaber des Kreuzergeschwaders in Ostasien. Zu Beginn des 1. Weltkrieges führte er dieses nach Südamerika und unterlag am 18. 12. 1914 in einer Seeschlacht den Engländern bei den Falklandinseln.
[147] Müller, Adam (1779–1829), politisch-philosophischer Schriftsteller, Diplomat. 1816 erschien sein Werk »Versuch einer neuen Theorie des Geldes mit besonderer Rücksicht auf Großbritannien«.
[148] Thoma, Richard (1874–1957), Jurist, 1909–1911, Professor in Tübingen, anschließend in Heidelberg und Bonn.
[149] Soma (griechisch) = Körper, Pneuma (griechisch) = Geist.
[150] Sartorius, Carl (1865–1945), Jurist, seit 1908 Professor in Tübingen.
[151] Smend, Rudolf (1882–1975), Jurist, seit 1911 Professor in Tübingen.
[152] Enke, Ferdinand (1877–1963), seit 1911 Teilhaber im Enke Verlag Stuttgart.

[153] Springer, Julius = wissenschaftlicher Verlag, 1842 in Berlin gegründet.
[154] Adikes, Erich (1866–1928), Philosoph, seit 1904 Professor in Tübingen; Österreich, Traugott Konstantin (1880–1949), Philosoph, Privatdozent, seit 1916 außerordentlicher Professor in Tübingen.
[155] Damaschke, Adolf (1865–1935), Lehrer, Schriftsteller, 1898 Gründer des Bundes Deutscher Bodenreformer; Spann, Othmar (1878–1950), österreichischer Wirtschaftswissenschaftler, Professor in Brünn und Wien; Charles Charles Gide / Charles Rist: Geschichte der volkswirtschaftlichen Lehrmeinungen. Nach der 2. durchgesehenen und verbindlichen Ausgabe herausgegeben von Franz Oppenheimer. Jena 1913.
[156] Webb, Sidney James (1859–1947), britischer Sozialpolitiker, 1883/84 Mitbegründer der sozialistischen *Fabian Society*, einer Gesellschaft führender linksliberaler Intellektueller Londons; Webb, Beatrice (1858–1943), neben ihrem Mann führendes Mitglied der Fabian Society.
[157] Shaw, Bernhard (1856–1950), irischer Dramatiker und Schriftsteller; Lloyd George, David (1863–1945), britischer Politiker, 1916–1922 Premierminister.
[158] Berendsohn, Walter Arthur (vgl. Anm. 101); Mahlberg, Walter (1884–1935), Wirtschaftswissenschaftler, 1913 Privatdozent in Köln, anschließend Professor u. a. in Freiburg; Passow, Richard (1880–1949), Wirtschaftswissenschaftler, 1908 Privatdozent in Aachen, 1916 Professor in Kiel, 1922 in Göttingen.
[159] Harms, Bernhard (1876–1939), Wirtschaftswissenschaftler, seit 1911 Professor in Kiel, Gründer des »Instituts für Seeverkehr und Weltwirtschaft«.
[160] Sonnenschein, Carl Dr. (1876–1929), katholischer Sozialpolitiker, schuf 1908 das »Sekretariat Sozialer Studentenarbeit«.
[161] Conrad, Johannes Ernst (1839–1915), Wirtschaftswissenschaftler, seit 1872 Professor in Halle/Saale.
[162] Jacob, Karl (1864–1947), Historiker, Privatdozent, seit 1916 außerordentlicher Professor in Tübingen.
[163] Dunoyer, Barthélemy Charles Pierre Joseph (1786–1862), französischer Wirtschaftswissenschaftler und Staatsbeamter. Die Übersetzung des Zitats lautet etwa: »Ich schlage nichts vor, ich schreibe nichts vor, ich stelle dar«.
[164] Gobineau, Joseph-Arthur Comte de (1816–1882), französischer Diplomat und Schriftsteller. In seinem Werk »Über die Un-

gleichheit der Rassen« suchte er die Überlegenheit der arischen Rasse über alle anderen Rassen zu begründen. Er wirkte nachhaltig u. a. auf Richard Wagner, Chamberlain und die nationalsozialistische Rassentheorie; Chamberlain, Houston Stewart (1855–1927), britischer Schriftsteller, Schwiegersohn Wagners. Vertrat in seinen Schriften die Überlegenheit der arischen Rasse.
[165] Endres, Alois (1871–1922), Verkehrswissenschaftler, seit 1909 Professor in Mannheim.
[166] Chevaulegers (französisch) leichte Reiter. In Bayern bestanden bis 1919 noch acht Chevaulegers-Regimenter.
[167] Siebeck, Paul Dr. (1855–1920), Verleger in Tübingen.
[168] Am 28.6.1914 war der österreichische Thronfolger Franz Ferdinand und seine Gemahlin Sophie in Sarajewo ermordet worden. Diese Tat und seine Folgen lösten den Ersten Weltkrieg aus.
[169] Grey, Edward (1862–1933), 1905–1916 britischer Außenminister.
[170] Werner & Pfleiderer: 1879 in Cannstatt gegründete Maschinenfabrik, vor allem für Bäckereieinrichtungen.
[171] Jaurès, Jean (1859–1914), französischer Sozialist.
[172] Bernhardi, Friedrich von (1849–1930), General, trat seit 1909 publizistisch, u.a. in dem Buch »Deutschland und der nächste Krieg«, für eine deutsche Großmachtpolitik in Europa im nächsten, für unvermeidlich gehaltenen Krieg ein.
[173] Das vollständige Zitat lautet: »Ich kenne keine Parteien mehr, ich kenne nur noch Deutsche!«.
[174] Beim Ausbruch des 1. Weltkrieges begann Deutschland den Angriff im Westen gegen Frankreich, unter Verletzung der Neutralität, mit einem Ein- und Durchmarsch in Belgien. Bethmann-Hollweg gab daraufhin im Reichstag am 4.8.1914 öffentlich zu, daß Belgien damit »Unrecht« geschehen sei.
[175] Schlieffen, Alfred Graf von (1833–1913), Generalfeldmarschall. Schlieffen entwickelte 1905 den nach ihm benannten Kriegsplan. Er ging von einem Zweifrontenkrieg aus und sah vor, mit einem schnellen Aufmarsch im Westen und einem Vernichtungsschlag die französischen Streitkräfte auszuschalten, um sich dann im Osten mit der gesamten deutschen Streitmacht gegen Rußland wenden zu können. Der Plan war die strategische Basis des deutschen Angriffs im Westen im August 1914.
[176] Mosthaf, Heinrich von (1854–1933).
[177] Schiedmayer, Alfons (1847–1921), Vorsitzender der Handelskammer.

[178] Kauffmann, Cornelius (1868–1935), 1920–1932 Vorsitzender der Handelskammer; Krais, Felix (1853–1937).
[179] Klien, Ernst Dr. (1875–1949), 1908–1934 Syndikus der Handelskammer; Huber, Franz C. (1851–1913), 1879–1908 Syndikus der Handelskammer.
[180] Steinbeis, Ferdinand von (1807–1893), 1848–1880 bei der Württembergischen Zentralstelle für Gewerbe und Handel, seit 1856 als Leiter.
[181] Hindenburg, Paul von (1847–1934), Generalfeldmarschall. 1925–1934 Reichspräsident. Hindenburg wurde am 22. 8. 1914 an die Spitze der 8. Armee berufen. Sieger der Schlacht bei Tannenberg (26.–28. 8. 1914).
[182] Rössger, Alban (1860–1931), 1905–1914 Vorstand des Statistischen Amtes.
[183] Simon, Erich (1880–?), 1915–1920 Vorstand des Statistischen Amtes.
[184] poussieren (französisch) = den Hof machen, umwerben.
[185] Heim, Georg Dr. (1865–1938), bayerischer Politiker
[186] Dollinger, Paul Dr. (1877–1954), 1911–1934 besoldeter Gemeinderat.
[187] Gauß, Heinrich Hermann (1858–1921), 1899–1911 Oberbürgermeister der Stadt Stuttgart.
[188] Blos, Wilhelm (1849–1927), 1877–1917 Reichstagsabgeordneter der SPD, 1918–1920 württembergischer Staatspräsident; Cirspien, Arthur (1875–1946), 1918–1919 württembergischer Innenminister, 1920–1933 Mitglied des Reichstages.
[189] Thalheimer, August (1884–1948), 1919–1924 Mitglied der Zentrale der Kommunistischen Partei Deutschlands (KPD). Thalheimers Ernennung zum Finanzminister geschah ohne dessen Einwilligung, er hat sein Amt nie angetreten; Heymann, Berthold (1870–1939), 1918–1919 württembergischer Kultusminister, 1919–1920 württembergischer Innenminister. Heymann war mit Anna Auer (1879–1965), Tochter des SPD-Politikers Ignaz Auer (1846–1907) verheiratet (vgl. im Text weiter unten); Schreiner, Albert (1892–1979), 1918 württembergischer Kriegsminister, ab 1922 im Militärapparat der KPD-Zentrale; Mattutat, Hermann (1861–1937), 1918 Justizminister.
[190] Ebbinghaus, Christof von (1857–1927). Vgl. Christof von Ebbinghaus, Die Memoiren des Generals von Ebbinghaus. Stuttgart 1928.

[191] Baumann, Julius (1928–1932), 1918–1919 württembergischer Ernährungsminister, nach dem Ausscheiden aus der Politik katholischer Geistlicher; Kiene, Hans Johann (1852–1919), 1918–1919 württembergischer Justizminister.

[192] Fischer, Ulrich. 15. 11. 1918 – 10. 1. 1919 württembergischer Kriegsminister, anschließend Gewerkschaftsbeamter.

[193] Rück, Fritz (1895–1959), u. a. Redakteur verschiedener KPD-Zeitungen, 1929 Austritt aus der KPD, 1951–1958 Redakteur des Zentralorgans der IG Druck und Papier.

[194] Steiner, Rudolf (1861–1925), Begründer der Anthroposophie. Bereits 1906 hielt Steiner in Stuttgart Vorträge über anthroposophische Fragen, vor allem aber in den Jahren 1919 bis 1924, zum Teil auch über politische Fragen. Vgl. u. a. Hans Kühn, Wie es zur Dreigliederungsbewegung kam. In: Erinnerungen an Rudolf Steiner. Gesammelte Beiträge aus den »Mitteilungen aus der anthroposophischen Arbeit in Deutschland« 1947–1978. Herausgegeben von Erika Beltle und Kurt Vierl. Stuttgart 1979, S. 215–231; Gerhard Wehr, Rudolf Steiner. Leben. Erkenntnis, Impuls München 1987, S. 270 ff.
Molt, Emil (1876–1936). Initiator und Mitbegründer der Waldorfschule. Vgl. seine Autobiographie: Emil Molt, Entwurf meiner Lebensbeschreibung. Stuttgart 1972, S. 163 ff.

[195] Am 28. 6. 1919 wurde im Spiegelsaal der Versailler Friedensvertrag unterzeichnet.

[196] Im Juni 1919 waren in der »Kreuzzeitung« scharfe Angriffe gegen Erberger veröffentlicht worden, die neben politischen auch moralische Anschuldigungen (u. a. Verquickung öffentlicher und privater Interessen) enthielten. Erzberger strengte daraufhin einen Beleidigungsprozeß an, der von Januar bis März 1920 dauerte.

[197] Kapp, Wolfgang (1858–1922), Generallandschaftsdirektor, 1917 Mitbegründer der Vaterlandspartei (zusammen mit Admiral Alfred von Tirpitz).

[198] Jagow, Traugott von (1885–1941), 1909–1915 Reichspolizeipräsident von Berlin, 1916–1918 Regierungspräsident von Breslau; Bauer, Max (1869–1929), Oberst, politischer Berater von Ludendorff; Ludendorff, Erich (1885–1937), 1917 Chef des Generalstabes der 8. Armee, 1916 Generalquartiermeister der Obersten Heeresleitung (OHL) und neben Hindenburg mit der eigentlichen militärischen Gesamtleitung der deutschen Streitkräfte im 1. Weltkrieg betraut. Sein erbitterter Haß auf die Weimarer Republik führte ihn 1918 ins völkisch-nationale Lager, wo er aber

ein einflußloser Außenseiter blieb (u.a. Teilnahme am gescheiterten Hitler-Putsch 1923).

[199] Ebert, Friedrich (1871–1925), November 1918–Februar 1919 Reichskanzler, 1919–1925 Reichspräsident; Bauer, Gustav (1870–1944), 1919–1929 Reichskanzler; Noske, Gustav (1868–1946), 1919–1920 Reichswehrminister; Giesberts, Johann (1865–1938), 1919–1922 Reichspostminister; Müller, Hermann (1876–1931), 1919–1920 Reichsaußenminister; Koch-Weser, Erich (1875–1944), 1919–1921 Reichsinnenminister; Geßler, Otto (1875–1955), 1919–1920 Reichsminister für Wiederaufbau

[200] Fehrenbach, Konstantin (1852–1926), 1919–1920 Präsident der Nationalversammlung

[201] Hahn, Paul (1883–1952), Kunstmaler, 1919–1923 Oberpolizeidirektor in Stuttgart. Vgl. Paul Hahn, Erinnerungen aus der Revolution in Württemberg. »Der Rote Hahn, eine Revolutionserscheinung«. Stuttgart 1923.

[202] Hopf, Albert (1879–1963), 1918–1933 Parteisekretär der Deutschen Demokratischen Partei (DDP) in Württemberg.

[203] Vgl. Manfred Schmid, Die Tübinger Studentenschaft nach dem Ersten Weltkrieg 1918–1923. Tübingen 1988 (= Werkschriften des Universitätsarchivs Tübingen. Reihe 1: Quellen und Studien. Heft 13).

[204] Lüttwitz, Walter von (1859–1942), General; Ehrhardt, Hermann (1881–1971), Korvettenkapitän und Freikorpsführer, Gründer der rechtsterroristischen Organisation Consul (OC), deren Mitglieder für die Morde an Erzberger und Rathenaus verantwortlich waren; Pabst, Waldemar 1880–1970), Hauptmann. Verantwortlich für die Ermordung von Karl Liebknecht und Rosa Luxemburg. Vgl. Johannes Erger, Der Kapp-Lüttwitz-Putsch Düsseldorf 1967.

[205] David, Eduard (1863–1930), 1919–1920 Reichsinnenminister

[206] Bell, Johannes (1868–1949), 1919–1920 Reichsverkehrsminister.

[207] Meißner, Otto (1880–1953), 1920 Chef der Präsidialkanzlei, 1923 Staatssekretär, 1937 Staatsminster.

[208] Bolz, Eugen (1881–1945), 1919–1923 württembergischer Justizminister, 1923–1933 württembergischer Innenminister. Im Zusammenhang mit dem Attentat auf Hitler am 20.7.1944 wurde Bolz am 23.1.1945 in Berlin-Plötzensee hingerichtet.

[209] Erzberger, Matthias (1875–1921), 1918 Vorsitzender Waffenstillstandskommission, 1919–1920 Reichsfinanzminister. Vgl. Anm. 204

[210] Rathenau, Walter (1867–1922), 1921 Reichswiederaufbauminister, 1922 Reichsaußenminister.
[211] Helfferich, Karl (1872–1924), 1915 Staatssekretär im Reichsschatzamt. 1916–1917 Staatssekretär des Inneren und Vizekanzler. Nach dem Ersten Weltkrieg spielte Helfferich im Vorstand der Deutschnationalen Volkspartei (DNVP) eine führende Rolle und trug durch seine scharfe antirepublikanische Hetze sowie durch seine gehässigen Angriffe auf Erzberger, Rathenau und Wirth zu einer unheilvollen Verschärfung des politischen Klimas bei.
[212] Wirth, Joseph (1879–1956), 1921–1922 Reichskanzler.

Aus dem Tagebuch 1933 / Dokumente

2.1.1933   Zahlreiche Telefongespräche wegen Arbeitsbeschaffung, auch mit Popitz ... Verhältnis zu ihm sehr gut ... Abends bei Heuss...

3.1. 1933   Aussprache mit Goerdeler ...

6.1.1933   ... Abends bei Höpker-Aschoff[1]

12.1.1933   Aussprache mit Wildermuth über Arbeitsbeschaffung

17.1.1933   ... Abends bei Sahm...Längere Unterhaltung mit Meissner, den ich an unser erstes Zusammensein anläßlich des Kapp-Putsches in Stuttgart erinnerte ...

3.2.1933   ... Vorstandssitzung Städtetag. Endloses und langweiliges Referat Mulerts ...
Goerdeler erzählt: Hugenberg[2] habe nach der 1. Kabinettsitzung geäußert, der größte Demagoge Deutschlands sitzt auf dem Reichskanzlerstuhl, aber auch der unfähigste ...

---

[1] Höpker-Aschoff, Hermann (1883-1964), 1925-1931 preußischer Finanzminister, 1951-1954 1.Präsident des Bundesverfassungsgerichts, seit 1949 Mitglied des Bundestags (FDP), Parteifreund von Elsas.

[2] Hugenberg, Alfred (1865-1951), 1919-1945 Mitglied des Reichstags (Deutschnationale Volkspartei: DNVP), 1928 Vorsitzender der DNVP, 1933 Reichswirtschafts- und Reichsernährungsminister. Von 1909-1918 war Hugenberg Vorsitzender der Friedrich Krupp KG, gleichzeitig begann er vor allem nach dem Ersten Weltkrieg mit dem Aufbau eines eigenen Pressekonzerns. Seine Gegnerschaft zur Weimarer Republik fand durch seine Presseorgane weite Verbreitung.

10.2.1933 Bei Sahm, Aussprache über Bürgermeisterverteilung. An mir bleibt auch wieder einiges hängen …
Um 1 Uhr Vortrag in der Universiät über die Berliner Verwaltung

12.2.1933 Fahrt mit Sahm nach Leipzig zur Richard-Wagner-Feier. Vorsichtiges politisches Gespräch, aus dem ich entnehme, daß er in den letzten Tagen mit Krosigk[3] gesprochen hat. Dieser hat ihm erzählt, daß Hitler beim Vortrag eines Ministers zunächst ruhig zuhört und erst nach einiger Zeit unterbricht. Dann aber ununterbrochen redet, bis er schließlich vor Erschöpfung so müde ist, daß er nichts mehr entscheiden kann …
In Leipzig Gang mit Sahm durch die inneren Straßen … Von Rathaus bis Gewandhaus scharf abgesperrt … Vor dem Gewandhaus wird Hitler begrüßt … Im Vorraum viel Volk … Plötzlich steht Hitler neben mir, begrüßt Winifred Wagner[4] …

13.2.1933 … Abends prachtvolle Aufführung vom Fliegenden Holländer …

---
[3] Krosigk, Lutz Graf Schwerin von (1887-1977), 1932-1945 Reichsfinanzminister.
[4] Wagner, Winifred (1897-1980), Ehefrau von Siegfried Wagner (1869-1930), dem Sohn von Richard Wagner.

14.2.1933 … Nachmittags mit Sahm in der Automobilausstellung … Abends bei Planck, Präsident der Kaiser-Wilhelm-Gesellschaft, eine Reihe interessanter Leute, besonders nett der Schwabe Dr. Diez, Leiter vom W.T.B.[5]

17.2.1933 … Abends mit Hamm in der Staatsoper im Tannhäuser

22.2.1933 … Unterhaltung mit Zarden über die Finanzpolitik des Reiches …
Besuch von Goerdeler … Abends bei Bronisch[6] …

23.2.1933 … Besuch von Goerdeler …
Abends bei Bronisch eine Tochter Bassermanns[7] … / Schriftstellerin, mit merkwürdig tiefer Männerstimme …

25.2.1933 … Ruhiger Nachmittag, an dem ich seit langer Zeit zum ersten Mal wieder lesen kann: Mommsens Römische Geschichte.

---

[5] Planck, Max (1858-1947), Physiker, seit 1888 Professor in Berlin, 1918 Nobelpreis für Physik, 1930-1937 Präsident der Kaiser-Wilhelm-Gesellschaft, die 1948 zu seinen Ehren in Max-Planck-Gesellschaft zur Förderung der Wissenschaften umbenannt wurde; Diez, Hermann (1866-?), 1911-1933 Leiter des W.T.B. (Wolffs Telegraphisches Büro), einer bedeutenden Presseagentur.

[6] Bronisch, Gottfried T. (keine Lebensdaten). Bronisch war beim Deutschen Städtetag beschäftigt und nach 1933 persönlicher Repräsentant von Karl Goerdeler in den USA; vgl. Klemems von Klemperer, Die verlassenen Verschwörer. Der deutsche Widerstand auf der Suche nach Verbündeten 1938-1945. Berlin 1994, S. 398

[7] Bassermann, Albert (1867-1952), Schauspieler.

26.2.1933 Mit Peter[8] im Zoo. Meine Erholung sind die langen Stelzvögel, die Flamingos und die Kraniche … Am niederdrückendsten empfinde ich das wachsende Mißtrauen, das einer gegen den anderen empfindet; denn es hat sich ein Spitzelsystem aufgetan, das kaum noch überboten werden kann …

27.2.1933 … Ich suche aus Steiniger[9] heraus zu bekommen, was eigentlich nach den Wahlen wird. Seit zwei Tagen ist das Gerücht verbreitet, daß im preußischen Ministerium des Inneren eine Verordnung vorbereitet wird, wonach auch die kommunalen Wahlbeamten zwangeweise beurlaubt werden können. Wenn das wahr ist, fliegen wir wohl alle raus. Es ist mir interessant, daß Steiniger sagt, welche Entiäuschung ihm Sahm bereitet habe, mit dem sei doch gar nichts los.
(letzter Eintrag)

---

[8] Peter: Peter Elsas, der Sohn von Fritz Elsas.
[9] Steiniger, Karl Friedrich (1864-?) Fraktionsvorsitzender der Deutschnationalen Volkspartei (DNVP) auf dem Berliner Rathaus, nach der Machtübernahme durch die Nazis zum Kämmerer ernannt.

April 1924   **Nr. 160**

Deutsche demokratische Partei

Mitgliederversammlung der D.d.P. Groß-Stuttgart.

Die Deutsche demokratische Partei Groß-Stuttgart hielt unter Leitung von Baurat Hofacker am Donnerstag abend im Konzertsaal der Liederhalle eine gut besuchte Mitgliederversammlung ab, bei der auch die Frauengruppe stark vertreten war. Es wurde zunächst die

Landtagskandidatenliste für Groß-Stuttgart

aufgestellt. Sie lautet:
1. Der bisherige württembergische Staatspräsident Dr. Hieber, 2. stadt. Rechtsrat Dr. Elsas, 3. Else Eberhard, Geschäftsführerin des Verbands weibl. Handels- u. Büroangestellter, 4. Wagnermeister Illig, 5. Professor Diehl, 6. Fabrikant Bolz, 7. Oberpostdirektor Dr. Reisheri, 8. Frau Dr. Oswald, 9. Fabrikkontrolleur Lindebrand.

Sodann gab der bisherige Staatspräsident Dr. Hieber einen Bericht über die Vorgänge der letzten Wochen und über die augenblickliche politische Lage. Die Zuhörer folgten den ruhigen und sachlichen Darlegungen mit gespanntestem Interesse und gaben immer wieder durch lebhafte Kundgebungen zu erkennen, daß sie das Verhalten der demokratischen Minister als nach jeder Richtung gerechtfertigt und den demokratischen Grundsätzen entsprechend vollauf billigen und den beiden verdienten Politikern Dr. Hieber und Dr. Schall nicht nur wegen ihrer sachlichen Leistungen in der Regierung, sondern auch wegen ihrer entschiedenen Haltung und ihres aufrechten Mutes zur Verantwortung uneingeschränkten Dank zollen, wie dies auch in den einleitenden Worten des Vorsitzenden zum Ausdruck gekommen war.

Rechtsrat Dr. Elsas sprach den bisherigen Landtagsabgeordneten Karl Hausmann und Frau Egni, die ihre wertvolle Kraft künftig auf ihre Tätigkeit im Gemeinderat zu beschränken gedenken, herzlichen Dank aus, der lebhaften Widerhall fand. Auch Professor Diehl und Frau Ehni beteiligten sich an der Aussprache. Die Versammlung, die in Stuttgart die Wahlbewegung einleitete, war getragen vom Geist zuversichtlichen Verantwortungsgefühls.

*

Stuttgarter Neues Tagblatt vom 11.4.1924

Bestallung.

Hiermit wird beurkundet, dass die Stadtverordnetenversammlung der Stadt Berlin in ihrer Sitzung vom 14. April 1931

Herrn Dr. Fritz E l s a s

auf die Dauer von 12 Jahren zum Bürgermeister der Stadt Berlin gewählt hat, und dass diese Wahl durch das Preussische Staatsministerium unter dem 15. April 1931 bestätigt worden ist.

Auf Herrn Bürgermeister Dr. Elsas finden die Bestimmungen der Besoldungsordnung für die Beamten der Stadt Berlin unter Berücksichtigung der Preussischen Verordnung vom 13. Dezember 1930 (Preuss. Gesetzsammlung Seite 291) Anwendung.

Ruhegehalt und Hinterbliebenenversorgung werden nach den jeweils für die besoldeten Magistratsmitglieder von Berlin geltenden Bestimmungen gewährt.

Berlin, den 20. April 1931.

Oberbürgermeister.

Ernennung von Fritz Elsas zum Bürgermeister von Berlin vom 20.4.1931

Der Oberbürgermeister

~~Der Bürgermeister des~~
~~Bezirksamts~~

Gesch.-Z. P.V.VII.1.

Fernruf: Mag. 2496.

Berlin, 6. Juli 33.

In Ausführung des Gesetzes zur Wiederherstellung des Berufsbeamtentums vom 7.4.1933 (RGBl. I S. 175) werden Sie ersucht, beiliegenden Fragebogen nach folgender Anleitung auszufüllen und **sofort, spätestens aber binnen 2 Wochen**, an mich zurückzusenden.

1. **Zur Frage 3a.** Die Frage bezieht sich auf den Eintritt in das Beamtenverhältnis überhaupt, nicht auf die planmäßige Anstellung.

2. **Zur Frage 4.** Die hierfür maßgebenden Vorschriften sind:
   § 3 des Gesetzes,
   Erste VO. des Reichs vom 11.4.1933 (RGBl. I S. 195)
   Nr. 2 Abs. 1 und 2 und Nr. 4,
   Dritte VO. des Reichs vom 6.5.1933 (RGBl. I S. 245)
   Nr. 1 bis 4 zu § 3.

3. **Zur Frage 4a.** Die Frage bezieht sich auf die Anstellung als **planmäßiger** Beamter. Sind Sie bereits am 1.8.1914 **planmäßiger** Beamter gewesen und ununterbrochen geblieben, so bedarf es nicht des Nachweises und der Ausfüllung der Spalten über die Teilnahme am Weltkriege und über Ihre Abstammung.

4. **Zur Frage 4e.** Sind Sie am 1.8.1914 noch nicht **planmäßiger** Beamter gewesen, so haben Sie die Militärpapiere beizufügen, es sei denn, daß der Nachweis über die Teilnahme an einer Kampfhandlung während des Krieges bereits aktenkundig geworden ist. Soweit Sie Militärpapiere noch beschaffen müssen, ist der Antrag an das Reichsarchiv zu richten, und zwar für bayerische Truppenteile an die Zweigstelle München, für sächsische Truppenteile an die Zweigstelle Dresden, für württembergische Truppenteile an die Zweigstelle Stuttgart, für preußische und alle übrigen Kontingente an die Zweigstelle Spandau (Schmidt-von-Knobelsdorff-Straße). Falls Sie Frontkämpfer sind und dies nachgewiesen haben, bedarf es nicht des Nachweises und der Ausfüllung der Spalten über Ihre Abstammung.

5. **Zur Frage 4e.** Falls Sie weder am 1.8.1914 planmäßiger Beamter gewesen sind noch am Kriege teilgenommen haben und auch nicht der Sohn oder Vater eines im Weltkriege Gefallenen sind, haben Sie die Spalten über Ihre Abstammung sämtlich auszufüllen und den Nachweis über Ihre arische Abstammung durch Vorlage Ihrer Geburtsurkunde und der Heiratsurkunde Ihrer Eltern zu erbringen. Sind Sie nach eigener Angabe nicht arischer Abstammung, so brauchen nähere Angaben über die Abstammung nicht gemacht zu werden. Sind Sie Wahlbeamter oder Staatskommissar zur Wahrnehmung der Geschäfte eines solchen oder Mitglied des Vorstandes der Landesversicherungsanstalt Berlin, so haben Sie sämtliche Fragen des Fragebogens auszufüllen.

An
Herrn ~~Herrn Frau~~
Bürgermeister Dr. Fritz Elsas
Berlin - Dahlem.

Beilage zum Fragebogen betr. „Gesetz zur Wiederherstellung des Berufsbeamtentums vom 7.4.1933"

Als Familienurkunden genügen nicht sogen. Geburtsscheine und andere Urkunden mit gekürztem Inhalt, es müssen vielmehr vollständige Auszüge aus den Standesregistern oder Kirchenbüchern vorgelegt werden. Abschriften von Urkunden müssen von einem Beamten beglaubigt sein, der zur Führung eines Dienstsiegels berechtigt ist. Müssen die Personenstandsurkunden oder -angaben im Ausland beschafft werden, so wenden Sie sich zweckmäßig an die zuständige deutsche Konsularvertretung im Ausland. Nähere Auskunft erhalten Sie nötigenfalls durch mein Büro.

6. **Zur Frage 5a.** Zugehörigkeit zu nationalen Parteien ist ebenfalls anzugeben.

Die Tatsache, dass Sie in das hoch bedeutsame Amt eines Bürgermeisters der Stadt Berlin als Angehöriger einer Partei gewählt worden sind, die ständig mit den Marxisten paktiert hat, und dass Ihnen ein Vertrauen entgegengebracht wurde, das nur dadurch begründet sein kann, dass Sie eine besonders tiefe Überzeugung von der Richtigkeit Ihres Parteidogmas gehabt und bekundet haben müssen, lässt nicht erwarten, dass Sie dieses Vertrauen mit Undank lohnen und von gestern auf heute Ihre bisherige politische Überzeugung aufgeben und rückhaltlos für den neuen Staat eintreten.

Ich beabsichtige deshalb, Ihre Entlassung gemäss § 4, notfalls Ihre Versetzung in den Ruhestand gemäss § 3 des Gesetzes vom 7. 4. 33 zu beantragen und stelle anheim, sich binnen 3 Tagen hierzu zu äussern.

I. V.

Staatskommissar
zur Wahrnehmung der Geschäfte
des Bürgermeisters.

**Der Preußische
Minister des Innern.**
IV P Elsas 1.

Berlin, den 12. September 1933.

Auf Grund des § 3 des Gesetzes zur Wiederherstellung des Berufsbeamtentums vom 7. April 1933 (RGBl. I S.175) versetze ich Sie in den Ruhestand.

Jn Vertretung
Grauert

An
den Bürgermeister
Herrn Dr. Fritz E l s a s
in Berlin-Dahlem.

Schreiben betr. Versetzung in den Ruhestand von Fritz Elsas vom 12.9.1933

Oberbürgermeister
Dr.Goerdeler

Leipzig, am 5. Januar 1934.

Herrn

Bürgermeister i.R.Dr. Fritz E l s a s ,

Berlin - Dahlem.

Lieber Herr E l s a s !

Herzlichen Dank für Ihre freundlichen Wünsche zum neuen Jahr. Ich erwidere sie zusammen mit meiner Frau für Sie und die Ihrigen aufrichtig.

Es ist allerdings unerhört, daß Sie noch nicht im Besitze Ihrer Ruhegehaltsberechnung und des Ruhegehaltes sind. Ich werde gern tun, was ich tun kann und mich demnächst wieder einmal in Berlin bei Ihnen melden.

Mit herzlichem Gruß
Ihr ergebener

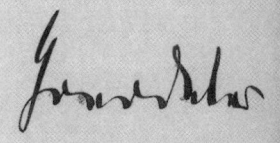

Schreiben des Leipziger Oberbürgermeisters Karl Goerdeler an Fritz Elsas vom 5.1.1934

Letzter Brief von Fritz Elsas an seine Angehörigen aus dem Gefängnis vom 31.10.1944 (1. Seite und letzte Seite) kein Leben und Zehren. Euch, die vor allem, l. Franz, wünsche ich Kraft und Gesundheit, mit dem Alltag fertig zu werden. Aber irgendwelche neuen und unbenannte Ansprüche stellt die Zeit wohl ständig an uns, neue Menschen, Hölderlins Brief an Diotima zeigen, wie im Leiden und im Leidlose Mensch trotz allem an Kraft und Stärke zu gewinnen vermag. Auch leidende Liebe ist ein solcher Kraftquell.

Ich habe kein Briefbogen, keinen Umschlag für euch, hoff erkennt Ihr trotz aller Mängel dies Lebenszeichen.

Euch alles Gute wünschend,
bin ich in Liebe
euer Fritz.

Grüsse an eure
Cousin Hans.

Amtliches

Deutsches Reich

Bekanntmachung

Auf Grund des § 1 des Gesetzes über die Einziehung kommunistischen Vermögens vom 26. Mai 1933 — RGBl. I Seite 293 — in Verbindung mit dem Gesetz über die Einziehung volks- und staatsfeindlichen Vermögens vom 14. Juli 1933 — RGBl. I Seite 479 —, dem Runderlaß des Reichsministers des Innern vom 14. Juli 1942 — I 903/42. — 5400 — MBliV. vom 22. Juli 1942 Seite 1481 — über die Aenderung der Zuständigkeit bei der Einziehung kommunistischen Vermögens in Berlin und dem Erlaß des Führers und Reichskanzlers über die Verwertung des eingezogenen Vermögens von Reichsfeinden vom 29. Mai 1941 — RGBl. I Seite 303 — wird der gesamte Nachlaß des Juden Fritz Israel Elsas, 11. Juli 1890 in Stuttgart, zuletzt wohnhaft gewesen Berlin-Dahlem, Patschkauer Weg 41, **zugunsten des Deutschen Reiches eingezogen.**

Geheime Staatspolizei. Staatspolizeileitstelle Berlin.

J. V.: Senne.

Bekanntmachung des „Deutschen Reichsanzeigers" vom 18.1.1945 betr. die Einziehung des gesamten Nachlasses von Dr. Fritz Elsas zugunsten des Deutschen Reiches

Alle Dokumente (S. 304–312) stammen aus Privatbesitz.